JN125939

合格発表まで

日程はあらかじめ必ず協力機関へお問い合わせ下さい。

受験票の送付	試　　験	合　格　発　表
9月下旬〜10月上旬（予定）	10月第3日曜日（予定） 午後1時〜午後3時　※3 （12時30分までに着席のこと） 　途中退室不可	原則として、11月下旬〜12月上旬

不動産適正取引推進機構より直接送付される。
10月上旬までに受験票が到着しないときは、不動産適正取引推進機構又は、協力機関に問い合わせる。

※受験票の記載内容に修正する箇所がある場合は、試験当日、監督員から受け取ったデータ修正票に記入の上、試験終了時に提出する。

持参品
・受験票
・BかHBの黒鉛筆またはシャープペンシル
・プラスチック消しゴム
・鉛筆削り（任意）
・腕時計　※4

合格者の受験番号を都道府県ごとの所定の場所に掲示するとともに、不動産適正取引推進機構のホームページでも掲載される。
また、合格者には不動産適正取引推進機構より**合格証書**が送付される。

※3　登録講習修了者は午後1時10分〜午後3時
※4　時計機能（時刻確認）のみのものに限る。

キャラクターとロゴのご紹介!!

 もう一押し!

 まとめ

 コ ツ

本文中に登場して、
適切なアドバイスを致します。

 Hint!　考えてもわからないときは、参考にしよう!

 Point!　重要なポイントをわかりやすく整理・解説しています。

 Advice　問題の解き方や注意すべきところをアドバイスします。

 虚心坦懐に(すなおに、という意味の古い言葉)
　　　　　聞くがよいぞ!

 "忘れるな、鉛筆、消しゴム、この標語!"

 覚えにくいポイントもこれでバッチリだ!

 らくらく宅建塾[基本テキスト]の略です。

 重要度の表示について

本書の問題の重要度(優先順位)は、
金▶銀▶銅の順になっています。
重要度を意識した反復学習によって、
しっかりした実力が自然に身につきます。
これが合格の近道です!!

 金メダル級の重要度

 銀メダル級の重要度

 銅メダル級の重要度

らくらく宅建塾 2024年版 [基本問題集]

これで合格だね！

Takken Gakuin

宅建学院

ご あ い さ つ

★ ラクに受かりましょう！！

この問題集は、苦労して受かりたい方には、おすすめできません。**ラクに受かりたい方だけどうぞ!!**

★ 究極のわかりやすさ!!

独学の方も、他校の方も、他の問題集を解く前に、まずこの問題集を解いてみて下さい。そうすれば、宅建学院の**究極のわかりやすさ**の秘密がわかります。本書は宅建士試験に向けて厳選した、オリジナルの問題のみで構成しています。本書シリーズの「らくらく宅建塾[基本テキスト]」と出題順序を合わせていますので、「テキストで学習」⇒「学習した範囲を問題集で演習」と、セットで効率よく学習でき、肢ごとの解説には、テキストの参照箇所も記載しています。まずは本書で宅建士試験の全範囲を網羅しましょう!!!!

★ 宅建戦争終結

この問題集には、**解けない問題が解けるようになる**宅建学院の秘伝がスシ詰めになっています。

2024年に合格なさりたいすべての方に、**無限の自信をもって**おすすめします！

本当に、こんなにラクに受かってしまっていいのでしょうか！？

2023年12月

宅建学院

※本書は2023年版までの「ズバ予想宅建塾　分野別編　必修問題集」を、新たに「2024年版 らくらく宅建塾[基本問題集]」として改訂しております。

一番ラクで確実な合格方法!!

どのように学習するべきか

　　余計な知識は混乱のモト。合格に必要な知識だけ身につけるべし。それにはどうしたらいいか？　答えは、本書シリーズの「らくらく宅建塾［基本テキスト］」を繰り返し読むことに尽きる。このテキストには、合格するために必要なことが、全て書かれている。無駄な記述は一つもない。ここが、他のテキストとの違いだ。1000頁の本を1回読むより、500頁の本を2回読んだ方が、よほど効果がある。万が一学習していて理解しづらい箇所が出てきたら、マンガで具体的にイメージできる「マンガ宅建塾」の併用をおすすめする。

　　知識を身につけただけでは合格できない。身につけた知識を使いこなして、どんどん問題を解くこと。まずは本書「らくらく宅建塾（基本問題集）」で全範囲を網羅しよう。次に過去問だ。分野別に良問を集めた「過去問宅建塾」で多くの過去問に挑戦しよう。これらの問題集を、全問正解するまで繰り返せば、得点目標は自動的に達成できる!!

　　そして必要に応じて、「まる覚え宅建塾」、「○×宅建塾／一問一答問題集」でポイントを押さえ、「ズバ予想宅建塾・直前模試編」で仕上げれば完璧だ!!

本書利用のコツ

コツ1　正解が出せたとしても、それだけでその問題がマスターできたと思うべからず。各問は、4つの選択肢から成り立っている。各肢を独立の問題と心得よ。全肢について、どういう理由で誤り（または正しい）かを何も見ないで友達に説明できるようになるまで吸収すべし!!

コツ2　全問を1回解いただけで卒業と思うなかれ。再び第1問に立ち返り、全問正解するまで繰り返すこと。問題集をそれぞれ丸1日で解き切れるようになるのが最終目標だ!!

最後に奥の手は

　　「らくらく宅建塾シリーズ」だけで誰でも合格できるが、もっとラクに確実に合格するにはどうしたらいいか？　答えは、通信講座の**宅建超完璧講座**を受けることだ！　宅建士試験は覚えることがたくさんあって、法律用語も分かりづらい。**宅建超完璧講座**では、ベテラン講師が豊富な事例を用いて「わかりやすく」解説している。実際、**宅建超完璧講座**の受講生から、2年連続で全国最年少合格者も誕生している。巻末の紹介と宅建学院のホームページをチェックしてほしい。

要するに、こういうことです

2024年版「らくらく宅建塾」シリーズ

1 導 入

マンガ宅建塾

2 基本学習

らくらく宅建塾
[基本テキスト]

らくらく宅建塾
[基本問題集]

■ サポート

コンパクトで
持ち歩きにも便利

**まる覚え
宅建塾**

4 直前演習

ズバ予想宅建塾
直前模試編

2024年
6月以降
発売予定

3 過去問演習

過去問宅建塾 (分野別 3 巻)

**まるばつ
宅建塾**

奥 の 手

合格率 3.2 倍※、2年連続で全国最年少合格者を生み出した

通信「宅建 超 完璧講座」を受ける。

宅建学院のホームページまたは通信講座問合せ先→04-2921-2020（宅建学院）

宅建 超 完璧講座は一般教育訓練給付制度厚生労働大臣指定講座
（指定番号 1120019-0020012-9）です!!　詳しくは、巻末広告をご覧
ください。

※不動産適正取引推進機構発表の「令和3年度宅地建物取引士資格試験結果の概要」と令和3年度「宅建超完璧講座」受講生
のうち、講座修了者に対するアンケート結果より算出。

各種情報は、宅建学院のホームページをご覧ください！

| 宅建学院 | 検索 |

 類似の学校名にご注意ください。

https://www.takkengakuin.com/

らくらく宅建塾 [基本問題集] の特長と使い方

① 自分の頭で考えて、問題を解けるようになる

　宅建士試験の問題を解くにあたって、一番大事なことは、「自分の頭で考えて、問題を解けるようになること」だ。「知っている」と「解ける」は、ぜーんぜん違う！　本書では、試験によく出るオリジナルの問題を 254 問用意した。最初は分からなかったり間違えたりするだろうが、心配ない。本書をマスターすれば、自分の頭で考えて、問題を解けるようになっている。選びぬいた問題ばかりなのだ！

② 各ページ左上部に ▱▱▱▱▱ マークがある

　問題は最低でも 3 回は繰り返そう。次の①〜④を意識して解けば、勉強効率も UP だ！

①問題を解いて問題なければ ▱▱▱▱▱ のひとつを全部塗りつぶす。もし間違えたり不安だったら ◹ を半分だけ塗りつぶす。こうして 1 回目を全部解く。

■ 問題なし！　　◤ まだ不安…　　☑ でも OK!

②2 回目以降は毎回隣の ◹ に移って、同じ要領で解いては塗りつぶすの繰り返し。

2 回目以降は隣へ！

③すべての問題で真っ黒な ◹ が 3 個できるまで繰り返そう。

3 回塗りつぶした！　➡これで卒業！

④半分しか塗られていない ◹ は一度つまずいた証拠！　重点的に復習だ。

こんな問題は要チェック！　卒業してても復習しよう！

③ 問題の横に [講義] が書いてある

　問題の横に解説が書いてあるので、めくらなくてよい。さらに、問題文と解説を見比べながら、じっくり考えることもできる。電車やバスの中でも勉強しやすいのだ！　1 肢ごとに何度も表を見たり裏を見たりしていると、つ

い、めんどーくさくなってしまう。

また、「正。」と「誤。」は赤シートで隠れるから、うっかり答えがわかってしまうことはない。一問ずつ確認することもできるし、赤シートをしおりに使えばどこまで勉強したかもスグわかる！いたれり尽くせりだ！

　そして、一番大事なのは復習だ。問題を解いた後は、しっかり復習して、なぜその肢が正しいのか、誤っているのかということを究明しておくこと。

④ 肢ごとにらくらく宅建塾［基本テキスト］の参照ページが書いてある

　直接問題に関係する解説だけでなく、「ここが基本だから読んでおいて欲しいところ」や「プラスαで知っておきたいところ」にもリンクさせてある。確認しながら、知識を確実にしていこう。らくらく宅建塾［基本テキスト］には大事なことしか書いていないゾ！

⑤ 解説の下にポイントが書いてある

　絶対覚えておいて欲しいことや、問題を解くときのキモだけを、ポイント等に短くまとめた。「知っている」から「解ける」に確実にステージ・アップするためのヒケツがてんこ盛りだ！

⑥ 重要度が書いてある

　宅建学院による試験分析の結果から、重要度金・重要度銀・重要度銅の３つに分けてある。勉強の目安にしよう。重要度金の問題は、どんなに苦手でも、かじりついて理解を完全にしておこう！　そして次は、重要度銀、重要度銅だ。

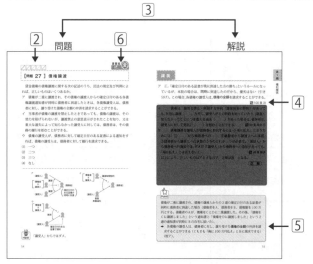

資料1. 宅建士試験協力機関一覧表

受験申込手続き等については、インターネット、または住所地の協力機関に問い合わせて下さい。

宅建士試験協力機関一覧（2023 年 11 月現在）

協力機関名	電話番号	協力機関名	電話番号
(公社)北海道宅地建物取引業協会	011-642-4422	(公社)滋賀県宅地建物取引業協会	077-524-5456
(公社)青森県宅地建物取引業協会	017-722-4086	(公社)京都府宅地建物取引業協会	075-415-2140
(一財)岩手県建築住宅センター	019-652-7744	(一財)大阪府宅地建物取引士センター	06-6940-0104
(公社)宮城県宅地建物取引業協会	022-398-9397	(一社)兵庫県宅地建物取引業協会	078-367-7227
(公社)秋田県宅地建物取引業協会	018-865-1671	(公社)奈良県宅地建物取引業協会	0742-61-4528
(公社)山形県宅地建物取引業協会	023-623-7502	(公社)和歌山県宅地建物取引業協会	073-471-6000
(公社)福島県宅地建物取引業協会	024-531-3487	(公社)鳥取県宅地建物取引業協会	0857-23-3569
(公社)茨城県宅地建物取引業協会	029-225-5300	(公社)島根県宅地建物取引業協会	0852-23-6728
(公社)栃木県宅地建物取引業協会	028-634-5611	(一社)岡山県総合協力事業団	086-232-1315
(一社)群馬県宅地建物取引業協会	027-243-3388	(公社)広島県宅地建物取引業協会	082-243-0011
(公社)新潟県宅地建物取引業協会	025-247-1177	(公社)山口県宅地建物取引業協会	083-973-7111
(公社)山梨県宅地建物取引業協会	055-243-4300	(公社)徳島県宅地建物取引業協会	088-625-0318
(公社)長野県宅地建物取引業協会	026-226-5454	(公社)香川県宅地建物取引業協会	087-823-2300
(公社)埼玉県弘済会	048-822-7926	(公社)愛媛県宅地建物取引業協会	089-943-2184
(一社)千葉県宅地建物取引業協会	043-441-6262	(公社)高知県宅地建物取引業協会	088-823-2001
(公財)東京都防災・建築まちづくりセンター	03-5989-1734	(一財)福岡県建築住宅センター	092-737-8013
(公社)神奈川県宅地建物取引業協会	045-681-5010	(公社)佐賀県宅地建物取引業協会	0952-32-7120
(公社)富山県宅地建物取引業協会	076-425-5514	(公社)長崎県宅地建物取引業協会	095-848-3888
(公社)石川県宅地建物取引業協会	076-291-2255	(公社)熊本県宅地建物取引業協会	096-213-1355
(公社)福井県宅地建物取引業協会	0776-24-0680	(一社)大分県宅地建物取引業協会	097-536-3758
(公社)岐阜県宅地建物取引業協会	058-275-1171	(一社)宮崎県宅地建物取引業協会	0985-26-4522
(公社)静岡県宅地建物取引業協会	054-246-7150	(公社)鹿児島県宅地建物取引業協会	099-252-7111
(公社)愛知県宅地建物取引業協会	052-953-8040	(公社)沖縄県宅地建物取引業協会	098-861-3402
(公社)三重県宅地建物取引業協会	059-227-5018		

資料 2. 過去 43 年間のデータ

年　　度	申込者数	受験者数	合格者数	合格率（倍率）	合格点
1981（昭和56）年	137,864人	119,091人	22,660人	19.0%（5.3倍）	35点
1982（昭和57）年	124,239人	109,061人	22,355人	20.5%（4.9倍）	35点
1983（昭和58）年	119,919人	103,953人	13,761人	13.2%（7.6倍）	30点
1984（昭和59）年	119,703人	102,233人	16,325人	16.0%（6.3倍）	31点
1985（昭和60）年	120,943人	104,566人	16,170人	15.5%（6.5倍）	32点
1986（昭和61）年	150,432人	131,073人	21,786人	16.6%（6.0倍）	33点
1987（昭和62）年	219,036人	192,785人	36,669人	19.0%（5.3倍）	35点
1988（昭和63）年	280,660人	235,803人	39,537人	16.8%（6.0倍）	35点
1989（平成1）年	339,282人	281,701人	41,978人	14.9%（6.7倍）	33点
1990（平成2）年	422,904人	342,111人	44,149人	12.9%（7.7倍）	26点
1991（平成3）年	348,008人	280,779人	39,181人	14.0%（7.2倍）	34点
1992（平成4）年	282,806人	223,700人	35,733人	16.0%（6.3倍）	32点
1993（平成5）年	242,212人	195,577人	28,138人	14.4%（6.9倍）	33点
1994（平成6）年	248,076人	201,542人	30,500人	15.1%（6.6倍）	33点
1995（平成7）年	249,678人	202,589人	28,124人	13.9%（7.2倍）	28点
1996（平成8）年	244,915人	197,168人	29,065人	14.7%（6.8倍）	32点
1997（平成9）年	234,175人	190,135人	26,835人	14.1%（7.1倍）	34点
1998（平成10）年	224,822人	179,713人	24,930人	13.9%（7.2倍）	30点
1999（平成11）年	222,913人	178,393人	28,277人	15.9%（6.3倍）	30点
2000（平成12）年	210,466人	168,095人	25,928人	15.4%（6.5倍）	30点
2001（平成13）年	204,629人	165,119人	25,203人	15.3%（6.6倍）	34点
2002（平成14）年	209,672人	169,657人	29,423人	17.3%（5.8倍）	36点
2003（平成15）年	210,182人	169,625人	25,942人	15.3%（6.5倍）	35点
2004（平成16）年	216,830人	173,457人	27,639人	15.9%（6.3倍）	32点
2005（平成17）年	226,665人	181,880人	31,520人	17.3%（5.8倍）	33点
2006（平成18）年	240,278人	193,573人	33,191人	17.1%（5.8倍）	34点
2007（平成19）年	260,633人	209,684人	36,203人	17.3%（5.8倍）	35点
2008（平成20）年	260,591人	209,415人	33,946人	16.2%（6.2倍）	33点
2009（平成21）年	241,944人	195,515人	34,918人	17.9%（5.6倍）	33点
2010（平成22）年	228,214人	186,542人	28,311人	15.2%（6.6倍）	36点
2011（平成23）年	231,596人	188,572人	30,391人	16.1%（6.2倍）	36点
2012（平成24）年	236,350人	191,169人	32,000人	16.7%（6.0倍）	33点
2013（平成25）年	234,586人	186,304人	28,470人	15.3%（6.5倍）	33点
2014（平成26）年	238,343人	192,029人	33,670人	17.5%（5.7倍）	32点
2015（平成27）年	243,199人	194,926人	30,028人	15.4%（6.5倍）	31点
2016（平成28）年	245,742人	198,463人	30,589人	15.4%（6.5倍）	35点
2017（平成29）年	258,511人	209,354人	32,644人	15.6%（6.4倍）	35点
2018（平成30）年	265,444人	213,993人	33,360人	15.6%（6.4倍）	37点
2019（令和元）年	276,019人	220,797人	37,481人	17.0%（5.9倍）	35点
2020(令和2)年10月	204,163人	168,989人	29,728人	17.6%（5.7倍）	38点
2020(令和2)年12月	55,121人	35,261人	4,610人	13.1%（7.6倍）	36点
2021(令和3)年10月	256,704人	209,749人	37,579人	17.9%（5.6倍）	34点
2021(令和3)年12月	39,814人	24,965人	3,892人	15.6%（6.4倍）	34点
2022（令和4）年	283,856人	226,048人	38,525人	17.0%（5.9倍）	36点
2023（令和5）年	289,096人	―	―	―	―

資料 3. 分野ごとの出題数（2009 ～ 2023 年度）

分野	出題数
本書第1編　権利関係 （本試験第 1 ～14問）	14問出題
本書第2編　宅建業法 （本試験第26～45問）	20問出題
本書第3編　法令上の制限 （本試験第15～22問）	8問出題
本書第4編　その他の分野 （本試験第23～25問、 　　第46～50問）	8問出題 （税　法 2問） （その他 6問）

も く じ

ごあいさつ

一番ラクで確実な合格方法!!
ズバ予想宅建塾分野別編必修問題集の特長と使い方

1

第1編

権利関係

問題数
85問

【問題 1 】 制限行為能力者

次の記述のうち、民法の規定によれば、正しいものはどれか。

(1) 19 歳の者は未成年であるので、不動産の売買契約を 1 人で締結することはできない。

(2) 成年被後見人がその成年後見人の同意なく単独でした契約は、日用品の購入その他日常生活に関する行為を除き、無効である。

(3) 被保佐人は、その保佐人の同意を得ることなく自己の所有する建物につき、期間を 3 年として、賃貸借契約を締結した場合、当該賃貸借契約を取り消すことはできない。

(4) 被補助人が不動産の売買契約を締結するためには、常に補助人の同意が必要である。

 大損する契約はどれか。

講　義

(1)　誤。未成年者とは**18歳未満**の者のことだ（18歳以上の者は成年者）。だから、19歳の者は成年者だ。したがって、不動産の売買契約を1人で締結することができる。　　　　　　　　　　　　　　　　　　📖6頁 (1)

(2)　誤。成年被後見人がやった契約は**取り消す**ことができる。無効なのではない。取り消されるまでは一応有効だ。　　　　　　　　　　📖8頁 2.

(3)　正。被保佐人が、保佐人の同意なしに、**3年を超える建物の賃貸借契約**をした場合には、その契約を取り消せる。しかし、本肢の場合、建物をちょうど3年間賃貸する契約なので、**取り消せない**。　　　　　📖10頁 条文 ②

(4)　誤。被補助人は**家庭裁判所の審判**によって決められた一定の法律行為（契約）を行うときだけ、補助人の同意が必要だ。だから、①「被補助人が不動産の売買契約を締結するときは補助人の同意が必要」と**家庭裁判所の審判**によって決められたなら、補助人の同意が必要だが、②「被補助人が不動産の売買契約を締結するときは補助人の同意が必要」と決められていないなら、補助人の同意は不要だ。したがって、「常に補助人の同意が必要」とある本肢は×だ。　　　　　　　　📖18頁 注2

（**正　解**）(3)

Point!

どういう契約を取り消せるか？

未成年者	➡	同意なしにやった**損する**契約だけ取り消せる。
成年被後見人	➡	**同意を得て**やった**損しない**契約も取り消せる（日用品の購入等は別）（肢(2)）。
被保佐人	➡	同意なしにやった**大損する**契約だけ取り消せる（肢(3)）。
被補助人	➡	**家庭裁判所の審判**によって決められた一定の契約を同意なしにやったときは取り消せる。

【問題 2】 制限行為能力者

制限行為能力者に関する次の記述のうち、民法の規定によれば、正しいものはどれか。

(1) 成年被後見人Aが成年後見人Bの同意を得てCにA所有の建物を売却した場合において、その後、Aの後見開始の審判が取り消されAが行為能力者になったときは、Aはもはや当該契約を取り消すことはできない。

(2) 未成年者Aが親権者Bの同意を得てCに金銭を貸し付けていた場合において、その後、AがBの同意を得ずに貸金の返済をCから受けたときは、Bはその貸金の受領を取り消すことができる。

(3) 被保佐人Aが保佐人Bの同意を得ないで、A所有の建物をCに5年間賃貸する契約をした場合、当該賃貸借契約をBは取り消すことができるが、Aは取り消すことができない。

(4) 未成年者Aが未成年後見人Bの同意を得ないでA所有の土地をCに売却した場合、BがCに対して、その土地の所有権移転登記をしたときでも、Bは当該契約を取り消すことができる。

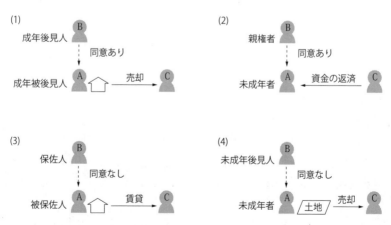

 単に権利を得る場合は、同意不要。

講 義

(1) 誤。制限行為能力者がやった契約は、制限行為能力者が**行為能力者**になってから**5年**を経過すると、取り消すことができなくなる。つまり、行為能力者になってからも5年間は、契約を取り消してOKなのだ。Aは、後見開始の審判が取り消され行為能力者となるが、それから5年間はCとの間の契約を取り消すことができる。 **14頁 下の条文①**

(2) 正。権利を得るだけの契約（例ただで物をもらう）と義務を免れる契約（例借金を棒引きしてもらう）は法定代理人の同意がなくても未成年者が自分一人で自由にやることができ、取り消すことができない。しかし、親権者の同意を得ずに、貸金の返済を受けることはできない。なぜなら、貸金の返済を受けると債権（貸金を返してもらえる権利）が消えてしまうため、貸金の返済を受けることは単に**権利を得る**行為ではないからだ。だから、未成年者Aが貸金の返済を受ける場合は、法定代理人であるBの同意を受ける必要があり、同意を得ていない場合は、その貸金の受領を取り消すことができる。 **5頁 条文 例外①、6頁(3)①**

(3) 誤。被保佐人が保佐人の同意なしでやった契約を誰が取り消すことができるかというと、本人である**被保佐人**と**保佐人**だ。だから、AもBも取り消すことができる。被保佐人にも取消権があるのだ。 **12頁(3)①**

(4) 誤。制限行為能力者が契約した後で、保護者が、こちらから契約を「履行」すると、その契約を**追認**したものとみなされることになり、その契約は取り消すことができなくなる。そして、所有権の移転登記をすることは、こちらから契約を「履行」することだから、その契約は、もはや取り消すことができない。 **15頁 条文②**

（正 解）(2)

Point!

いつまで取り消すことができるか？
制限行為能力者がやった契約は、制限行為能力者が
➡ ① **行為能力者**になってから**5年**経過した場合、または、
② 契約から**20年**経過した場合には、
取り消すことができなくなる（肢(1)）。

[問題 3] 制限行為能力者

　未成年者Aが、法定代理人であるCの同意を事前に得ないで自己の土地をBに譲渡した場合に関する次の記述のうち、民法の規定及び判例によれば、誤っているものはどれか。

(1)　Aの譲渡行為を追認するか否かを1カ月以内に確答するようにとBからCに対して催告がなされたがCが確答しなかった場合、CはAの行為の追認を拒絶したものとみなされる。

(2)　Aが成年に達した後、AがBに対する代金請求権を第三者Dへ譲渡した場合、Aはこの契約を取り消すことができなくなる。

(3)　Aが契約を締結した後、CがAからBへの所有権移転登記に協力した場合、CはAの譲渡行為を追認したものとみなされる。

(4)　Aが契約の際に、「法定代理人Cの同意を得ている」と偽ってBと契約した場合、Aはこの契約を取り消すことができなくなる。

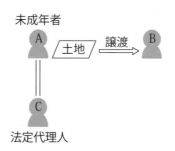

　「追認できる立場の人」かどうかを考えよ。

講義

(1) 誤。未成年者と契約した人は、法定代理人に対して1カ月以上の期限を付けて催告できる。もし、期限までに答えがないと、契約は**追認**されたものとみなされる。 12頁 条文Ⓐ

(2) 正。未成年者が自分一人でやった契約は、自由に取り消すことができる。しかし、未成年者が成年になると追認できるようになるから、その後にある一定の行為をすると、その契約を**追認**したものとみなされ（法定追認）、契約を取り消せなくなる。たとえば、①相手方に契約の履行を請求する、②こちらから契約を履行する、③契約によって手に入れた物を第三者に**譲渡**する、というような行為を行った場合だ。本肢の場合は、③に当たる、③の手に入れた物には、権利も入るのだ。だから、Aが成年に到達後、Aが代金請求権を第三者Dへ譲渡した場合、契約を取り消せなくなる。 16頁 本人は？

(3) 正。制限行為能力者が契約した後で法定代理人が肢(2)の解説①～③のどれかをやると、その契約を**追認**したものとみなされる。登記の移転に協力することは、(2)の解説②の「こちらから契約を履行する」に当たる。だから、Cは、契約を追認したとみなされる。 15頁 条文②

(4) 正。制限行為能力者が、「私は行為能力者です」とウソをついて契約したり、「私は保護者の同意を得ています」とウソをついて契約した場合には、契約を**取り消せなくなる**。 14頁 上の条文

(正 解)(1)

Point!

次の①～③の人が一定の行為をした場合に、法定追認は成立するか？
- ① 法定代理人 ➡ ○（肢(3)）
- ② 未成年者本人 ➡ ×
- **③ 成年になった後の本人** ➡ ○（肢(2)）

［問題 4］ 未成年者

　未成年者AがBと土地の売買契約を締結する場合に関する次の記述のうち、民法の規定によれば、正しいものはどれか。

(1)　Aが法定代理人Cの同意を得て売買契約を締結した場合でも、Aは、Bが契約の履行に着手するまでは、当該契約を取り消すことができる。

(2)　令和6年1月1日にAが法定代理人Cの同意を得ないで売買契約を締結した後に、令和6年2月1日にCが契約締結の事実を知りこれを追認し、令和6年3月1日に売買契約書が作成された場合、当該契約は令和6年2月1日から有効となる。

(3)　売主であるAが契約の履行に着手しない場合には、その法定代理人CがBに対して土地売買代金を請求した後でも、Aは、当該契約を取り消すことができる。

(4)　Aが法定代理人Cの同意を得ないでBに土地を売却した後にBがその土地をさらにDへ転売した場合、既にDへの所有権移転登記が完了したときでも、Aは、当該契約を取り消してDに対して土地を返還するよう主張することができる。

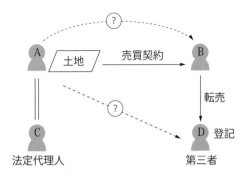

　制限行為能力者と第三者をハカリにかけると？

講義

(1) 誤。未成年者が、法定代理人の同意を得てやった契約は完全に有効で、**取り消せない**ことになっている。Ａ本人が取消権を行使できるのは、あくまでＡが自分一人でやった契約だ。　　　　　　　　　　7頁 ②

(2) 誤。未成年者が自分一人でやった契約を法定代理人が追認すると、契約の当初に**さかのぼって**有効になる（坂登一郎）。追認の時からではない。
　　　　　　　　　　　　　　　　　　　　　　　　　7頁 ③ キーワード

(3) 誤。制限行為能力者が契約した後で、法定代理人が、「請求」「履行」「譲渡」のどれかをやると、その契約を追認したものとみなされる（法定追認）。本肢のＣは、Ｂに代金を**請求**しているから、追認したことになる。だから、契約は完全に有効なものとなり、Ａは、取り消すことはできない。
　　　　　　　　　　　　　　　　　　　　　　　　　15頁 ①

(4) 正。制限行為能力者は、第三者が、①善意無過失であっても、②所有権移転登記を得ていたとしても、契約の取消しを**対抗できる**。だから、Ａは、Ｄに対して土地を返せと主張できる。　　　17頁 よく出るポイント③

（正　解）(4)

制限行為能力者の契約の取消しは
➡　所有権移転登記を得た**善意無過失**の第三者に対抗できる（肢(4)）。

［問題 5 ］ 虚偽表示

　AとBは、A所有の土地について、所有権を移転する意思がないのに通謀して売買契約を締結し、B名義に移転登記した。この場合に関する次の記述のうち、民法の規定及び判例によれば、正しいものはどれか。

⑴　Bがその土地を善意のCに譲渡した場合には、Aは、B及びCに対して土地の所有権を主張することはできない。

⑵　Bがその土地を善意のCに譲渡した場合でも、CがAB間の契約が虚偽表示であることを知らなかったことについて過失がある場合は、Aは、Cに対して土地の所有権を主張することができる。

⑶　Bがその土地を善意のCに譲渡し、さらにCが悪意のDに譲渡した場合、Aは、Dに対して土地の所有権を主張することはできない。

⑷　Bがその土地を悪意のCに譲渡し、さらにCが善意のDに譲渡した場合、Aは、Dに対して土地の所有権を主張することができる。

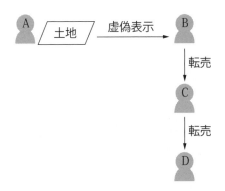

　善意の人がいるのだから。

講　義

(1)　誤。Aは虚偽表示が無効であることを善意のCに対抗できない。しかし、Cが善意であっても、ＡＢ間の虚偽表示が無効であることには変わりがないので、Aは無効を**Bに対しては**主張できる。だから、AはBに対して土地の所有権を主張できる。　　　　　　　　　　　27頁 ＡＢ間では？

(2)　誤。Aは虚偽表示をした当事者でけしからん人間だから、AとCでは断然Cを保護すべきだ。だから、Cは善意でありさえすれば**過失**があっても（善意有過失）Cが勝つ。Aは善意有過失のCに虚偽表示の無効を対抗できない。したがって、AはCに対して土地の所有権を主張できない。

27頁 過失・登記は？

(3)　正。Aは虚偽表示が無効であることを善意のCに対抗できない。そして、善意のCから土地を譲り受けた者に対しては、その者が善意である場合はもちろんのこと、**悪意**である場合でも、Aは虚偽表示が無効であることを主張できない。だから、AはDに対して土地の所有権を主張できない。

31頁 表

(4)　誤。Aは虚偽表示が無効であることを**善意のD**に対抗できない。善意であるDを保護する必要があるからだ。だから、AはDに対して土地の所有権を主張できない。

31頁 表

正　解 (3)

Point!

AとDのどちらが勝つか？

C	D	AとDのどちらが勝つか？
善意	善意	D
善意	悪意	**D**（肢 (3)）
悪意	善意	**D**（肢 (4)）
悪意	悪意	A

コメント　結局、Aが虚偽表示の無効を対抗できるのは、CD両方が悪意の場合だけだ。

［問題 6］ 虚偽表示

次の(1)から(4)までの記述のうち、民法の規定、判例及び下記判決文によれば、明らかに誤っているものはどれか。

（判決文）

不実の所有権移転登記の経由が所有者の不知の間に他人の専断によってされた場合でも、所有者が右不実の登記のされていることを知りながら、これを明示または黙示に承認していたときは、右94条2項を類推適用し、所有者は、その後当該不動産について法律上利害関係を有するに至った善意の第三者に対して、登記名義人が所有権を取得していないことをもって対抗することを得ないものと解するのが相当である。

(1) 所有者が、不実の登記のされていることを知りながら、これを黙示に承認していたときは、民法第94条2項が類推適用される。

(2) 不実の所有権移転登記が所有者の不知の間に他人の専断によってされた場合でも、民法第94条2項が類推適用されることがある。

(3) 所有者が不実の登記のされていることを知りながら、これを黙示に承認していたときは、所有者は、その後当該不動産について法律上利害関係を有するに至った善意の第三者に対して、登記名義人が所有権を取得していないことをもって対抗することができない。

(4) 所有者が不実の登記のされていることを知りながら、これを明示に承認していたときは、所有者は、その後当該不動産について法律上利害関係を有するに至った悪意の第三者に対して、登記名義人が所有権を取得していないことをもって対抗することができない。

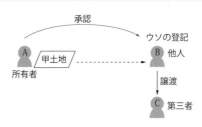

Hint! 善意の第三者は保護される。

講　義

　判決文にある94条2項とは虚偽表示のことだ。**虚偽表示の場合は、善意の第三者は保護される**。だから、判決文中の「94条2項が類推適用される」というのは、「第三者は、善意だったら保護される」ということだ。なお、イメージしやすいように、土地を甲土地、甲土地の所有者をA、ウソの登記をした他人をB、第三者をCとして話を進めていく。

具体例

　甲土地の本当の所有者はAだ。しかし、他人Bが独断で甲土地を「B名義」にした。そして、CがBから甲土地を買った。その後、AがCに対して「甲土地を返せ」と言ってきた場面の話だ（要するに、「甲土地の所有者はBだ」と登記されていたが、その登記はウソだった。このウソの登記を信じてしまった可哀想なCが保護されるかどうか、ということ）。

結論

　Aが承認していたなら（たとえば、Bがウソの登記をしたことに気がついたが、ウソの登記をそのままAが放置していたなら）、「94条2項が類推適用され、Cは善意なら保護される。

(1)　正。所有者Aが**黙示**に承認していたときであっても、94条2項が類推適用される（第三者Cが善意なら、Cの勝ちになる）。

(2)　正。ウソの登記が所有者Aの知らない間に他人Bの専断によってされた場合でも、所有者Aが**承認**していたときは、94条2項が類推適用される。このように、一定の要件を満たせば、類推適用されるので、「類推適用されることがある」という本肢は正しい。

(3)　正。94条2項が類推適用（第三者Cが善意なら、Cの勝ちになる、というルールが適用）される場面だ。だから、所有者Aは、**善意の第三者Cに対抗できない**。

(4)　誤。94条2項が類推適用される場面だ。だから、第三者Cが善意ならCの勝ちになる。しかし、本肢のCは**悪意**だ。だから、所有者Aの勝ち。Aは、Cに対抗できる。

以上全体につき、📖26頁以下

正　解　(4)

　一見難しそうだが、そんなことはない。**判決文中**にズバリ答えがある。判決文をじっくり読み込めば正解できるぞ！

［問題 7 ］意思表示

　Aがその所有地をBに譲渡し、移転登記を完了した後、Cが、Bからその土地を賃借して、建物を建て、保存登記を完了した。その後、AがBの強迫を理由としてAB間の売買契約を取り消し、Cに対して土地の明渡し及び建物の収去を請求した場合、民法及び借地借家法の規定によれば、次の記述のうち正しいものはどれか。

(1)　Cは、借地権に基づき、Aの請求を拒むことができる。

(2)　Cは、Bの登記名義を過失なく信じた場合には、Aの請求を拒むことができる。

(3)　Cは、AがBから強迫を受けたことについて善意無過失である場合には、Aの請求を拒むことができる。

(4)　Cは、Aの請求を拒むことができない。

強迫の被害者と善意無過失の第三者をハカリにかけると？

講義

(1) 誤。Cの借地権はBがこの土地の所有権を持っていることが前提だ。ところが、AがBとの契約を取り消すと、Bは土地所有権をはじめから取得しなかったことになる。その結果Cも借地権を取得しなかったことになるから、Cは借地権に基づいてAの請求を拒むことはできない。

22頁 (3)

(2) 誤。登記には公信力がない（登記を信じても権利を取得できない）から、CはAの請求を拒むことはできない。

96頁 (6)

(3) 誤。強迫の被害者は、契約を取り消すことができる。そして、その取消しは善意無過失の第三者にも対抗できる。だから、CはAの請求を拒むことはできない。

34頁 表 ③

(4) 正。肢(1)～(3)は全てヒッカケだ。本問では、要するに「強迫による意思表示の取消しは善意無過失の第三者に対抗できる」ということが本当に理解できているかどうかが試されているのだ。

21頁 キーポイント

正 解 (4)

Point!

強迫されて契約させられた被害者は ➡ 契約を取り消すことができる。
そして、この取消しは ➡ 善意無過失の第三者にも対抗できる。

重要度 銀

[問題 8] 意思表示

A所有の土地が、AからBへと売り渡され移転登記もなされた場合に関する次の記述のうち、民法の規定によれば、誤っているものはどれか。

(1) AがCの詐欺によってBとの契約を締結した場合において、Bが当該詐欺の事実について善意無過失であれば、AはBとの契約を取り消すことはできない。

(2) AがCの強迫によってBとの契約を締結した場合において、Bが当該強迫の事実について善意無過失であっても、AはBとの契約を取り消すことができる。

(3) AがBの詐欺によってBとの契約を締結した場合において、当該詐欺の事実について善意無過失のCのためにBがこの土地に抵当権を設定しても、AがBとの契約を取り消すと、Cは抵当権の取得をAに対抗できない。

(4) AがBの強迫によってBとの契約を締結した場合において、契約時から、20年が経過すると、AはBとの契約を取り消すことができなくなる。

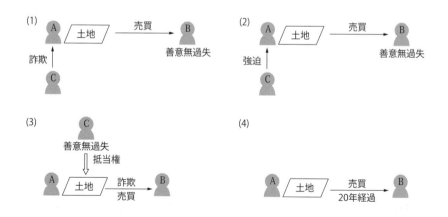

転売と同じか違うか？

講 義

(1) 正。この場合、詐欺の当事者はCとAだ。Bは詐欺の局外にいるから、**善意無過失の第三者**として扱えばいい。詐欺の場合は善意無過失の第三者の勝ち。だから、AはBとの契約を取り消せない。

※23頁 Bは善意無過失の第三者だ！

(2) 正。これも肢(1)と同じで強迫の当事者はCとAだ。Bは強迫の局外にいるから、善意無過失の第三者だ。しかし、強迫の場合は詐欺と違って第三者Bが**善意無過失でも**被害者Aが保護される。だから、AはBとの契約を取り消せる。

※23頁 Bは善意無過失の第三者だ！

(3) 誤。BC間で行われたのは抵当権の設定だが、**転売が行われたのと同じ**ように考えていい。つまり、AB間が詐欺なら、BC間は転売でも抵当権の設定でも、Cが善意無過失ならAよりCが保護される。だから、Cは抵当権をAに対抗できる。

※22頁 転売と同じ！

(4) 正。契約時から**20年**たつと、取消権が時効消滅するから取り消せなくなる。これは、①制限行為能力者、②詐欺、③強迫に共通だ。

※23頁 (5)

（正　解）(3)

Point!

善意無過失の第三者CがBから何を取得しても（①所有権でも②借地権でも③抵当権でも④それ以外の権利でも）、

AB間の契約が
- 詐欺なら　➡　Cの**勝ち**（肢(3)）
- 強迫なら　➡　Cの**負け**

［問題 9 ］ 制限行為能力者・意思表示

　A所有の土地が、AからB、BからCへと売り渡され、移転登記もなされている。この場合、民法の規定によれば、次の記述のうち誤っているものはどれか。

(1)　Aが成年被後見人の場合、Aは、契約の際に事理を弁識する能力を完全に回復していても、AB間の契約を取り消し、善意無過失のCに対して所有権を主張することができる。

(2)　Aが未成年者の場合、Aは、法定代理人の同意を得ずに契約をしていても、成年に達すれば、その時点でAB間の契約を取り消すことができなくなる。

(3)　Aの売却の意思表示に目的及び取引上の社会通念に照らして重要な錯誤がある場合、Aは、重大な過失がないときは、AB間の契約を取り消し、悪意のCに対して所有権を主張することができる。

(4)　Aが差押えを免れるため、Bと通謀して登記名義をBに移した場合、Aは、AB間の契約の無効を主張することはできるが、善意のCに対して所有権を主張することはできない。

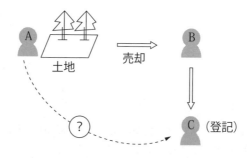

Hint!　どういう契約を取り消せるのか？

講義

(1) 正。事理を弁識する能力とは判断力のこと。成年被後見人は、たとえ一時的に判断力を回復していたとしても、後見開始の審判が取り消されない限り、あくまで成年被後見人として扱われる。だから、Aは契約を**取り消せる**。この取消しは善意無過失の第三者にも対抗できる。だから、AはCに対抗できる（所有権を主張できる）。　　　🅰9頁 判断力があっても

(2) 誤。取り消せなくなるのは、成年になって**5年**経過した場合だ。成年になっても5年は取り消せるので、本肢は×だ。　　　🅰18頁 表⑨

(3) 正。錯誤（勘違いのこと）に陥って契約をした人は、錯誤が（勘違いが）**重要な**ものである場合は、重大な過失がなかったら、契約を取り消せる。ただし、この取消しは**善意無過失**の第三者には対抗できない。本肢のCは悪意だ。だから、AはCに対抗できる（所有権を主張できる）。

🅰24頁(1)(2)、25頁(4)(5)

(4) 正。AB間の契約は虚偽表示だから、無効だ。そして、この無効は、当事者間では主張できるが、善意の第三者には**主張できない**。だから、AはCに対抗できない（所有権を主張できない）。　　　🅰34頁 表⑤

（**正　解**）(2)

Point!

制限行為能力者がやった契約は、制限行為能力者が行為能力者になってから**5年**たつと**取り消せなくなる**（肢(2)）。

[問題 10] 代　　理

　AがBから代理権を与えられて、契約を締結し、又は締結しようとする場合に関する次の記述のうち、民法の規定によれば、正しいものはどれか。

(1)　AがBからB所有の土地の売却の代理権を与えられている場合、Aは、原則として自ら買主となることができる。

(2)　AがBからB所有の建物の賃貸の代理権を与えられている場合、Aは、賃借人Cの同意があれば、Bの同意がなくとも、BC双方の代理人になることができる。

(3)　Aが未成年者である場合、Bは、親権者の同意がないことを理由として、Aが締結した契約を取り消すことができる。

(4)　Aが、Bの代理人であることを示さずにDとの間で契約を締結した場合、契約は、原則としてAD間に成立する。

　代理人がやった契約の効力は誰に帰属するか？

(1) 誤。Aが自ら買主になると、Aは、土地の値段を安くしてBに損をさせるおそれがある。だから、Aは、Bの**許諾か追認**がない限り自ら買主になることはできない。これが、自己契約の禁止だ。

📖41頁 ① 自己契約とは？

(2) 誤。AがBC双方の代理人になるとどうなるか？ 賃料を安く契約すればBに損をさせることになるし、逆に賃料を高く契約すればCに損をさせることになる。つまり、自分の依頼者のどちらか一方に損をさせることになるから、このような双方代理は原則として禁止されている。ただし、例外として、あらかじめ当事者**双方の許諾**（同意）があれば別だ。つまり、BC双方の許諾（同意）があれば、AはBC双方の代理人になれる。Cの許諾（同意）だけではダメだ。Bの許諾（同意）も必要だ。

📖42頁 ② 双方代理とは？

(3) 誤。契約の効果はBに帰属し、Aには及ばないからAを保護する必要はない。また、未成年者のAが思慮不足のために不利な契約をしたとしても、それはAを代理人にしたBの自業自得だ。だから、AもBも契約**を取り消せない**。

📖40頁(2)

(4) 正。Aが、Bの代理人であることを示さなかった場合には（顕名を欠くと）、相手方Dとしては、A自身が契約の当事者だと思ってしまう。そこで、相手方Dを保護するために、契約は原則としてAD間に成立することになっている。

📖39頁(1)

正 解 (4)

Point!

顕名を欠くとどうなるか？

原則 代理人は、「○○さんの代理で参りました」と言わなければならない（これを**顕名**という）。これを言わないと ➡ **代理人自身が契約**したことになってしまう（肢(4)）。

例外 しかし、たとえ顕名を欠いたとしても、相手方が、「○○さんの代理で来たんだな」ということを知っていたり（悪意）、知り得た場合（善意有過失）には ➡ **本人**に契約の効力が帰属する。

[問題 11] 代　　理

　Aは、Bの代理人として、C所有の土地についてCと売買契約を締結したが、その際、次に掲げるような事情があった場合、民法の規定及び判例によれば、誤っているものはどれか。

(1)　BがAに代理権を与えていなかった場合は、Cは、そのことについて善意無過失であり、かつ、Bの追認がないとき、Aに対して契約の履行又は損害賠償を請求することができる。

(2)　AがBに隠れて当該土地の売買についてCからも代理権を与えられていた場合は、Aの行為は、代理権を有しない者がした行為とみなされる。

(3)　CがAをだまして売買契約を締結させた場合は、Aは当該売買契約を取り消すことができるが、Bは取り消すことができない。

(4)　BがAに代理権を与えていなかった場合は、Cは、そのことについて善意であり、かつ、Bの追認がないとき、当該売買契約を取り消すことができる。

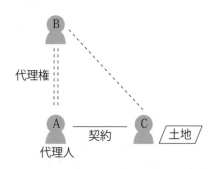

　代理人がやった契約の効力は、本人に帰属する。ということは……。

講義

(1)　正。Aは、無権代理人だ。無権代理人と契約した善意無過失の相手方Cは、本人Bが追認する前なら、無権代理人Aに、①**契約の履行**、または、②**損害賠償**を請求できる。　　　　　　　　　　　　　　49頁 条文 ③

(2)　正。双方代理は、代理権を有しない者がした行為とみなされる（つまり、**無権代理**とみなされる）。　　　　　　　　　　　　　　　　42頁 ②

(3)　誤。詐欺の被害者は、契約を取り消せる。では、本肢の場合、被害者は誰か？　それは、Bだ。なぜなら、代理人が締結した契約の効力は、本人に帰属するからだ。だから、取消権も**本人B**にあり、代理人Aにはない。　　　　　　　　　　　　　　　　　　　　　　　37頁 条文

(4)　正。肢(1)と同様、Aは、無権代理人だ。無権代理人と契約した**善意の**相手方Cは、本人Bが**追認する前**なら、契約を**取り消せる**。
　　　　　　　　　　　　　　　　　　　　　　　　48頁 条文 ②

（**正　解**）(3)

Point!

　代理人が勘違い（錯誤）によって契約したり、だまされたり（詐欺）、脅されたり（強迫）して契約させられた場合には、
➡　その契約を取り消せるのは**本人**だ（肢(3)）。

［問題 12］代　　理

　AがBの代理人として、B所有の土地をCに売却する契約を締結（それに伴う保存行為を含む。）した場合に関する次の記述のうち、民法の規定及び判例によれば、正しいものはどれか。

(1)　Aが売買契約締結の際に、自分が未成年者であることを故意に隠していた場合、その事実を過失なく知らなかったCは、売買契約を取り消すことができる。

(2)　その後Cが売買代金を支払ったにもかかわらずBが土地をCに引き渡さないときには、Cは、A及びBに対して土地を引き渡すよう請求することができる。

(3)　Aは、Bから委任された代理行為を自ら履行する義務を負うが、やむを得ない事由がある場合に限り、Dを復代理人に選任することができる。

(4)　AがCとの売買契約交渉中に、土地をEが不法占拠している事実を発見した場合、Aは、Bに無断でEに対して土地を明け渡すよう請求することができる。

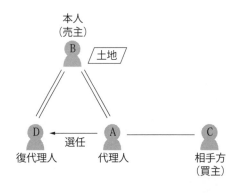

　保存行為を探せ。

(1) 誤。未成年者等の制限行為能力者でも代理人になることができる（ガキの使いでも OK!）。だから、本人は代理人が締結した契約を取り消すことはできないし、もちろん相手方も取り消せない。契約の効果は本人に帰属するからAを保護する必要はないし、不利な結果は本人の自業自得だからだ。　　　　　　　　　　　　　　　　　　　　　　　　40頁 条文

(2) 誤。有効な代理行為の効果は直接本人に帰属する。だから、本人Bには請求できるが、代理人Aにはできない。　　　　　　　　36頁 条文

(3) 誤。委任による代理だから、①本人の許諾を得た場合か、②やむを得ない事由がある場合は、復代理人を選任できる（①か②のどちらかがあれば選任できる）。だから、「やむを得ない事由がある場合に限り選任できる」とある本肢は×だ。　　　　　　　　　　　46頁 表

(4) 正。不法占拠者に出て行け！と請求することは、建物の雨もり修繕と同じく保存行為だ。Aは保存行為も任されているのだから、いちいちBに相談しなくてもEを追い出せる。　　　　　　41頁 上の条文 ①

（正 解）(4)

代理をもうひと押し！

代理人の権限が決められていない場合、何ができるか（次の3つ）。

① 保存行為（例　家の雨もりを修理する）（肢(4)）
② 利用行為（例　家を賃貸して賃料をかせぐ）
③ 改良行為（例　家の壁紙をきれいなものにはり替える）

［問題 13］代　　理

　AがBの代理人となり、Bの所有する土地をCに売却する場合に関する次の記述のうち、民法の規定及び判例によれば、正しいものはどれか。

⑴　Aが売買代金を着服する意図で売買契約を締結した場合、Cがこのことについて悪意であっても、契約の効果は当然にBに帰属する。

⑵　第三者DがAを強迫して売買契約を締結した場合において、Cが強迫の事実について善意無過失だったとしても、Bは契約を取り消すことができる。

⑶　Aが、急病のためやむを得ない事由があったため復代理人Eを選任した場合には、後にAが健康を回復しても、Eを解任しない限りAはCとの契約を締結することはできない。

⑷　Aが、Bの承諾を得てFを復代理人に選任した場合に、FがBのためにすることを示さずに意思表示をしたときは、FがBの代理行為をしていることについてCが善意無過失であったとしても、売買契約の効力は、Bについて生じる。

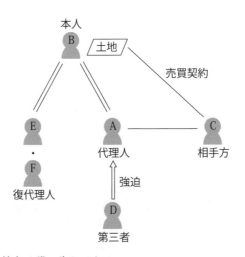

契約の効力は誰に生じるか？

講義

(1) 誤。Aは代金を着服する意図で売買契約を締結している。つまり、Aは自分の利益のために代理権を**濫用**しているわけだ。この場合（代理権の**濫用**の場合）、CがAの目的（代金を着服する意図）を知り、また知ることができたときは（悪意・善意有過失のときは）、代理権を有しない者がした契約とみなされる（つまり、無権代理とみなされる）。Cは悪意だ。だから、無権代理とみなされ、契約の効果はBに帰属しない。

(2) 正。代理の意思表示の効力は直接本人に帰属する。だから、代理人が勘違い（錯誤）によって契約したり、だまされたり（詐欺）、脅されたり（強迫）して契約させられた場合、その契約を取り消せるのは本人だ。本肢の場合、代理人Aが強迫されているので、契約を取り消すことができるのは本人のBだ。そして、第三者から強迫を受けた場合、相手方が**善意無過失**であっても取り消すことができる。だから、Bは、契約を取り消すことができる。　　　　　　　　　　　　　　　　　　21頁(2)、37頁 条文

(3) 誤。代理人は、復代理人を選任しても代理権を**失わない**。

45頁 キーポイント ①

(4) 誤。代理人（復代理人）が「代理で参りました」（顕名）と言わなかった場合、相手方が善意無過失なら、**代理人**（復代理人）**自身**が契約したことになる。だから、契約の効力はBではなくFに生じる。　　38頁 条文

（**正　解**）(2)

Point!

　代理人が勘違い（錯誤）によって契約したり、だまされたり（詐欺）、脅されたり（強迫）して契約させられた場合には、➡　その契約を取り消せるのは**本人**だ（肢(2)）。

［問題 14］無権代理

　Aの子Bが、Aの代理人と偽って、Aの所有の土地についてCと売買契約を締結した。この場合に関する次の記述のうち、民法の規定及び判例によれば、正しいものはどれか。

(1)　Cが、Bの無権代理について悪意である場合でも、Aが売買契約を追認する前であれば、Cは当該売買契約を取り消すことができる。

(2)　Cが、Bの無権代理について善意ではあるが重過失があった場合は、CはAに対し、追認をするかどうか確答すべき旨の催告をすることができない。

(3)　Cが、Bの無権代理について善意無過失である場合は、Bが未成年者であっても、CはBに対して損害賠償を請求することができる。

(4)　Aの死亡により、BがDとともにAを共同相続した場合、共同相続人の全員が共同して追認権を行使しない限り、無権代理行為は有効とならない。

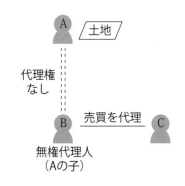

　「単独相続」と「共同相続」で違う。

講義

(1) 誤。取消しは、無権代理であることについて相手方が**善意**の場合だけできる。だから、悪意のCは契約を取り消すことはできない。

48頁 条文②

(2) 誤。催告は、無権代理であることについて相手方が**悪意**でもできる。悪意でもできるのだから、善意重過失の場合も、モチロン、催告できる。

48頁 条文①

(3) 誤。無権代理人が**制限行為能力者**である場合は、相手方は責任を追及することができない。だから、Cは善意無過失であっても、未成年者のBに対して損害賠償を請求することはできない。　49頁 条文③ 注!

(4) 正。無権代理人が本人を単独で相続した場合は、無権代理行為は当然に有効となる。しかし、無権代理人が本人を**共同**で相続した場合は、当然に有効となるわけではない（**共同相続人全員**が追認したら、有効となる）。　51頁 ケース1 の注意点！

（**正　解**）(4)

Point!

無権代理人が本人を相続した場合、無権代理行為は当然に有効となるか？

	当然に有効となるか？
① 単独相続	○
② **共同相続**	× 注意！

注意！ **共同相続人全員**が追認すれば、有効となる（肢(4)）

重要度 金

[問題 15] 表見代理

　Aは、Bの代理人として、Bの所有地をCに売却した。この場合に関する次の記述のうち、民法の規定及び判例によれば、誤っているものはどれか。

(1) Aが代理権を与えられた後、売買契約締結前に後見開始の審判を受けると、Aの代理権は消滅するが、Cがそのことについて善意無過失であれば、売買契約は有効である。

(2) BがAに代理権を与えていなかったにもかかわらず、Cに対してAに代理権を与えた旨を表示した場合、CがAに代理権があると過失なく信じたとしても、この売買契約は無効である。

(3) BがAに抵当権設定の代理権しか与えていなかったにもかかわらず、Aが売買契約を締結した場合、Cがそのことについて善意無過失であっても、Cは、Bが追認するまでは、当該売買契約を取り消すことができる。

(4) Aに代理権がないにもかかわらず、AがBの代理人と偽って売買契約を締結した場合、Bの追認により契約は無権代理行為の時点にさかのぼって有効となる。

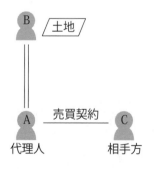

　自分の言ったことには、責任がある！

講義

(1) 正。代理人が後見開始の審判を受けると、代理権は消滅する（📖43頁条文）。だから、その後で行われた代理行為は、無権代理だ。しかし、その場合にも、相手方ＣがＡの代理権がすでに消滅していることについて善意無過失だった場合には、**表見代理**が成立し、契約は有効になる。

📖52頁 表 ②

(2) 誤。この場合、Ａに代理権があるとＣが誤信することになった原因を作ったのはＢだ。だから、Ｂには責任がある。一方、Ｃは善意無過失なのだから何の責任もない。だから、Ｂを犠牲にしてでもＣを保護する必要がある。そこで、こういう場合には、契約が有効になることになっている。これも、**表見代理**の一種だ。

📖52頁 表 ③

(3) 正。これは、📖52頁表①に出ている表見代理だが、表見代理も、代理権がない以上、**無権代理**の一種だ。だから、善意の相手方Ｃは、本人Ｂが追認するまでの間は、契約を取り消すことができる。

📖53頁 表見代理も無権代理の一種だ

(4) 正。そのとおり。無権代理行為は、本人の追認により、無権代理行為の時点にさかのぼって有効になる。坂登二郎だ。

📖48頁 よく出るポイント ①

（**正 解**）(2)

第3の表見代理

①本問肢(3)の表見代理と、②本問肢(1)の表見代理のほかに、もう一つ、③本問肢(2)の表見代理がある。

本人Ｂが、「Ａに代理権を与えた」とＣに言うと、本当はＡに**代理権を与えていなくとも**、Ｃが善意無過失なら、

➡ ＢＣ間の売買契約が有効に成立する。

[問題 16] 取得時効

　所有の意思をもって、平穏かつ公然にＡ所有の甲地を占有しているＢの取得時効に関する次の記述のうち、民法の規定及び判例によれば、正しいものはいくつあるか。

ア　ＣがＢの取得時効完成後にＡから甲地を買い受けた場合において、Ｂの取得時効を原因とする登記がＣの登記より先に行われた場合、Ｃは、甲地の所有権の取得をＢに対抗することができない。

イ　Ｂが善意無過失で占有を開始し、５年間所有の意思をもって平穏かつ公然に甲地を占有し、その後、甲地はＡの所有物であるということをＢが知った場合でも、当該事実を知った後Ｂが５年間占有しただけで、Ｂは、時効によって甲地の所有権を取得することができる。

ウ　Ｂが５年間自己占有し、その後、Ｃに賃貸し、Ｃが20年間占有していた場合には、Ｂは、時効によって甲地の所有権を取得することができるが、Ｃは、時効によって甲地の所有権を取得することができない。

エ　Ｂが善意無過失で占有を開始し、５年間所有の意思をもって平穏かつ公然に甲地を占有し、その後、Ｂから甲地を買い受けた悪意のＣがその占有を承継した場合、Ｃがその後10年間占有しただけでは、Ｃは、時効によって甲地の所有権を取得することができない。

(1)　一つ　　(2)　二つ　　(3)　三つ　　(4)　四つ

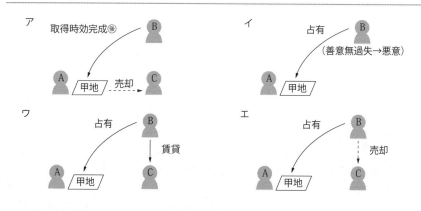

後から悪意になってもＯＫ！

ア　正。ＡＣ間の売買がＢの取得時効完成後に行われた場合は、ＢとＣの うち、**先に登記を得た方が勝つ**。本肢の場合、Ｂの方が先に登記をして いるのでＢが勝ちとなり、Ｃは、甲地の所有権の取得をＢに対抗するこ とができない。　　　　　　　　　　　　　　　　　　　　📖60頁 表

イ　正。善意無過失の場合には、10年占有を続ければ、土地を取得できる。 最初（**占有開始時**）に善意無過失なら、後から悪意になっても10年で OK。だから、善意無過失のＢは、途中で悪意になっているが、10年占有 を続けているので、甲地の所有権を取得することができる。　📖59頁 表

ウ　正。賃借人が占有していれば→賃貸人が占有していることになる！だ から、Ｂは5年＋20年＝25年占有していたことになるから、時効によっ て甲地の所有権を取得できる。そして、Ｃは20年占有しているが、賃借 人なので所有の意思がないから甲地の所有権を取得することはできない。 **所有の意思がないと何年間占有していてもダメなのだ**。

📖57頁 標語、61頁⑼

エ　誤。善意無過失の場合には、10年占有を続ければ、土地を取得できる。 最初（**占有開始時**）に善意無過失なら、後から悪意になっても10年で OK。だから、Ｂが善意無過失なら、買主のＣは善意悪意に関係なくＢの 占有期間と合わせて10年でOKなので、Ｃは、時効によって甲地の所有 権を取得することができる。　　　　　　　　　　　　　　　📖59頁 表

以上により、正しいものはアとイとウなので正解は肢⑶となる。

（正　解）⑶

Point!

他人の占有でもOK（売買の話）

7年間占有　Ｂ
→　売却
Ａ　土地　Ｃ

B	C	Cはあと何年で 時効取得できるか？
善意無過失	善意無過失	3年
	悪意か 善意有過失	3年
悪意か 善意有過失	善意無過失	10年
	悪意か 善意有過失	13年

［問題 17 ］取得時効

　次の(1)から(4)までの記述のうち、民法の規定、判例及び下記判決文によれば、誤っているものはどれか。

（判決文）

　時効による不動産所有権取得の有無を考察するにあたっては、単に当事者間のみならず第三者に対する関係も同時に考慮しなければならないのであって、この関係においては、結局当該不動産についていかなる時期に何人によって登記がなされたかが問題となるのである。そして、時効が完成しても、その登記がなければ、その後に登記を経由した第三者に対しては時効による権利の取得を対抗することができないのに反し、第三者のなした登記後に時効が完成した場合においては、その第三者に対しては、登記を経由しなくても時効取得をもってこれに対抗することができるものと解すべきことは、当裁判所の判例とするところであって、これを変更すべき必要を認めない。

(1)　時効により不動産の所有権を取得した者は、時効完成の時期において所有者であった者に対して、登記なくして時効取得を対抗できる。

(2)　時効により不動産の所有権を取得しても、その取得者は、その登記がないときは、時効完成後に旧所有者から所有権を取得し登記を得た第三者に対して、その善意であると否とを問わず、時効取得を対抗できない。

(3)　取得時効の完成の時期を定めるにあたっては、時効の基礎たる事実の開始した時を起算点として時効完成の時期を決定すべきものであって、取得時効を援用する者において任意にその起算点を選択し、時効完成の時期を早めたり遅らせたりすることはできない。

(4)　不動産の取得時効の完成後に登記を経由した第三者がいる場合において、第三者の登記後に占有者がなお引続き時効取得に要する期間の占有を継続したときでも、占有者は、その登記がなければ、その第三者に対して、時効取得を対抗できない。

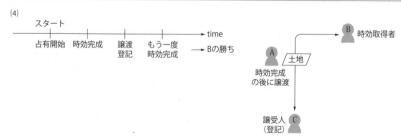

(4)

Hint!　再び時効期間が経過したのであれば……。

講義

判決文には次のことが書いてある。

1 　時効取得者と時効完成後の譲受人では、**登記を得た方の勝ち**（不動産は登記を得た方のものになる）（判決文の4〜6行目）。

2 　だから、時効完成後の譲受人が登記をした場合は、譲受人の勝ちとなるが、譲受人が登記をした後に**時効が完成**した場合には、時効取得者の勝ちとなる（判決文の6〜9行目）。

　　例えば、BがAの甲土地を時効取得した後に、Aが甲土地をCに譲渡し、Cが甲土地の登記を得たとする。この場合はCの勝ち。CはBに対して、「甲土地は俺の土地だ」と主張できる。

　　しかし、Aが甲土地をCに譲渡し登記を得たとしても、その後にBの時効が完成したら、Bの勝ちとなり、BはCに対して、**登記なしで**、「甲土地は俺の土地だ」と主張できる。

(1)　正。例えば、BがAの甲土地を時効取得した場合、BはAに対して、登記なしで、「甲土地は俺の土地だ」と主張できる。　　　　　　　　　　　🗾60頁 表

(2)　正。時効取得者と時効完成後の譲受人では、**登記を得た方の勝ち**だ。だから、登記を得ていない時効取得者は、登記を得た時効完成後の譲受人（第三者）に対して、「この土地は俺の土地だ」と主張できない（判決文の4〜6行目参照）。
　　　　　　　　　　　　　　　　　　　　　　　　　　　　　　　　🗾60頁 表

(3)　正。取得時効の**起算点**を動かすことはできない。だから、任意にその起算点を選択し、時効完成の時期を早めたり遅らせたりすることはできない。

(4)　誤。時効完成後の譲受人が登記をした場合でも、その登記後に更に**時効期間が経過**し、もう一度時効が完成したときは、時効取得者は登記なしで、「この土地は俺の土地だ」と主張できる。　　　　　　　　　　　　　🗾60頁 表

（**正　解**）(4)

取得時効の起算点を自由に動かすことができたら、第三者への譲渡後に時効を完成させるなんてことができてしまう。だがそんなことは許されない（肢(3)）。

[問題 18] 時 効

　時効に関する次の記述のうち、民法の規定及び判例によれば、正しいものはどれか。

⑴　確定判決によって確定した権利については、10年より短い時効期間の定めがあるものであっても、その時効期間は、10年となる。

⑵　後順位抵当権者は、先順位抵当権の被担保債権の消滅時効を援用することができる。

⑶　被保佐人が、保佐人の同意を得ないで債務を承認した場合、時効は更新しない。

⑷　地上権は時効によって取得することができるが、地役権は時効によって取得することはできない。

　裁判所の判断なのだから……。

講義

(1) 正。10年より短い期間の定めがあるものであっても、確定判決によって確定した場合、時効期間は **10年** となる。

(2) 誤。後順位抵当権者は、先順位抵当権の被担保債権の消滅時効を援用することは**できない**。後順位の抵当権は、先順位の抵当権が消滅すれば、順位が上がる（1番抵当権が消滅すれば、2番抵当権が1番抵当権に繰り上がる）。だから、後順位抵当権者は、先順位抵当権の被担保債権の消滅時効を援用することができれば、お得なのだが、それはできませんよという話。　　　　　　　　　　　　　　　　　　　📖65頁(3)

(3) 誤。被保佐人が、保佐人の同意を得ないで債務を承認した場合でも、**時効は更新する**（被保佐人は、単独で債務を承認することができる。保佐人の同意を得る必要はない）。　　　　　　　　　　📖68頁 下の③

(4) 誤。**地役権**も、一定の要件を満たせば、時効によって取得することが**できる**。だから、「地役権は時効によって取得することはできない」と言い切っている本肢は×だ。ちなみに、「地上権は時効によって取得することができる」という点は正しい。念のため。　　　　　　　　📖57頁(5)

（**正　解**）(1)

Point!

10年より短い時効期間の定めがあるもの　➡　確定判決によって確定した場合、時効期間は、**10年**となる（肢(1)）。

[問題 19] 消滅時効

　Aは、Bに対し金銭債権を有している。この金銭債権の消滅時効に関する次の記述のうち、民法の規定及び判例によれば、誤っているものはどれか。

(1)　Bは、金銭債権の消滅時効が完成した後に、金銭債権を承認したが、Bは、その金銭債権の消滅時効が完成していた事実を知らなかった。この場合、Bは、完成した消滅時効を援用することができる。

(2)　AB間で、金銭債権につき、「Bは、消滅時効の利益をあらかじめ放棄する」旨の約定をした場合、その約定は無効となる。

(3)　Cは、AのBに対する金銭債権を担保するため、C所有の土地に抵当権を設定していた。この場合において金銭債権の消滅時効が完成したときは、Cは、完成した消滅時効を援用することができる。

(4)　Aが、Bに対して支払いを求めて訴訟を起こし、支払を命じる確定判決を得た場合、その判決が確定した時から、新たに時効が進行する。

知らなくてもダメ。

講 義

(1) 誤。**時効の完成後**に、債務者が債務の**承認**をしたら、債務者は、時効の援用をすることができなくなる（時効が完成した事実を知らなかったとしても、完成後に承認したら、援用できなくなる）。　　　　　 📖 68頁 注!

(2) 正。時効の利益は**あらかじめ放棄できない**。だから、本肢の「Bは、消滅時効の利益をあらかじめ放棄する」という約定は無効だ。
　　　　　　　　　　　　　　　　　　　　　　　　　　　　　　📖 66頁(4)

(3) 正。消滅時効を援用することができるのは、債務者だけではない。保証人や**物上保証人**（本肢のCは物上保証人だ）も消滅時効を援用することができる。　　　　　　　　　　　　　　　　　　　　　　　📖 65頁(3)

(4) 正。裁判所に訴えを起こせば、時効の完成が猶予される。そして、勝訴すれば時効が**更新**する（それまで進行していた時効期間がゼロに戻り、新たに時効が進行を始める）。　　　　　　　　　　　　　　📖 67頁(1)

（ 正 解 ）(1)

Point!

債務を承認するとドーなる？

① 時効完成**前**に承認 ➡ 時効が更新する。

② 時効完成**後**に承認 ➡ 時効を援用することができなくなる（肢(1)）。

[問題 20] 相 続

　3,000万円の財産を有するAが死亡した。Aの両親は既に死亡しており、Aには内縁の妻Bがいるが、子はいない。Aには、父のみを同じくする兄Cと、両親を同じくする弟D及び弟Eがいる。Dには子Fが、Eには子G及びHがいる。Dは相続を放棄した。また、Eは生前のAを強迫して遺言書の作成を妨害したため、相続人となることができない。この場合における法定相続分に関する次の記述のうち、民法の規定によれば、正しいものはどれか。

(1)　Bが1,500万円、Cが500万円、Gが500万円、Hが500万円となる。

(2)　Cが600万円、Fが1,200万円、Gが600万円、Hが600万円となる。

(3)　Cが1,500万円、Gが750万円、Hが750万円となる。

(4)　Cが1,000万円、Gが1,000万円、Hが1,000万円となる。

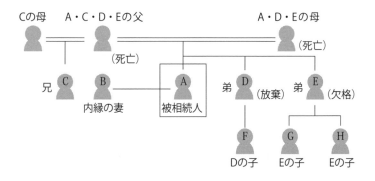

　　Cの母　　A・C・D・Eの父　　　　　　A・D・Eの母

兄 C　　B　　A　　弟 D　　弟 E

内縁の妻　被相続人　　　(放棄)　(欠格)

F　　G　　H

Dの子　　Eの子　　Eの子

Hint!　相続人となるのは3人だ。

講 義

　Bは**内縁の妻なので、相続できない**（ＡＢは夫婦として生活していたが、婚姻届は出していなかった。これを内縁というが、この場合、Ａが死んでもＢは相続人となることはできない）。Ｄは相続を放棄しているので、相続できない。そして、放棄は代襲相続の原因と**ならない**ので、Ｄの子Ｆも相続できない（代襲相続できない）。ＥはＡを強迫して遺言書の作成を妨害しているから、相続欠格者だ。だから、Ｅは相続できない。ただし、**欠格は代襲相続の原因となる**ので、ＧとＨは代襲して相続できる（Ｅがもらうはずだった相続財産をＧとＨで山分けする）。結局、相続人となるのは、兄**C**と、弟Ｅを代襲して相続するＥの子**G**と**H**だ。

　さて、「父母の一方のみを同じくする兄弟姉妹の相続分は、父母の双方を同じくする兄弟姉妹の**1/2**」というルールがある。

　だから、相続分は次のようになる。

　Ｃ➡ 1,000万円（Ａと父は同じだが、母は違う）。

　Ｅ➡ 2,000万円（Ａと父も母も同じ）。

　ただし、Ｅは相続欠格者だから、この2,000万円は、Ｅの子であるＧとＨが代襲して1,000万円ずつ相続する。

　以上により、相続分はＣが1,000万円、Ｇが1,000万円、Ｈが1,000万円となる。

　　　　以上全体につき、📖71頁②、73頁③、74頁 キーポイント②④、75頁 注意！

（ 正 解 ）(4)

Point!

父母の一方のみを同じくする兄弟姉妹の相続分は、
➡　父母の双方を同じくする兄弟姉妹の**1/2**。

［問題 21 ］相　　続

　相続に関する次の記述のうち、民法の規定及び判例によれば、正しいものはどれか。

(1)　相続人のAが限定承認をした場合、Aは、善良なる管理者の注意義務をもって、相続財産の管理を継続しなければならない。

(2)　Aの相続人がB、C及びDの場合において、Bが相続の放棄をしたときは、C及びDは限定承認をすることはできない。

(3)　相続人Aが、限定承認をしようとするときは、Aは、相続財産の目録を作成して家庭裁判所に提出し、限定承認をする旨を申述しなければならない。

(4)　相続の放棄をしたAが、自己が相続を放棄したら、自己の債権者であるEに対して損害を与えることを認識していた場合、Eは、Aがした相続の放棄の取消しを、裁判所に請求することができる。

「単純」じゃないから面倒だ。

講 義

(1) 誤。限定承認をした者は、その**固有財産**におけるのと同一の注意をもって、相続財産の管理を継続しなければならない（自分の財産と同じくらいの注意を払え、ということ）。

(2) 誤。共同相続人のうちの誰かが単純承認をしたら、残りの相続人は、限定承認をすることはできない。しかし、共同相続人のうちの誰かが相続を放棄しても、残りの相続人**全員共同**で限定承認をすることができる。

⮕73頁②

(3) 正。限定承認をしようとするときは、相続財産の目録を作成して**家庭裁判所**に提出し、限定承認をする旨を申述しなければならない。

(4) 誤。相続人AにEがお金を貸していたとする。Eは、Aが親の財産を相続したら、その相続財産の中からお金を返してもらおうと考えていた。しかし、Aは相続を放棄してしまった。この場合、EはAがした相続の放棄の取消しを裁判所に請求することができるのか（詐害行為の取消しを裁判所に請求できるのか）？　という話。答えは「できない」だ（相続の放棄は詐害行為取消しの対象に**ならない**）。

（正 解）(3)

Point!

限定承認のまとめ

① 限定承認は相続人**全員共同**でなければできない（ 注意！ 相続を放棄した者がいる場合は、残りの相続人**全員共同**で限定承認をすることができる）（肢(2)）。

② 相続人が限定承認をしようとするときは、**家庭裁判所**に限定承認をする旨を申述しなければならない（肢(3)）。

③ 限定承認をした者は、その**固有財産におけるのと同一の注意**をもって、相続財産の管理を継続しなければならない（肢(1)）。

□□□□□

［問題 22 ］遺　　言

遺言に関する次の記述のうち、民法の規定によれば、誤っているものはどれか。

⑴　自筆証書によって遺言をするには、遺言者が、その全文、日付及び氏名を自書し、これに印を押さなければならないが、自筆証書にこれと一体のものとして相続財産の全部又は一部の目録を添付する場合には、その目録については、自書することを要しない。

⑵　自筆証書の内容を遺言者が加除その他の変更をする場合、遺言者が、その場所を指示し、これを変更した旨を付記して特にこれに署名し、かつ、その変更の場所に印を押さなければ、その効力を生じない。

⑶　15歳の未成年者が遺言をする場合、その法定代理人の同意を得なければならない。

⑷　法定相続人が配偶者Aと兄Bだけである場合、Aに全財産を相続させるとの適法な遺言がなされた場合、Bは遺留分権利者とならない。

Hint!　制限行為能力者も遺言ができる。

講義

(1)　正。自筆証書遺言は、遺言者が、全文・日付・氏名を自書し、これに印を押さなければならない。ただし、**財産目録**については、自書でなくても OK だ（自書とは手書きのこと。財産目録については、例えば、パソコンで作成しても OK ということ）。　　　　79頁 注1

(2)　正。自筆証書中の加除その他の変更は、遺言者が、その場所を指示し、これを変更したことを付記して**署名**し、かつ、変更の場所に印を押さなければ（**押印**しなければ）、効力を生じない。つまり、署名と押印の両方が必要なのだ。

(3)　誤。未成年者であっても、**15 歳**になると遺言できる（法定代理人の同意不要）。　　　　77頁 ① ①

(4)　正。**兄弟姉妹**には、遺留分はない。だから、B は遺留分権利者とならない。　　　　82頁 (1) 誰がいくら

（**正 解**）(3)

Point!

自筆証書遺言

　遺言者が、全文・日付・氏名を自書し、これに印を押さなければならない。

注意　ただし、**財産目録**については、自書でなくても OK だ（ちなみに、財産目録の各頁に署名押印することが必要）（肢(1)）。

[問題 23] 遺　　言

　遺言に関する次の記述のうち、民法の規定及び判例によれば、正しいものはどれか。

(1) 遺言者は、遺言で、1人又は数人の遺言執行者を指定し、又はその指定を第三者に委託することができるが、未成年者は遺言執行者になることはできない。

(2) 自筆証書による遺言をする場合、証人2人以上の立会いが必要であるが、未成年者は証人になることはできない。

(3) 遺言者は、いつでも遺言の方式に従って、その遺言の全部を撤回することはできるが、一部だけを撤回することはできない。

(4) 夫婦が同一の証書で遺言をした場合、夫婦の両名が死亡した時点で有効な遺言として成立する。

 まだ危なっかしいかも。

講 義

(1) 正。遺言者は、遺言で、1人または数人の遺言執行者を指定し、または指定を第三者に委託できる（前半は○）。そして、**未成年者**は、遺言執行者になることはできない（後半も○）。

(2) 誤。自筆証書遺言をする場合は、証人は**不要**だ。ちなみに、公正証書遺言をする場合は、証人2人以上の立ち合いが必要になるが、未成年者は証人になることはできない。　　　　　　　　　　　79頁 (2) ①

(3) 誤。遺言者は、いつでも遺言の方式に従って、遺言の全部または**一部**を撤回することができる。一部だけを撤回することもできるので、本肢は×だ。　　　　　　　　　　　　　　　　　77頁 条文 ③

(4) 誤。2人以上の者が同一の証書で、遺言することはできない（共同遺言はダメ）。だから、本肢の遺言は無効だ。　　　　79頁 注2

（**正 解**）(1)

Point!

未成年者

① 遺言できるか？　　　　　　➡　**15歳**以上ならできる。

② 遺言の証人になれるか？　➡　**なれない**（肢(2)）。

③ 遺言執行者になれるか？　➡　**なれない**（肢(1)）。

［問題 24］ 物権変動の対抗要件

Aが所有する土地について民法の規定及び判例によれば、次の記述のうち誤っているものはどれか。

(1) AがBから土地を譲り受けたが、その未登記の間に、Cがその事情を知りつつ、Bからその土地を譲り受けて、C名義の所有権移転登記をした場合、Aは、その所有権をCに対抗することはできない。

(2) Aの所有地がAからD、DからEへと売り渡され、E名義の所有権移転登記がなされた後でも、AがDの債務不履行に基づきAD間の売買契約を解除した場合、Aは、その所有権をEに対抗することができる。

(3) Aの所有地にFがAに無断でF名義の所有権移転登記をし、Aがこれを知りながら放置していたところ、FがF所有地として善意無過失のGに売り渡し、GがG名義の所有権移転登記をした場合、Aは、その所有権をGに対抗することができない。

(4) AがHから土地を譲り受け、その未登記の間に、Iが権限のないJからその土地を賃借して建物を建築し、建物保存登記を行った場合、Aは、Iにその土地の明渡し及び建物の収去を求めることができる。

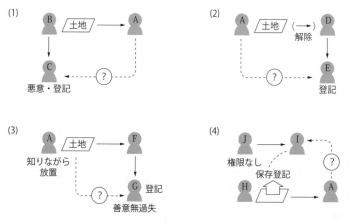

 Hint! 登記の有無で決まる。

講 義

(1) 正。これは、二重譲渡の問題だ。二重譲渡の場合には、**登記の有無**で決着がつけられる。善意悪意は、原則として関係ない。だから、Cは悪意だが、登記を得ている以上、AはCに対して所有権を対抗できない。Cの勝ちだ。もっとも、Cが背信的悪意者であれば話は別だが、問題文にそのようなことは書いてない。　📖91頁 条文 **原則** ①

(2) 誤。このように、契約が解除された場合には、AE間の優劣は、**登記の有無**で決まる。Eが既に登記を得ている以上、Aは、所有権をEに対抗できない。　📖92頁 (2)

(3) 正。無断でF名義に所有権移転登記がなされたのに、Aがそれを知りながら放置していたということは、Aが黙認していたということだ。ということは、はじめから、AとFが示し合わせてありもしない架空の所有権移転契約をしたものと見ることができる。つまり、AとFの間の契約を**虚偽表示**と見ることができるわけだ。しっくりこないかもしれないが、これが判例だ。さて、AF間の契約が虚偽表示だとしたら、どうなるか？　虚偽表示は無効だが、その無効は、**善意の第三者**に対抗できない。だから、Aは善意無過失の第三者であるGに所有権を対抗できない。　📖97頁 **例外**

(4) 正。Iは、無権限のJから土地を賃借して建物を建てたのだから、単なる**不法占拠者**にすぎない。不法占拠者に対しては、登記がなくとも、所有権を対抗できるから、Aは、登記がなくとも、Iに土地の明渡しと建物の収去を請求できる。　📖91頁 条文 **例外** ①

（ **正 解** ）(2)

Point!

① 二重譲渡（肢(1)）
② 解　除（肢(2)）　⎤⎦ ➡ 登記を得た方の勝ち

［問題 25 ］ 物権変動の対抗要件

物権変動に関する次の記述のうち、民法の規定及び判例によれば、正しいものはどれか。

(1)　AとBが土地を共同相続した場合で、遺産分割前にAがその土地を自己の単独所有物として自己名義で登記した後、Cに譲渡し登記を移転したとき、Bは、Cに対して自己の相続分を主張できない。

(2)　Dが、Eに土地を譲渡し登記を移転した後、Eの強迫を理由に売買契約を取り消した。Dの取消し後に、EがFに土地を譲渡して登記を移転したとき、Dは、Fに対して土地の所有権を主張できない。

(3)　GがHの土地を占有し、取得時効の期間を経過した場合で、時効の完成前にHがその土地をIに譲渡して登記を移転していたとき、Gは、Iに対して当該時効による土地の取得を主張できない。

(4)　JがKに土地を譲渡した後、移転登記する前にJが死亡し、Jの子Lがその土地をMに譲渡した場合、Kは、Mに対して当該土地の所有権を主張できる。

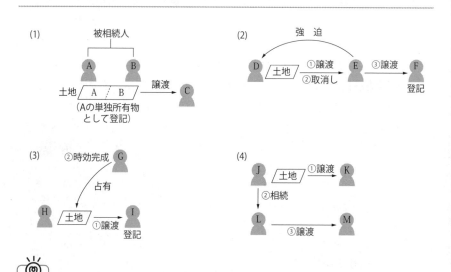

二重譲渡と同じ。

講義

(1)　誤。相続人が複数いるとき、相続財産は、相続人全員の共有となる。Aが勝手に自分の単独名義の登記をしたとしても、土地の半分はBのもので、その限度でAは**無権利**ということだ。だから、無権利のAから譲り受けたCもやはり無権利なので、Bは、Cに対して、登記がなくても、その土地の半分はオレのものだと主張できる。　　　　🐢95頁 ③ **例3**

(2)　正。強迫を理由として契約を取り消した者と、取消し後の第三者とは、**二重譲渡**の場合と同じだと考えればよい。つまり、①取消しによってEからDに所有権が戻り、②一方でEからFへ売買によって所有権が移転したと考えるのだ。そうなると、DとFの関係は登記の前後で決めることになるので、Fの早い者勝ちとなる。　　　　　　　　🐢92頁(3)

(3)　誤。この肢は、時効完成**前**の第三者か時効完成**後**の第三者かを問題文から読み取ることができれば、正解に到達できる。本肢のIは、時効完成**前**の第三者なので、Gは、登記なくしてオレの土地だと主張できる。

🐢60頁 表

(4)　誤。相続人は、被相続人の立場をそのまま引き継ぐ。だから、Lから譲り受けたMは、Jからの譲受人と同じこと。これは、結局**二重譲渡**の場合と同じだから、登記のないKは、Mにオレの土地だと主張できない。

🐢91頁 条文 **原則** ①

（**正　解**）(2)

Point!

Xが、Yの土地を「時効取得したからオレの土地だ」と主張するためには、

➡ 　① 　Yに対しては、登記**不要**。

　② 　時効完成**前**にYから譲り受けたZに対しては、登記**不要**（肢(3)）。

　③ 　時効完成**後**にYから譲り受けたZに対しては、登記**必要**。

☐☐☐☐☐

[問題 26] 債権譲渡

　Aは、Bに対して有する代金債権をCに譲渡した。この場合、民法の規定及び判例によれば、次の記述のうち、誤っているものはどれか。

(1)　Aが、当該債権をDにも譲渡して、C及びDへの譲渡につき、それぞれAよりBに確定日付のある証書で通知を行った場合において、Dへの譲渡の通知がCへの譲渡の通知より先にBに到達したときには、Dは、Cより後に債権を譲り受けていたとしても、Bに対して債務の履行を請求することができる。

(2)　Aが、当該債権をDにも譲渡して、C及びDへの譲渡につき、それぞれAよりBに通知を行った場合において、Cへの譲渡の通知は確定日付のある証書で行ったが、Dへの譲渡の通知は普通郵便で行ったときには、Dは、Bに対して債務の履行を請求することはできない。

(3)　Aが、Bに確定日付のある証書でCへの債権譲渡の通知を行った後に、AはCへの当該債権の譲渡を解除し、その解除の翌日に、Cが当該債権をDに譲渡していた場合において、Aは、DがCから当該債権を譲り受ける前にCへの譲渡を解除していたことを理由として、Dに優先してBに対して代金債権を主張することができる。

(4)　Aが、Bに確定日付のある証書でCへの債権譲渡の通知を行った後に、AはCへの当該債権の譲渡を解除し、その解除の翌日に、Cが当該債権をDに譲渡していた場合において、CがBに対して、Dへの譲渡につき確定日付のある証書による通知を行い、Aが口頭でBに対してCへの譲渡解除を通知したときには、Dは、Aに優先してBに対して代金債権を主張することができる。

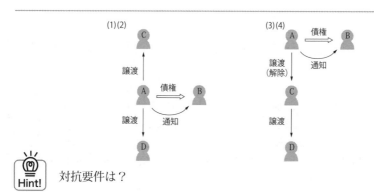

Hint!　対抗要件は？

講 義

(1) 正。債権が二重に譲渡され、譲渡人Aからの通知がそれぞれ確定日付のある証書で行われた場合、その通知が**先に到達した方**が優先することになっている。だから、Dへの譲渡の通知が先にBに到達していれば、Dは、Bに対して債務の履行を請求できる。

(2) 正。確定日付の**ある**通知と確定日付のない通知では、確定日付の**ある**通知の勝ちとなる。だから、本肢の場合はCの勝ち（Dの負け）だ。したがって、Dは、Bに対して債務の履行を請求できない。。

(3) 誤。このような場合、解除によりいったんCに移転していた債権がAに復帰したと考えることになっている。すると、解除前までは、Cが代金債権を有していたのだから、解除によるCからAへと復帰する権利変動と、解除後のCからDへの債権譲渡による権利変動があったものと考え、CからA、CからDへと債権の**二重譲渡**の場合と同様に扱うことになっている。だから、この場合、AとDのうち先に対抗要件を備えた者が優先することになる。つまり、「**確定日付のある証書**」による通知・承諾を先に行った方が優先する。本肢の場合、どれもまだなされていない。だから、Aは、まだ対抗要件を備えていないので、Dに優先してBに対して代金債権を主張できない。

(4) 正。上記肢(3)の解説のとおり、Dが**対抗要件**を備えたことになるので、Dは、Aに優先してBに対して代金債権を主張できる。

以上全体につき、📘100頁(3)

(正 解)(3)

Point!

どちらが勝つ？

① 確定日付のある通知 vs 確定日付のない通知
➡ 確定日付の**ある**通知の勝ち（肢(2)）。

② 確定日付のある通知 vs 確定日付のある通知
➡ **先**に到達した方の勝ち。

［問題 27 ］ 債権譲渡

　貸金債権の債権譲渡に関する次の記述のうち、民法の規定及び判例によれば、正しいものはいくつあるか。

ア　債権が二重に譲渡され、その債権の譲渡人からの確定日付のある各債権譲渡通知書が同時に債務者に到達したときは、各債権譲受人は、債務者に対し、譲り受けた債権の全額の弁済を請求することができる。

イ　当事者が債権の譲渡を禁止したときであっても、債権の譲渡は、その効力を妨げられないが、譲渡禁止の意思表示がされたことを知り、又は重大な過失によって知らなかった譲受人に対しては、債務者は、その債務の履行を拒むことができる。

ウ　債権の譲受人が、債務者に対して確定日付のある証書による通知をすれば、債権の譲受人は、債務者に対して履行を請求できる。

(1)　一つ

(2)　二つ

(3)　三つ

(4)　なし

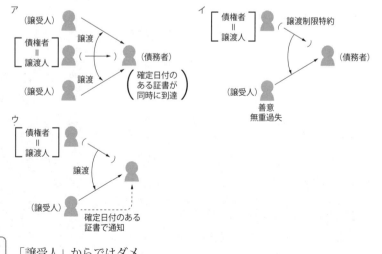

Hint!　「譲受人」からではダメ。

講 義

ア　正。「確定日付のある証書が**先に**到達した方の勝ち」というルールになっているが、本肢の場合は、**同時に**到達したのだから、優劣はない（引き分け）。この場合、各債権の譲受人は、**債権の全額**を請求することができる。

100頁(3) 注!

イ　正。債権は、譲渡を禁止・制限する特約（譲渡制限の特約）があっても、有効に譲渡できる。ただし、譲受人がこの特約を知っていたり（悪意）、知らなかったことにつき重大な過失（重過失）があった場合は、債務者は、譲受人に対して支払い（履行）を拒むことができる。　　　　98頁 条文 ①

ウ　誤。債権譲渡を譲受人が債務者に対抗するには（「俺に払え」と言うためには）①譲渡人から債務者への通知、②債務者から譲渡人への承諾、③債務者から譲受人への承諾のうちのどれか1つが必要だ。「譲受人」から債務者への通知では、ダメだ（「譲受人」から債務者への通知があっても、「俺に払え」とは言えない）。　　　　99頁 解決

以上により、正しいものはアとイなので、正解は肢(2)となる。

正　解 (2)

Point!

債権が二重に譲渡され、債権の譲渡人からの2通の確定日付のある証書が同時に債務者に到達した場合（債権者をA、債務者をB、債権額を100万円とする。債権者のAが、債権をCとDに二重譲渡した。その後、「債権をCに譲渡しました」という通知書と「債権をDに譲渡しました」という2通の通知書が同時にBの自宅に届いた）。

➡　各債権の譲受人は、債務者に対し、譲り受けた**債権の全額**の弁済を請求することができる（CもDも「俺に100万円払え」とBに請求できる）（肢ア）。

［問題 28］ 不動産登記法

不動産の登記に関する次の記述のうち、誤っているものはどれか。

(1) 仮登記の申請は、仮登記の登記義務者の承諾があるとき及び仮登記を命ずる処分があるときは、仮登記権利者が単独ですることができる。

(2) A所有の不動産がBへ売却された後、さらにBからCへと転売された場合において、登記簿の所有者がA名義のままであるときには、Cは、Bに代位してBがAに対して有する所有権移転登記請求権を行使し、Bへの所有権移転登記を申請することができる。

(3) AがBから、B所有の土地を購入したが、売買契約締結後Aへの所有権移転登記がなされる前にBが死亡しCが相続した場合、C名義への相続による所有権移転の登記をする必要はなく、A名義への所有権移転の登記をすることができる。

(4) 買戻しの特約に関する登記がされている場合において、契約の日から5年を経過したときは、登記権利者は、単独で当該登記の抹消を申請することができる。

Hint! 前か後かそれとも？

講 義

(1) 正。登記の申請は、原則として当事者双方が共同してやらなければならない。しかし、例外として仮登記の場合は、仮登記義務者の**承諾**があるときと、**仮登記を命ずる処分**があるときは、仮登記権利者が単独でできる。　　　　　　　　　　　　　　　　　　　　　　　　　　　📖 120頁(3)①

(2) 正。Cは、自己の債権の保全のために、Bの持つ所有権移転登記請求権を**代位行使**することができる。　　　　　　　　　　　　📖 267頁Q5①

(3) 正。AB間の売買契約と同時に、土地の所有権はBからAに移転する。その後でBが死亡してCがBを相続しても、Cは土地所有権を取得できない。土地所有権は、B→C→Aと移転するのではなく、B→Aと移転する。だから、所有権移転登記も、B→Aとする。物権の変動時期をスナオに考えるのがポイントだ。

(4) 誤。買戻しの特約の登記がされている場合において、契約の日から**10年**を経過したときは、登記権利者は単独で買戻し特約の登記の抹消ができる。

（正　解）(4)

Point!

買戻しの特約の登記の抹消
| **原 則** | 共同申請 |
| **例 外** | 契約の日から**10年**を経過したときは、登記権利者が単独でできる（肢(4)）。 |

[問題 29] 不動産登記法

　不動産の登記に関する次の記述のうち、誤っているものはどれか。

(1)　不動産の表示に関する登記は、登記官が職権ですることができる。

(2)　登記の申請は、常に登記権利者と登記義務者が共同してしなければならない。

(3)　登記の申請は、口頭によって行うことは絶対にできない。

(4)　不動産に関する登記を書面によって申請する場合は、申請人が登記所に出頭せずに郵送で申請することもできる。

　他の変装が評判。

(1) 正。登記には、原則として、当事者の申請が必要だが、例外として、**表示登記**は、登記官が**職権**ですることができる。 📖110頁 **例外**

(2) 誤。登記の申請は、原則として、当事者双方が共同してやらなければいけないが、例外として、**相続の場合**などは、単独申請が認められる。 📖113頁 表

(3) 正。登記の申請は、万が一にもミスがあるといけないから、口頭による申請は絶対に**認められない**。 📖114頁 (3)

(4) 正。登記の申請は、権利登記も表示登記も、①インターネットを使う方法（**電子情報処理組織を使用する方法**）か、②書面か磁気ディスクを提出する方法、のどちらかの方法で申請しなければならない。なお、書面か磁気ディスクを提出する場合には、登記所に出頭して提出してもいいし、郵送で提出してもいい。 📖114頁 (3)

（**正　解**）(2)

Point!

原　則	申請は当事者双方が**共同**してやらなければならない。
例　外	① 所有権**保存**登記 ② **仮**登記（⑧承諾） ③ 登記名義人の住所氏名**変更**の登記 ④ **相続**による権利移転登記 ⑤ **表示**登記 ⑥ **判決**による登記 　｝単独申請OK

楽勝ゴロ合せ 　他 の 　変 　装が評 　判
　　　　　　　保存 仮登記　変更 相続 表示 判決

59

[問題 30] 不動産登記法

　不動産の登記に関する次の記述のうち、不動産登記法の規定によれば、誤っているものはどれか。

(1)　抵当権の設定の登記をする場合において、債務者の氏名又は名称及び住所は登記事項になる。

(2)　地役権の設定の登記をする場合において、地代の定めがあるときは、その定めは登記事項となる。

(3)　賃借権の設定の登記をする場合において、賃借権の譲渡又は賃借物の転貸を許す旨の定めがあるときは、その定めは登記事項になる。

(4)　土地の賃借権の設定の登記をする場合において、土地の賃借権設定の目的が建物の所有であるときは、その旨は登記事項となる。

Hint!　借賃は、賃借権と地上権の場合は登記事項だが……。

(1) 正。抵当権の場合、**債務者**の氏名・名称と住所は登記事項だ。お金を借りている人（債務者）に関するデータも登記されているということ。

(2) 誤。**地役権**の場合、**地代の定めがあるときでも、その定めは登記事項とならない**。ちなみに、賃借権の場合は、賃料は登記事項だし、地上権の場合も、地代の定めがあるときは、地代は登記事項になる。違いに注意しよう。

(3) 正。賃借人が、①賃借権を譲渡したり、②賃借物を転貸するには、賃貸人の承諾が必要だ（もし、賃貸人が承諾してくれなかったら、ややこしい話になる）。例えば、甲土地を借りているAがいて、Aから甲土地を転借しようと考えているBがいるとする。このBが甲土地の登記簿をみたら「甲土地については、賃借権の**譲渡**または賃借物の**転貸**を許す」という登記がされていた。この場合、Bは安心して転借できることになる。

(4) 正。土地の賃借権設定の目的が**建物の所有**であるときは、その旨は登記事項だ。建物の所有を目的とする土地の賃借権だから、借地権だ。要するに、「借地権の対象になっていますよ」というお知らせが登記されているということ。　　　　　　　　以上全体につき、🖎101 頁以下

（**正 解**）(2)

Point!

賃料・地代は登記事項か（登記されるか）？

① 賃借権 ➡ 賃料は登記事項である。

② 地上権 ➡ 地代は登記事項である（地代の定めがあるときは、その定めは登記事項となる）。

③ **地役権** ➡ 地代は登記事項**ではない**（地代の定めがあっても、その定めは登記事項とならない）（肢(2)）。

［問題 31］ 不動産登記法

不動産の登記に関する次の記述のうち、誤っているものはどれか。

(1) 所有権の登記名義人について住所の変更があったときは、当該所有権の登記名義人は、その変更があった日から1月以内に、当該住所についての変更の登記を申請しなければならない。

(2) 土地の地積について変更があったときは、表題部所有者又は所有権の登記名義人は、その変更があった日から1月以内に、当該地積に関する変更の登記を申請しなければならない。

(3) 建物の構造について変更があったときは、表題部所有者又は所有権の登記名義人は、その変更があった日から1月以内に、当該構造に関する変更の登記を申請しなければならない。

(4) 建物が滅失したときは、表題部所有者又は所有権の登記名義人は、その滅失の日から1月以内に、当該建物の滅失の登記を申請しなければならない。

登記の申請をしなくても一向にかまわないのはどれ？

(1) 誤。**住所**について変更があっても、変更の登記の申請をしなくても一向にかまわない。だから、1カ月以内に、変更の登記を申請しなくてもOKだ。 🔖106頁(3)

(2) 正。土地の地目（主な用途により、宅地、田、畑、山林、原野等に区分して定められる）や**地積**（面積）について変更があったときは、1カ月以内に、変更の登記を申請しなければならない。 🔖102頁 (1) 注!

(3) 正。建物の種類や**構造**や床面積等について変更があったときは、1カ月以内に、変更の登記を申請しなければならない。 🔖103頁(3)

(4) 正。建物が**滅失**したとき（火災等）は、1カ月以内に、滅失の登記を申請しなければならない。 🔖103頁(3)

（**正 解**）(1)

Point!

下記について、変更があったときは、**1カ月**以内に、変更の登記を申請しなければならない。

① 土地 ➡ 地目・地積（肢(2)）
② 建物 ➡ 種類・構造・床面積等（肢(3)）

[問題 32] 共　　有

　A・B・Cが建物を共有している場合に関する次の記述のうち、民法の規定及び判例によれば、誤っているものはどれか。なお、共有持分は、Aが7分の4、Bが7分の2、Cが7分の1であるものとする。

(1)　Aは、善良な管理者の注意をもって、当該建物の使用をしなければならない。

(2)　A・B・Cは共同で、当該建物につきDと売買契約を締結したが、Dが支払い期日に残代金を支払おうとしない。この場合、AはDに対して、相当の期間を定めて催告し、なお支払いがないときには、Dの債務不履行を理由に、単独で売買契約を解除できる。

(3)　A・B・Cは共同で、当該建物をEに売却し、EはA・B・Cに対して手付を交付した。この場合において、当事者間で手付に関する特約がないときには、EはA・B・Cが契約の履行に着手するまでは、手付を放棄することにより、他に損害賠償責任を負うことなく売買契約を解除することができる。

(4)　当該建物を増築する場合には、A・B・C全員の合意が必要である。

　共有物は自分だけのモノではないのだから……。

講 義

(1) 正。共有者は、**善良な管理者の注意**（細心の注意を払えという意味）をもって、共有物の使用をしなければならない（注意！自己の財産に対するのと同一の注意ではダメ）。共有物は自分だけのモノではない。だから、自己の財産に対するのと同一の注意ではダメということ。

121頁 条文 ②

(2) 誤。売買契約の締結や解除は、共有物の**変更行為**に当たる。だから、契約を解除するには、A・B・C**全員の合意**が必要だ。 170頁 下の条文

(3) 正。買主Eは、売主A・B・Cが契約の履行に着手するまでは、手付を**放棄**すれば契約を解除できる。また、特約のない限り、損害賠償責任を負わなくていい。 174頁 条文

(4) 正。建物の増築は、共有物の**変更行為**に当たる。変更行為は、全員の合意が必要だ。 121頁条文 ③

（**正 解**）(2)

Point!

共有物の使用
① 各共有者は、共有物の**全部**について、その持分に応じた使用をすることができる。
② 共有物を使用する共有者は、別段の合意がある場合を除き、他の共有者に対し、自己の持分を超える使用の対価を償還する義務を負う。
③ 共有者は、**善良な管理者の注意**をもって、共有物の使用をしなければならない（肢(1)）。

[問題 33] 共　　有

　共有に関する次の記述のうち、民法の規定及び判例によれば、誤っているものはどれか。

(1)　各共有者は、共有物の不法占拠者に対し、妨害排除の請求を単独で行うことができる。

(2)　各共有者は、いつでも共有物の分割を請求することができるが、5年を超えない期間内であれば、分割をしない旨の特約をすることができる。

(3)　共有者が他の共有者を知ることができず、又はその所在を知ることができないときは、裁判所は、共有者の請求により、当該他の共有者以外の他の共有者の同意を得て共有物に変更（その形状又は効用の著しい変更を伴わないものを除く。）を加えることができる旨の裁判をすることができる。

(4)　共有物の持分の価格が過半数を超える者は、共有物を単独で占有する他の共有者に対し、当然に、その占有する共有物の明渡しを請求することができる。

　不法占拠者の話と混同しないように。

講 義

(1) 正。共有物の保存行為は、各共有者が単独でできる。不法占拠者に対する妨害排除請求は**保存行為**だ。だから、各共有者が単独でできる。

📖 121頁 ①

(2) 正。各共有者は、いつでも共有物の分割を請求できる（前半は○）。ただし、共有者間で、共有物の分割を禁じる特約（不分割特約）をしておくことができる。この不分割特約の有効期間は**5年**が限度だ（後半も○）。

📖 123頁 (5) 不分割特約

(3) 正。変更（その形状又は効用の著しい変更を伴わないものを除く）とは重大変更のことだ。重大変更には**全員**の同意が必要だ。たとえば、共有者がABCの3人だった場合において、Aの所在が分からないときは、Aの同意を得ることができない（だから、重大変更できない。それでは困る）。そこで、裁判所は、Bの請求により、「Bはもう一人の共有者であるCの**同意**を得て共有物である建物に重大変更を加えてOKですよ」という裁判をすることができるということ。

(4) 誤。共有物の持分が過半数を超える者であっても、共有物を単独で占有する他の共有者に対し、当然には、明渡しを請求**できない**。共有物を単独で占有している他の共有者は、不法占拠者ではない（共有者だから、共有物を使用する権利がある）。だから、当然には、明渡しを請求できない。不法占拠者の話と混同しないように注意しよう。　📖 122頁 (3) ちなみに

(**正 解**)(4)

Point!

共有物の変更
共有者が他の共有者を知ることができず、またはその所在を知ることができないときは

➡ 裁判所は、共有者の請求により、当該他の共有者以外の他の共有者の**同意**を得て共有物に重大変更を加えることができる旨の裁判をすることができる（肢(3)）。

□□□□□

［問題 34 ］ 共　　有

次の(1)から(4)までの記述のうち、民法の規定及び下記判決文によれば、正しいものはどれか。

（判決文）

共有者の一人が死亡し、相続人の不存在が確定し、相続債権者や受遺者に対する清算手続が終了したときは、その共有持分は、他の相続財産とともに、民法 958 条の 3 の規定に基づく特別縁故者に対する財産分与の対象となり、右財産分与がされず、当該共有持分が承継すべき者のないまま相続財産として残存することが確定したときにはじめて、民法 255 条により他の共有者に帰属することになると解すべきである。

(1)　共有者の一人が死亡し、相続債権者や受遺者に対する清算手続が終了したときは、死亡した共有者に相続人及び特別縁故者がいれば、その共有持分は相続人及び特別縁故者に帰属することになる。

(2)　共有者の一人が死亡し、相続人の不存在が確定し、相続債権者や受遺者に対する清算手続が終了したときは、死亡した共有者に特別縁故者がいても、その共有持分は他の共有者に帰属することになる。

(3)　共有者の一人が死亡し、相続人の不存在が確定し、相続債権者や受遺者に対する清算手続が終了したときは、死亡した共有者に特別縁故者がいても、その共有持分は国庫に帰属することになる。

(4)　共有者の一人が死亡し、相続人の不存在が確定し、相続債権者や受遺者に対する清算手続が終了したときは、死亡した共有者に特別縁故者がいれば、その共有持分は特別縁故者に帰属することになる。

 特別縁故者の勝ち。

講 義

(1) 誤。特別縁故者とは、長期間にわたって死亡した人の面倒を見た人などのことだ。たとえば、内縁の夫が死亡した場合は、内縁の妻が特別縁故者だ。**相続人がいる**場合は、死亡した共有者の持分は、**相続人のモノになる**（相続人がいる場合は、特別縁故者は、相続財産をもらうことはできない）。

(2) 誤。共有者の1人が死亡したが相続人がいない場合は、**特別縁故者がいれば**、死亡した共有者の持分は**特別縁故者**のモノになる。そして、特別縁故者もいない場合に、他の共有者のモノになる。

(3) 誤。共有者の1人が死亡したが相続人がいない場合は、**特別縁故者がいれば**、死亡した共有者の持分は**特別縁故者**のモノになる。国庫には帰属しない（国のモノにならない）。

(4) 正。共有者の1人が死亡したが相続人がいない場合は、**特別縁故者がいれば**、死亡した共有者の持分は**特別縁故者**のモノになる。

以上全体につき、📖123頁(6)

（ **正 解** ）(4)

Point!

共有者の1人が死亡したが、相続人がいない場合、

⬇

その人の持分は**特別縁故者のモノ**になる。

⬇

そして、特別縁故者もいない場合は、他の共有者のモノになる。

| コメント | 要するに、①相続人、②特別縁故者、③他の共有者の順だ。

［問題 35 ］ 区分所有法

　建物の区分所有等に関する法律（以下この問において「法」という。）に関する次の記述のうち、誤っているものはどれか。

(1)　区分所有者の5分の1以上で議決権の5分の1以上を有する者は、管理者に対し、会議の目的たる事項を示して、集会の招集を請求することができる。

(2)　その形状又は効用の著しい変更を伴わない共用部分の変更については、区分所有者及び議決権の各4分の3以上の多数による集会の決議で決する。

(3)　規約の設定、変更又は廃止は、区分所有者及び議決権の各4分の3以上の多数による集会の決議で決する。

(4)　法第62条の建替えは、区分所有者及び議決権の各5分の4以上の多数による集会の決議で決することとされており、規約で別段の定めをすることはできない。

　しみったれの重大な規約違反に報復だ！

講義

(1)　正。そのとおり。$\frac{1}{5}$以上の賛成があれば、集会の招集を請求できる。だから、区分所有者の$\frac{1}{5}$以上で議決権の$\frac{1}{5}$以上を有する者は、管理者に対して「集会を開いて下さい」と請求できる。　　　　　　　　128頁 2. 表

(2)　誤。共用部分（きょうよう ぶぶん）の変更には、①軽微（けいび）な変更と、②重大な変更とがある。本肢の「その形状又は効用の著しい変更を伴わない変更」とは、**軽微な変更**のことだ。この軽微な変更には、**過半数**の賛成が必要だ。$\frac{3}{4}$以上の賛成が必要なのは、重大な変更の方だ。　　　　　　　　131頁 ①

(3)　正。規約の設定（せってい）、変更、廃止（はいし）には、$\frac{3}{4}$以上の賛成が必要だ。
　　　　　　　　　　　　　　　　　　　　　　　　　　　　　　　128頁 2. 表

(4)　正。建替（たてか）えには、$\frac{4}{5}$以上の賛成が必要だ。そして、この定数（ていすう）は、規約（きやく）をもってしても**変更できない**。　　　　　　　　136頁 注!

（正　解）(2)

Point!

楽勝ゴロ合せ

集会に来い！
5・1（$\frac{1}{5}$以上）（招集）

しみったれの重大な　　規約　　違反に　　報　　復だ！
4・3（$\frac{3}{4}$以上）（共用部分の重大な変更）（規約設定等）（違反者への措置）（法人化）（復旧）

しのごの言わずに　　建替えろ！
4・5（$\frac{4}{5}$以上）（そのまんま）

[問題 36] 区分所有法

建物の区分所有等に関する法律に関する次の記述のうち、正しいものはどれか。

(1) 管理者は、建物を使用している区分所有者でなければならない。

(2) 管理者又は区分所有者でない者でも、規約に特別の定めがあるときは、共用部分を所有することができる。

(3) 区分所有者は、規約に別段の定めがない限り集会の決議によって、管理者を選任することができる。この場合、任期は 1 年以内としなければならない。

(4) 管理者が、利害関係人からの請求に対して正当な理由がないのに集会の議事録の閲覧を拒んだ場合は、20 万円以下の過料に処せられる。

Hint! 区分所有法の罰則は過料だけ。

講義

(1)　誤。管理者は、**だれでも OK** だ。建物を使用していない区分所有者でも管理者になれるし、区分所有者以外の者でも管理者になれる。ちなみに、個人（自然人）だけでなく、法人（マンション管理会社）も管理者になれる。

(2)　誤。規約の定めがあれば、共用部分を所有できるのは、**管理者か区分所有者**だ（例えば、階段は共用部分だが、規約で「階段は、**管理者**が所有する」とか「階段は、**区分所有者**のAが所有する」と定めることができる）。管理者・区分所有者以外の者はダメだ（所有できない）。

📖130頁 注4

(3)　誤。区分所有者は、集会の決議で管理者を選任できる（前半は○）。管理者の任期については、**規定がない**（自由に決めることができる）ので、1年以内とする必要はない（後半が×）。

(4)　正。利害関係人から「集会の議事録を閲覧させてくれ（見せてくれ）」と請求があったときは、正当な理由がある場合を除いて、閲覧を拒んではならない。正当な理由がないのに、閲覧を拒んだら、ペナルティとして、20万円以下の**過料**に処せられる。

📖133頁 注3

（ **正　解** ）(4)

Point!

規約・集会の議事録
1 **管理者**（管理者がいない場合は、規約または集会の決議で定められた者）が保管する。 注意1
2 保管者は、**利害関係人からの請求**があったときは、正当な理由がある場合を除いて、閲覧を拒んではならない。 注意2
注意1 保管しなかったら20万円以下の**過料**。
注意2 正当な理由がないのに、閲覧を拒んだら20万円以下の**過料**（肢(4)）。

[問題 37] 区分所有法

建物の区分所有等に関する法律に関する次の記述のうち、誤っているものはどれか。

(1) 規約を保管する者は、利害関係人の請求があったときは、正当な理由がある場合を除いて、規約の閲覧を拒んではならない。

(2) 最初に建物の専有部分の全部を所有する者は、公正証書により、専有部分とその専有部分に係る敷地利用権とを分離して処分することができる旨の規約を設定することができる。

(3) 区分所有者の5分の1以上で議決権の5分の1以上を有する者は、管理者に対し、会議の目的たる事項を示して、集会の招集を請求することができるが、この定数は、規約で減ずることができない。

(4) 集会の招集の通知は、会日より少なくとも1週間前に、会議の目的たる事項を示して、各区分所有者に発しなければならないが、この期間は、規約で伸縮することができる。

 規約で変更できるか？

講 義

(1) 正。規約を保管する者（管理者など）は、**利害関係人の請求**があった
ときは、正当な理由がある場合を除いて、規約の閲覧を拒んではならない。

　　133頁 注3

(2) 正。区分所有建物の分譲**前**は、最初に建物の専有部分の全部を所有す
る者（分譲業者のこと）は、**公正証書**によって、一定の規約を設定する
ことができる。ちなみに、専有部分は、敷地利用権と分離処分できない
のが原則だ。しかし、規約で専有部分と敷地利用権を分離処分できると
定めることができる。　　132頁(2)、127頁 2

(3) 誤。**1/5以上**の賛成があれば、集会の招集ができる。そして、この定数
は、規約で頭数も議決権も**減らす**ことができる。　　128頁 2.表

(4) 正。集会の招集の通知は、少なくとも集会の日の**1週間前**に、各区分
所有者に発しなければならない。そして、この期間は、規約で伸縮する
ことができる（延長することも、短縮することもできる）。

　　130頁 注2

正 解 (3)

集会の招集についてのまとめ
① 管理者は、毎年**1回**以上、集会を招集しなければならない。
② **1/5以上**の賛成があれば、集会の招集ができる（この定数は、規約で
頭数も議決権も**減らす**ことができる）（肢(3)）。
③ 集会の招集の通知は、少なくとも集会の日の**1週間前**に、各区分所有
者に発しなければならない（この期間は、規約で**伸縮**することができる）
（肢(4)）。

[問題 38] 区分所有法

建物の区分所有等に関する法律に関する次の記述のうち、正しいものはどれか。

(1) 規約は、管理者が保管しなければならない。ただし、管理者がないときは、建物を使用している区分所有者又はその代理人で規約、集会の決議又は理事会で定めるものが保管しなければならない。

(2) 区分所有者の承諾を得て専有部分を占有する者は、会議の目的たる事項につき利害関係を有する場合には、集会に出席して自己の議決権を行使することができる。

(3) 管理者は、少なくとも毎年1回集会を招集しなければならないが、集会は、区分所有者及び議決権の各4分の3以上の多数の同意があるときは、招集の手続きを経ないで開くことができる。

(4) 規約の保管場所は、建物内の見やすい場所に掲示しなければならないが、各区分所有者に通知する必要はない。

Hint! 掲示だけで十分だ。

講義

(1) 誤。規約は、管理者（管理者がいない場合は、建物を使用している区分所有者またはその代理人で、**規約または集会の決議**で定められた者）が保管しなければならない。理事会で定める者ではダメなので、本肢は×だ。

🔖 133頁 注1

(2) 誤。占有者（賃借人等のこと）は、利害関係を有する場合には、集会に出席して**意見**を述べることができる。ただし、占有者は区分所有者ではないから、決議には参加できない（議決権を行使することはできない）。

🔖 130頁 出席・意見

(3) 誤。管理者は、少なくとも毎年1回集会を招集しなければならない（前半は○）。そして、区分所有者**全員**の同意があるときは、招集の手続きなしで、集会を開くことができる。$\frac{3}{4}$以上では足りない（後半が×）。

🔖 130頁 注2

(4) 正。規約の保管場所は、建物内の見やすい場所に**掲示**しなければならない(前半は○)。しかし、各区分所有者に通知する必要はない(後半も○)。

🔖 133頁 注2

（**正 解**）(4)

Point!

規約を保管するのは誰？
① 管理者がいる場合 ➡ 管理者
② 管理者がいない場合 ➡ 建物を使用している区分所有者またはその代理人で、**規約**または**集会の決議**で定める者（肢(1)）

［問題 39］ 区分所有法

建物の区分所有等に関する法律に関する次の記述のうち誤っているものはどれか。

(1) 集会は、区分所有者全員の同意がある場合は、招集の手続きを経ないで開くことができる。

(2) 各共有者の共用部分の持分は、規約で別段の定めをしない限り、その有する専有部分の壁その他の区画の内側線で囲まれた部分の水平投影面積の割合によることとされている。

(3) 建物の価格の2分の1以下に相当する部分が滅失した場合、各区分所有者は、滅失した共用部分について、復旧の工事に着手するまでに復旧決議、建替え決議又は一括建替え決議があったときでも、復旧することができる。

(4) 共用部分の変更（その形状又は効用の著しい変更を伴わないものを除く。）は、区分所有者及び議決権の各4分の3以上の多数による集会の決議で決するが、区分所有者の定数については規約で過半数まで減ずることができる。

 決議があったら、工事ダメ。

講義

(1) 正。集会は、区分所有者**全員**の同意がある場合は、招集の手続きなしで開くことができる。 ❄130頁 注2

(2) 正。共用部分の持分は、原則として専有部分の床面積（「**内側線**」で算出する。「中心線」で算出するのではない）の割合だ。もっとも、例外として規約で別段の定めをすることもできる。 ❄126頁 床面積の割合で共有

(3) 誤。小規模滅失（建物全体の価格の1/2以下の部分の滅失）の場合には、各区分所有者は、単独で、滅失した共用部分の復旧工事ができる。ただし、復旧工事に着手する前に、復旧決議、建替え決議、一括建替え決議があったときは、滅失した共用部分の復旧工事ができない。 ❄136頁 ②

(4) 正。共用部分の重大な変更には、原則として Ⓐ頭数（区分所有者の定数）と Ⓑ議決権（床面積）の両方について3/4以上の賛成による集会の決議が必要。例外として Ⓐ頭数だけは規約で**過半数**まで**減らせる**が、Ⓑ議決権の方は規約をもってしても変更できない。 ❄131頁 (2)

（**正 解**）(3)

Point!

小規模滅失（建物全体の価格の1/2以下の部分の滅失）
➡ 各区分所有者は、単独で、滅失した共用部分の復旧工事ができる。

注意！ ただし、復旧工事の着手する前に、復旧決議、建替え決議、一括建替え決議があったときは、復旧工事が**できない**（肢(3)）。

[問題 40] 抵 当 権

　抵当権に関する次の記述のうち、民法の規定によれば、誤っているものはどれか。

(1) 抵当権者が目的物の代金から優先弁済を受ける権利を第三者に対抗するには、抵当権が登記されていることが必要であるが、登記されない抵当権も当事者間では効力を有する。

(2) 同一不動産につき数個の抵当権が設定されている場合、これらの抵当権の順位を変更するには、各抵当権者の合意及び抵当権設定者の承諾が必要である。

(3) 抵当権は、目的不動産の賃貸により債務者が受けるべき賃料に対しても行うことができるが、そのためには、その払渡し前に差し押さえることが必要である。

(4) 建物に抵当権を設定した場合、抵当権の効力は、雨戸等、当該建物に付加してこれと一体となった物にも及ぶ。

利害関係者は誰か？

講義

(1)　正。抵当権の設定は、物権の変動の一種だ。そして、物権の変動は、当事者の**意思表示**だけで生ずる。つまり、抵当権の設定は、口約束だけで完全に有効に成立する。ただし、抵当権を、**第三者に対抗**するためには、**登記が必要**だ。　　　　　　　　　　　　　　　　　　　　　　142頁(2)、(3)

(2)　誤。抵当権の順位を変更するには、①抵当権者全員の合意と、②利害関係者の承諾が必要だ。そして、順位変更の登記をすることにより効力を生じることになる。しかし、**抵当権設定者**は、②の利害関係者には当たらない。だから、抵当権の順位の変更には、抵当権設定者の承諾は不要だ。　　　　　　　　　　　　　　　　　　　　　145頁 条文 ② ②

(3)　正。抵当権は、目的不動産の賃料に対しても行使することができる。これが**物上代位性**だ。ただ、賃料が支払われた後では、賃料と抵当権設定者自身のお金がまざって区別できなくなってしまう。だから、抵当権者は、賃料が**支払われる前**に差し押さえることが必要だ。　　155頁(2)

(4)　正。抵当権の効力は、①付加一体物と、②抵当権設定時からあった従物に及ぶ。雨戸は、**付加一体物**の例だ。　　　　　　　143頁 条文

（**正　解**）(2)

Point!

① 　抵当権の順位を変更するには　➡　㋐抵当権者全員の合意と、㋑利害関係者の承諾が必要だが　➡　**抵当権設定者の承諾は不要**だ（肢(2)）。

② 　抵当権の順位の変更は、登記をしなければ、その効力を生じない。

［問題 41］ 抵 当 権

　AがBと金銭消費貸借契約を締結してその債務を担保するためA所有の建物にBの抵当権を設定した場合に関する次の記述のうち、民法の規定及び判例によれば、正しいものはどれか。

(1) 抵当権の設定にあたっては、AB共同して書面による設定契約書を作成して登記しなければならず、これを怠った場合は抵当権の効力は生じない。

(2) 抵当権設定後、当該建物についてCが不法に占有している場合、抵当権は、AからBに対して占有を移転させるものではないので、事情にかかわらずBはCに対して妨害排除請求をすることはできない。

(3) 当該建物の敷地がDの所有であり、AがDと土地賃貸借契約を締結して建物を建築していた場合、Bの抵当権の効力はAの賃借権にも及ぶ。

(4) AがBにその債務の半額を弁済した場合、AはBに対して当該建物の評価額の半額について、抵当権の消滅を主張することができる。

抵当権者　　抵当権　　抵当権設定者

　Bは、どのくらい守られるべきか？

講義

(1) 誤。そんなことはない。抵当権の設定は、物権変動の一種だ。だから、当事者の**意思表示**だけで生じ、登記も引渡しも契約書もいらない。ただし、Aが第三者に抵当権を対抗するには、登記が必要だ。
142頁(2)(3)、143頁 キーポイント

(2) 誤。例えば、暴力団が占有していると、値段がガクンと下がる（競売しても安い値段でしか売れないから、抵当権者Bは困る）。だから、このような場合（抵当不動産の交換価値の実現が妨げられ抵当権者の優先弁済請求権の行使が困難となるような状態の場合）、BはCに対して**妨害排除請求できる**（BはAがCに対して有する**妨害排除請求権**を代位して行使できる）。
143頁(4)

(3) 正。これは、かなり迷った方もいたと思うが、抵当権の効力は、**賃借権にも及ぶ**のだ。建物は土地なしでは存在し得ないから、他人の土地に建物を建てる場合は必ず敷地を利用する権利（借地権）が必要だ。だから、建物に抵当権が設定されたときは、敷地の賃借権にも効力が及ぶことになっている。ただし、賃借権自体には抵当権を設定できないから、念のため。
144頁 借地権にも及ぶ

(4) 誤。抵当権は、被担保債権全額が弁済されるまで、目的物**全部**に効力を有する。たとえ一部が弁済されても、弁済された割合に応じて抵当権が消滅するのではない（不可分性）。
156頁 上の条文

（**正　解**）(3)

Point!

抵当権の効力は何に及ぶか？
① 付加一体物（付合物）（例 雨戸）
② 抵当権設定時からあった従物（例 畳）
③ 土地賃借権（借地上の建物に抵当権を設定した場合）（肢(3)）

［問題 42 ］ 抵 当 権

　Aが、自己の所有する土地又は建物にBの抵当権を設定した場合に関する次の記述のうち、民法の規定及び判例によれば、正しいものはどれか。

(1)　A所有の土地にBのために抵当権が設定された後で、Aがこの土地に建物を建築した場合、Bは土地と建物を一括して競売することができ、土地と建物両方の代金から被担保債権の弁済を受けることができる。

(2)　A所有の土地にBのために抵当権が設定された後、Cがこの土地を時効取得した場合、BはCの時効が完成する以前に抵当権設定登記を完了していれば、Cに対して抵当権を対抗することができる。

(3)　A所有の建物にBのために抵当権が設定された場合、Bの抵当権の効力は、付加一体物である雨戸には及ぶが、抵当権設定当時の従物である畳には及ばない。

(4)　A所有の建物にBのために抵当権が設定された後、さらにCのために抵当権が設定された場合、B・Cの抵当権の順位を変更するには、B及びCが合意すれば、Aの承諾を得る必要はない。

---

(1)

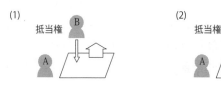

(3)

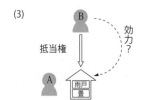

(4)

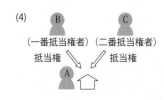

抵当権設定者は利害関係者か？

講義

(1)　誤。更地に抵当権が設定された後で建物が建てられると、抵当権者は、土地と建物の**両方**を競売できる。しかし、この場合、優先弁済を受けられるのは、**土地の代金**からだけだ。　　　　　　　　　　　　　🖎 149頁 条文

(2)　誤。第三者が抵当権付の不動産を**時効取得**した場合、その抵当権は**消滅**することになっている。だから、Bは登記があろうとなかろうとCに抵当権を対抗できない。

(3)　誤。抵当権の効力は、①付加一体物（付合物）（⑳ 雨戸）、②抵当権設**定時**からあった従物（⑳ 畳）、従たる権利（⑳ 借地権）に及ぶ。なお、抵当権設定後に備えられた従物には抵当権が及ばないから、念のため。

🖎 143頁 条文

(4)　正。抵当権設定者は**利害関係者**ではない。だから、B・Cが抵当権の順位を変更するには、Aの承諾は不要だ。　　　　　　　　　🖎 146頁 (4)

（**正　解**）(4)

Point!

抵当権の順位の変更には

➡　{ ① 　**抵当権者全員の合意**　} が必要。
　　{ ② 　**利害関係者の承諾**　　}

注意！ 抵当権設定者の承諾は不要（肢(4)）。

[問題 43] 抵 当 権

　AがBから借金をして、その債務を担保する目的でA所有の建物にBの抵当権を設定しその旨を登記した場合に関する次の記述のうち、民法の規定及び判例によれば、正しいものはどれか。

(1)　AがBの抵当権設定後に当該建物をCに期間5年で賃貸する契約を締結し建物を引き渡した場合、Cは、賃貸借契約締結時から3年間は、Bに対して賃借権を対抗することができる。

(2)　AがBの抵当権設定後に当該建物をDに賃貸し、AD間の賃貸借が登記された場合、Bがこれに口頭で同意を与えたときには、Dは、その後Bの抵当権の実行による当該建物の競落人に対して、賃借権を対抗することができる。

(3)　当該建物がAの知人Eの失火により焼失し、AがEに対して損害賠償請求をしてAがその損害賠償金を受領した場合には、Bは、その事実に善意であるときに限り、Aの受領した損害賠償金に対して物上代位をすることができる。

(4)　抵当権設定後Aの債務の弁済期が到来していない間にAが当該建物をFに賃貸したが、Fが通常の利用方法を逸脱して建物を損傷させている場合、Bは、Fに対して抵当権に基づく妨害排除請求権を行使することができる。

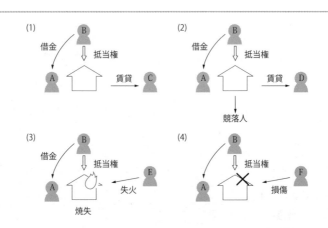

　Bの立場はどのくらい守られるべきか？

(1)　誤。Cの建物賃借権は、Bの抵当権設定登記後だから、抵当権者には**対抗できない**。　　　　　　　　　　　　　　　　　　📖150頁(2)

(2)　誤。これは肢(1)と同様に抵当権設定後の賃貸借だから、原則として抵当権者や競落人に**対抗できない**。例外として、①賃借権が登記されており、②その賃借権の登記前に抵当権の登記をした抵当権者全員が、その賃借権が存続することについて同意し、③その同意の登記があれば、賃借人は賃借権を対抗できることになっている。口頭で同意があっただけではダメだ。　　　　　　　　　　　　　　　　　　　　　　　📖150頁

(3)　誤。建物が不法行為により焼失しても、Bの抵当権はAが有する損害賠償請求権の上に形を変えて生き残る（**物上代位性**だ）。しかし、そのためには損害賠償金がAに**支払われる前**にBが差し押さえることが必要だ。Aが損害賠償金を受領してしまったら、もはや物上代位はできない。　　　　　　　　　　　　　　　　　　　📖154頁(1)、155頁(2)

(4)　正。抵当権の目的物である建物が壊されたら、抵当権者は抵当権を実行して被担保債権の弁済を受けることができなくなってしまう。だから、抵当権者Bは、Fに対して建物の損傷行為の妨害排除請求（やめろと言うこと）ができる。損傷行為が、弁済期の前であろうと後であろうと、被担保債権が担保されなくなってしまうことに変わりはないから、妨害排除請求は**弁済期到来前**でもできる。　　　　　　　　　　📖143頁(4)

正　解(4)

👦 **肢(4)の追求**

Fではなく、**第三者**が建物を損傷した場合でも、
➡ Bは、抵当権に基づく**妨害排除請求**ができる。

[問題 44] 法定地上権

　土地及びその上に存する建物が同一の所有者に属する場合における法定地上権の成立に関する次の記述のうち、民法の規定及び判例によれば、誤っているものはどれか。

(1)　土地に対する抵当権を設定した当時、建物について保存登記がなされていない場合にも、建物が存在していれば法定地上権は成立する。

(2)　建物のみに抵当権が設定されたのち、抵当権実行前に土地が譲渡された場合にも、法定地上権は成立する。

(3)　土地に対する抵当権を設定した当時に存在した建物が火災で滅失し、抵当権実行前に同様の建物が再築された場合には、法定地上権は成立しない。

(4)　土地と建物の双方に抵当権が設定されたのち、双方が別々の者に競落された場合にも、法定地上権は成立する。

　法定地上権が成立するためには、抵当権設定時に土地の上に建物が存在していたことが必要だ。ということは……。

講義

(1)　正。法定地上権が成立するためには、抵当権設定時に、土地の上に建物が存在していたことが必要だ。建物が存在していさえすればいいのであり、**登記の有無は関係ない**。だから、保存登記がなされていない建物が存在していた場合でも、法定地上権は成立する。

📖148頁 あと２つ押さえよ！

(2)　正。法定地上権が成立するためには、抵当権設定時に、土地と建物が同一人物の所有物だったことが必要だ。ということは、抵当権設定後、抵当権実行前に、土地が第三者に譲渡された場合にも、法定地上権は成立するということだ。

📖147頁 条文②

(3)　誤。法定地上権が成立するためには、抵当権設定時に、土地の上に建物が存在していたことが必要だ。ということは、土地に抵当権設定後に建物が火災で滅失したとしても、建物が**再築**されれば、原則として法定地上権は成立するということだ。

📖147頁 条文①

(4)　正。法定地上権が成立するためには、抵当権設定時に、土地と建物が同一人物の所有物だったことが必要だ。ということは、土地と建物の**両方**に抵当権が設定された場合でも、法定地上権は成立するし、また、土地と建物が**別々**の者に競落された場合にも、法定地上権は成立するということだ。

📖147頁 条文②

（正　解）(3)

 Point!

法定地上権が成立するための条件は　➡　次の２つだ。

①　**抵当権設定時に、土地の上に建物が存在**していたこと（肢(1)(3)）。

②　その土地と建物が、**抵当権設定時に、同一人物の所有物**だったこと（肢(2)(4)）。

[問題 45] 根抵当権

根抵当権に関する次の記述のうち、民法の規定によれば、正しいものはどれか。

(1) 根抵当権者は、元本の確定前において、同一の債務者に対する他の債権者の利益のために、その順位を放棄することができる。

(2) 根抵当権者は、元本の確定前において、根抵当権設定者の承諾を得ても、その根抵当権の一部を譲渡することはできない。

(3) 根抵当権者は、元本の確定前において、後順位の抵当権者の承諾を得ることなく、債務者を変更することができる。

(4) 根抵当権者は、元本の確定前において、その根抵当権を他の債権の担保とすることはできない。

 Hint! 極度額の変更なら承諾が必要だが……。

講義

(1) 誤。根抵当権者は、元本の確定前は、順位を譲渡することも、**順位を放棄**することもできない。

(2) 誤。根抵当権者は、元本の確定前は、**根抵当権設定者の承諾を得れば**、その根抵当権の一部を譲渡することができる（(例) 根抵当権者Aは、根抵当権設定者Bの承諾を得れば、根抵当権の一部をCに譲渡できる。一部譲渡の結果、AとCが根抵当権を共有することになる）。

(3) 正。根抵当権者は、元本の確定前は、債務者を変更することができる。この場合、後順位の抵当権者等の**承諾は不要**だ。 🏠159頁 表 ②

(4) 誤。根抵当権者は、元本の確定前でも後でも、その根抵当権を**他の債権の担保とすることができる**（根抵当権を担保にして、お金を借りることができる、ということ）。

(**正 解**)(3)

Point!

	利害関係者（後順位抵当権者等）の**承諾**は必要か?	元本**確定後**でもできるか?
① **被担保債権**の範囲の変更	不要	×
② **債務者**の変更（肢(3))	不要	×
③ 元本**確定期日**の変更	不要	×
④ **極度額**の変更	**必要**	○

[問題 46] 担保物権

担保物権に関する次の記述のうち、民法の規定によれば、誤っているものはどれか。

(1) 不動産に留置権を有する者は、自己の財産に対するのと同一の注意をもって、目的物を占有する必要がある。

(2) 不動産に留置権を有する者は、目的物が金銭債権に転じた場合でも、当該金銭に物上代位することができない。

(3) 建物の賃貸人は、賃借人に対する賃料債権に関し、賃借人が建物に備え付けた動産について先取特権を有する。

(4) 不動産質権の存続期間は、10年を超える存続期間を定めたときであっても、その期間は10年となる。

 細心の注意を払え。

講義

(1)　誤。留置権者は、**善良な管理者の注意**（細心の注意を払えという意味）をもって、留置物を占有する必要がある。自己の財産に対するのと同一の注意ではダメだ。

(2)　正。債務者がもらうはずのお金を差し押さえることができる性質を物上代位性という。この**物上代位性**は、抵当権と先取特権と質権にはあるが、**留置権にはない。**　 155頁(3)

(3)　正。建物の賃貸人は、賃借人が建物に備え付けた**動産**について**先取特権**を有する。たとえば、AがBに甲建物を貸したとする。Bが賃料を支払わない場合、AはBが甲建物に備え付けたパソコンやテレビ等の動産を競売にかけ、お金を取り立てることができるということ。

(4)　正。不動産質権の存続期間は**10年**が限度だ。10年を超える約定をしても、自動的に**10年**に短縮される。

（**正　解**）(1)

Point!

不動産質権の存続期間　➡　**10年**が限度だ。

注意!　10年を超える約定をしても、自動的に**10年**に短縮される（肢(4)）。

［問題 47 ］ 債務不履行その他

　B所有の建物につきAB間に売買契約が成立し、AはBに対して手付金を支払った。この場合に関する次の記述のうち民法の規定及び判例によれば、正しいものはどれか。

(1)　履行期が到来しAが代金の提供をしたにもかかわらずBが建物の引渡しをしなかった場合において、Aが不相当に短い期間を定めて履行の催告をしたとき、催告の効力を生じないので客観的に相当の期間を経過してもAは当該売買契約を解除することができない。

(2)　AB間で損害賠償額の予定をしていた場合にはAの債務不履行に際してBは損害の証明をしなくとも、予定額を請求することができるが、賠償額の予定をしていなかった場合にはAの債務不履行に対してBは損害の証明をしなければ賠償を請求することができない。

(3)　売買契約書の作成費用は、Bが負担する。

(4)　Bの債務不履行を理由にAが当該契約を解除する場合には、AB間で損害賠償の額を予定していなかったならば、Aは手付金の返還を請求することができるだけでなく、手付の額とは無関係に実害の証明によって損害賠償を請求することができる。

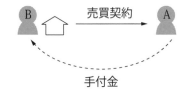

売買契約

手付金

Hint!　手付による解除ではないから……。

講義

(1) 誤。履行遅滞のケースで、①催告期間が不相当に短かったり（本肢の場合）、②期間を定めずに催告しても、催告自体は有効だ。そして、こういう場合でも、**相当の期間**が経過すれば、解除することができる。

169頁 表 判例1

(2) 誤。Aの債務は金銭債務だ。金銭債務の履行遅滞の場合、Bは、**実害の証明をしなくとも年3%の割合**で損害賠償額をもらうことができる。

166頁(3)

(3) 誤。売買契約書の作成にかかる費用など、売買契約の締結に必要な費用は、売主と買主が**折半**する（等しい割合で負担する）。

(4) 正。Bの債務不履行を理由にAが当該契約を解除する場合、手付による解除ではないから、Aは**手付金の返還**を請求することができるし、手付の額とは全く無関係に実害の証明によって損害賠償を請求することができる。

176頁(3)

(正 解)(4)

Point!

手付金は買主に返ってくるか？
{
① 手付**放棄**による解除　➡　×
② **債務不履行**による解除　➡　○（肢(4)）
③ **合意解除**　➡　○
}

［問題 48 ］ 金銭債務

　Aは、Bに対して金銭債権を有している。この場合、民法の規定によれば、次の記述のうち正しいものはどれか。

(1)　Bの債務の履行について確定期限があるときであっても、Bは、Aから履行の請求を受けるまでは履行遅滞とはならない。

(2)　Bが債務を履行しない場合、Aは損害賠償を請求することができるが、Aは、損害の証明をしなければならない。

(3)　AがBの債務不履行を理由として損害賠償を請求してきた場合、Bは、不可抗力をもって抗弁することはできない。

(4)　AB間で、Bの債務の不履行について損害賠償の額を予定していた場合、AB間の損害賠償額の予定の合意が、暴利行為として公序良俗違反となるときでも、裁判所は、賠償額の減額をすることができない。

A
債権者

金銭債務

B
債務者

Hint!　金銭債務は特別扱い。

講義

(1)　誤。確定期限付の債務は、**期限が到来した時**から履行遅滞を生ずる。Aから履行の請求を受けなくとも履行遅滞となる。　162頁 表①

(2)　誤。金銭債務は、何かと特別扱いだ。Bが金銭債務を履行しない場合、Aは実害がゼロでも年3%の損害賠償をもらえるし、逆に実害がもっと大きくても年3%の損害賠償しかもらえない。ということは、**実害の証明の必要はない**ということだ。　166頁(3)

(3)　正。金銭債務の債務者は、**不可抗力**で遅れた場合でも、履行遅滞になる。つまり、不可抗力は抗弁にならない。　166頁 条文②

(4)　誤。損害賠償額の予定の合意が、暴利行為として**公序良俗違反**となるときは、裁判所は、賠償額の減額をすることが**できる**。例えば、BがAから100万円借りたとする。そして、損害賠償額の予定として「Bが債務不履行をしたら、Bは損害賠償としてAに1億円支払う」と定めたとする(暴利行為で公序良俗違反だ)。このようなときは、裁判所は、賠償額の減額をすることができるということ。　165頁 条文

（ 正　解 ）(3)

Point!

金銭債務の債務者は　➡　**不可抗力**で遅れた場合でも（故意も過失もなくても）、履行遅滞になる（肢(3)）。

［問題 49］ 解　　除

　Aが、自己所有の建物につき、Bと売買契約を締結した場合に関する次の記述のうち、民法の規定及び判例によれば、正しいものはどれか。

(1)　Aが弁済期に引渡しをしなかったので、BがAに対し、不相当な短い期間を定めて引渡しの催告をし、相当の期間が経過したのに、Aの引渡しがなかったので売買契約を解除した場合、Bの解除は認められない。

(2)　Aの履行遅滞を理由に、Bが売買契約を解除した場合、AはBから受領した代金をBに返還しなければならないが、それには受領時からの利息を付す必要がある。

(3)　Bが当該建物をCに売買した後、AがBの履行遅滞を理由にAB間の売買契約を解除した場合、Cが登記を備えていても悪意であれば、AはCに対し、建物の返還を請求できる。

(4)　Aの履行遅滞により、Bに解除権が発生した後、Bが死亡し、D及びEが解除権を相続した場合、Dが解除権の放棄をしたときは、Eは単独で解除権を行使できる。

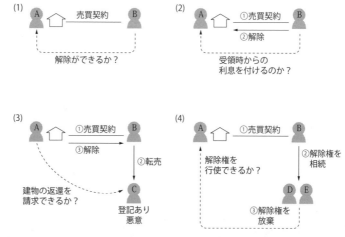

Hint!　契約は、はじめからなかったことになる。

講義

(1) 誤。債務者の履行遅滞の場合に、債権者が不相当な短い期間を定めて催告をしたとしても、催告したことは事実なのだから、**相当な期間**を経過しても債務者の履行がなければ、債権者は契約を解除できる。

📖 169頁 表 判例1

(2) 正。解除の結果、金銭を返還する場合、利息は解除時からではなく、**受領時**から付けなければならない。Aは、代金を受け取った時からメリット（例）代金を定期預金にして、金利を得ることもできる）を受けていたわけだから、代金の受領時からの利息を付けて返す必要があるのだ。

📖 172頁 条文 ②

(3) 誤。解除の結果、返還してもらえるはずの不動産が既に第三者に転売されている場合、返還してもらえるかどうかは、第三者の**登記**の有無で決まる。本肢の場合、Cは登記を備えているので、Aは返還を請求できない。

📖 172頁 条文 ③

(4) 誤。当事者の一方が数人いる場合、解除の意思表示は、全員から、または、全員に対してしなければ無効だ。本肢の場合、解除の意思表示は、DとEの両方がやる必要がある。だから、Dが解除権を放棄すると、残りのEだけで解除することは許されず、**Eも解除権を失う**ことになる。

📖 171頁 ということは

（ 正 解 ）(2)

Point!

① 解除の効果は、
➡ 契約の当初に**さかのぼって生ずる**（坂登四郎）。
（解除の時から生ずるのではない）

② だから、解除の結果、金銭を返還する場合、
➡ 利息は、**受領時**から付けなければならない（肢(2)）。
（解除時からではない）

[問題 50] 解　　除

　Aは、自己の所有する宅地をBに代金 2,000 万円で売り渡す契約を締結し、BはAに手付として 200 万円を支払った。手付について他に別段の取り決めがない場合、民法の規定によれば、次の記述のうち誤っているものはどれか。

(1)　Aが契約を履行しない場合、Bは、相当の期間を定めて履行を催告し、その期間内に、Aが履行しない場合には、Bは、債務不履行を理由に契約を解除し 200 万円の返還を請求することができる。

(2)　AとBが合意により契約を解除した場合には、Bは、200 万円の返還を請求することができる。

(3)　Bは、Aが契約の履行に着手するまでは、200 万円を放棄して契約を解除することができる。

(4)　Aは、Bが契約の履行に着手するまでは、200 万円を現実に提供すれば契約を解除することができるが、Bが契約の履行に着手した後は、400 万円を現実に提供しなければ契約を解除することができない。

タイムリミットは？

講義

(1) 正。手付が交付された場合であっても、債務者Aに債務不履行があれば、Bは、債務不履行を理由として契約を解除することができる。そして、債務不履行による解除は、**手付による解除とは別のもの**だから、BはAに対して手付金200万円の返還を請求することができる。 📖176頁(3)

(2) 正。合意による解除も、**手付による解除とは別のもの**だ。だから、Bは、手付金200万円の返還を請求することができる。 📖177頁(4)

(3) 正。手付を交付した場合には、買主Bは、売主Aが**履行に着手**するまでは、手付金200万円を放棄して契約を解除することができる。これが手付の威力だ。 📖174頁 条文①

(4) 誤。売主Aは、買主Bが契約の履行に着手するまでは、手付の**倍額**、つまり400万円を現実に提供すれば契約を解除できる。200万円ではない。そして、買主Bが契約の履行に**着手した後**は、売主Aはたとえ手付の倍額を現実に提供しても契約を解除することはできなくなる。 📖174頁 条文②

(**正 解**)(4)

Point!

買主も売主も ➡ **相手方**が契約の履行に着手した後は、手付による解除はできなくなる（自分の側だけが履行に着手しているなら解除できる）（肢(3)(4)）。

[問題 51] 解除・手付

Aは、Bから建物を購入する契約（代金1億円、手付500万円、違約金2,000万円）をBと締結し、手付を支払ったが、その後、残代金を支払うことができなくなった。この場合に関する次の記述のうち、民法の規定及び判例によれば、正しいものはどれか。

(1) Aが残代金を支払うことができなくなったことにつき、Aの責めに帰すべき事由がない場合には、Bは契約を解除することはできるが、違約金の支払いを請求することはできない。

(2) BがAの債務不履行を理由に契約を解除した場合、AはBに対し違約金を支払わなければならず、かつ、手付の返還を求めることはできない。

(3) Bが履行に着手する前であれば、Aは中間金を支払っていても、手付を放棄して契約を解除し、中間金の返還を求めることができる。

(4) 「Aが某日までに転勤することになったときは、契約は解除される」旨の条項がその契約にあり、Aがその日までに転勤することになった場合でも、Aが解除の意思表示をしなければ、契約は効力を失わない。

手付は、相手方に迷惑をかけないためのものだ。

講 義

(1) 誤。残代金の支払債務は、**金銭債務**だから、Aの責めに帰すべき事由がなくても、債務不履行になる。だから、Bは契約を解除できるだけでなく、違約金の支払いも請求できる。　　　　　　　　　　📖166頁 条文②

(2) 誤。債務不履行による契約解除がなされた場合には、AはBに違約金を支払わなければならない。しかし、手付は、**違約金とは別のもの**だから、AはBに手付の返還を求めることができる。　　　　　　　　　📖176頁⑶

(3) 正。Aとしては、相手方Bが履行に着手した後は迷惑がかかりすぎるから、手付放棄による解除はできない。しかし、自分の側だけが中間金を支払うという履行に着手しただけなら、その履行の着手の手間が無駄になるのは自分でかぶれば済むことだから、Aは手付を放棄して契約を解除できる。その場合のAのペナルティは、手付をBに取られてしまうことだけだ。だから、**中間金の返還を求めることはできる。**

📖175頁 具体例

(4) 誤。一定の条件を満たしたなら、自動的に契約が解除されるという条件（解除条件）を付けた場合には、その条件が満たされることによって、**自動的に契約は効力を失う。解除の意思表示は必要ない。**

📖169頁 表 判例3

（**正 解**）(3)

👤 **念のための確認**

売買契約で、買主が手付を交付した場合、

➡ ① 買主は ➡ 手付を**放棄**すれば契約を解除できる。
　 ② 売主は ➡ 手付の**倍額を返還**すれば契約を解除できる。

［問題 52 ］ 契約不適合担保責任その他

　宅地建物取引業者でないＡが、甲土地を宅地建物取引業者でないＢに売却した場合に関する次の記述のうち、民法の規定によれば、誤っているものはどれか。

(1)　売買契約締結時には甲土地がＡの所有物ではなく、Ｃの所有物であったとしても、ＡＢ間の売買契約は有効に成立する。

(2)　Ａは、Ｂに対し、甲土地の対抗要件である登記を備えさせる義務を負う。

(3)　ＢがＡに解約手付を交付している場合、Ａが契約の履行に着手していないときであっても、Ｂが自ら履行に着手していれば、Ｂは、手付を放棄して売買契約を解除することができない。

(4)　ＡＢ間で、甲土地が種類又は品質に関して契約の内容に適合しない場合であってもＡは、その不適合を担保すべき責任を一切負わない旨の合意をしたとしても、Ａが知りながらＢに告げなかった事実については、その責任を免れることができない。

A（宅建業者でない）　甲土地　→　B（宅建業者でない）

Hint!　相手方が履行に着手したら、手付による解除はできない。

講 義

(1) 正。他人の物でも**有効**に売買できる（他人の物を売る契約は有効だ）。だから、甲土地がＡの所有物ではなく、Ｃの所有物であったとしても、ＡＢ間の売買契約は有効に成立する。　　　　　　　　　　 89頁(5)

(2) 正。売主は、買主に対し、売買の目的である権利の移転についての**対抗要件**を備えさせる義務を負う（売主は、登記の移転に協力しなさいということ）。　　　　　　　　　　　　　　　　　 88頁 上の 注!

(3) 誤。Ｂは、**相手方**Ａが履行に着手した後は、手付を放棄しても解除できない。しかし、Ｂの側だけが履行に着手している場合は、Ｂは、手付を放棄して解除できる。　　　　　　　　　　　　　 175頁(2)

(4) 正。「売主は担保責任を負いません」という特約は**有効**だ。しかし、この特約をしていても、売主は、**知りながら**告げなかった事実については、責任を免れることができない（担保責任を負わなければならない）。

186頁(1)

（ 正 解 ）(3)

売買契約で、買主が手付を交付した場合
売主も買主も ➡ **相手方**が契約の履行に着手した後は、手付による解除はできなくなる（自分の側だけが履行に着手しているなら解除できる）（肢(3)）。

［問題 53］ 売買契約

　Aは、Bから中古自動車を購入する契約（代金200万円、解約手付20万円、債務不履行による契約解除に伴う損害賠償の予定額40万円）を、Bと締結し、手付を支払った。この場合、民法の規定及び判例によれば、次の記述のうち誤っているものはどれか。

(1)　Bは、自らが売買契約の履行に着手していても、Aが履行に着手するまでは、40万円をAに支払うことによって、契約を解除することができる。

(2)　Bの債務不履行を理由に売買契約が解除された場合、Aは、Aが実際に被った損害の額が40万円を超えることを証明できるときは、40万円を超える額の損害賠償を請求することができる。

(3)　売買契約締結時には当該自動車がBの所有物ではなく、Bの父親Cの所有物であった場合、Bが当該自動車の所有権を取得したときに、Aは当該自動車の所有権を取得する。

(4)　Bは、Aとの間において、当該自動車が種類又は品質に関して契約の内容に適合しない場合における担保の責任を負わない旨の特約をしたときであっても、Bが知りながらAに告げなかった事実については、その責任を免れることができない。

売主 B　　　　　　　　　　　　　　　　　　　　A 買主

代金	200万円
解約手付	20万円
損害賠償の予定額	40万円

 相手方が履行に着手したらダメだが……。

講義

(1)　正。自分の側だけが履行に着手しただけなら、手付による解除はできる。手付による解除ができなくなるのは、**相手方**が履行に着手した後だ。ちなみに、40万円（手付20万円の**倍額**）という金額も正しい（売主は手付の倍額を現実に提供すれば契約を解除できる）。

174頁 条文① 2、175頁(2)

(2)　誤。契約の当事者は、もし債務不履行があったらいくら支払うということを約束しておくことができる。この約束のことを損害賠償額の予定という。損害賠償額の予定をすると、債権者は、1 実害がゼロでも予定額をもらえるし、逆に、2 実害がもっと**大きくても**予定額しかもらえない。

165頁 条文 2

(3)　正。他人の物でも有効に売買することができる。この場合、**売主がその物の所有権を取得する**と同時に、**買主は所有権を取得する**（BがC所有の中古自動車をAに売却したとする。この時点では、Aは所有権を取得していない。BがCと交渉するなどして、Bが中古自動車の所有権を取得したときに、Aは所有権を取得するという話）。　89頁(5)

(4)　正。売主と買主間で、「契約に不適合があっても売主は担保責任を負わない」という特約ができる（この特約は有効だ）。ただし、この特約をしても、売主が**知りながら告げなかった**事実については、売主は責任を免れることはできない。　186頁(1)

正　解(2)

他人物売買
1　契約は**有効**（他人の物でも有効に売買することができる）。
2　売主が所有権を取得したときに、買主に所有権が移転する（肢(3)）。

[問題 54] 連帯債務

　A及びBは、Cの所有地を買い受ける契約をCと締結し、連帯して代金を支払う債務を負担している（負担部分は 1/2 ずつ）。この場合、民法の規定によれば、次の記述のうち誤っているものはいくつあるか。

ア　Aの連帯債務をCが全額免除したときは、Bは、連帯債務についてAの負担部分についてのみ支払いを免れる。

イ　Aの連帯債務が時効により消滅したときは、Bは、連帯債務について全額の支払いを免れる。

ウ　AがCを相続したときは、Bは、連帯債務について全額の支払いを免れる。

エ　Aが連帯債務についてCとの間で更改したときは、Bは、連帯債務について全額の支払いを免れる。

(1)　一つ

(2)　二つ

(3)　三つ

(4)　四つ

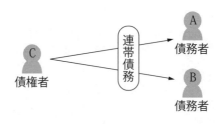

　効力が及ぶものを思い出せ！

講　義

ア　誤。連帯債務者の1人が債権者から免除されても、その効力は他の連帯債務者には**及ばない**。だから、Bは全額を支払う必要がある。

🔖 192頁 ③

イ　誤。連帯債務者の1人について時効が完成しても、その効力は他の連帯債務者には**及ばない**。だから、Bは全額を支払う必要がある。

🔖 192頁 ④

ウ　正。連帯債務者の1人が債権者を相続すると、その効力は他の連帯債務者にも**及ぶ**。だから、Bは全額の支払いを免れる。　🔖 190頁 ①

エ　正。連帯債務者の1人が債権者との間で更改すると、その効力は他の連帯債務者にも**及ぶ**。だから、Bは全額の支払いを免れる。　🔖 190頁 ②

以上により、誤っているものはアとイなので、正解は肢(2)となる。

（　正　解　）(2)

Point!

他の連帯債務者に効力が及ぶ場合

① 弁済
② 相殺
③ **相続**（肢ウ）
④ **更改**（肢エ）

［問題 55 ］ 連帯債務

　A、B、Cの3人がDに対して1,500万円の連帯債務を負っている場合に関する次の記述のうち、民法の規定によれば、正しいものはどれか。なお、A、B、Cの負担部分は等しいものとする。

⑴　DがAに対して履行の請求をした場合、B及びCについても、その効力が生じる。

⑵　AがDに対して債務の承認をした場合、B及びCについても、その効力が生じる。

⑶　AがDに対して300万円を弁済した場合は、Aの負担部分の範囲内であるから、Aは、B及びCに対して求償することはできない。

⑷　Aが、Dに対する債務と、Dに対して有する300万円の債権を対当額で相殺する旨の意思表示をDにした場合、B及びCのDに対する債務も300万円が消滅する。

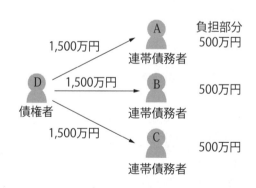

相殺すればチャラになる。

講　義

(1)　誤。連帯債務者の1人Aに対して**請求**しても、他の連帯債務者B・Cに対しては、効力は**生じない**（Aに請求しても、B・Cに請求したことにはならない）。　　　　　　　　　　　　　　　　　　　　　　　191頁①

(2)　誤。連帯債務者の1人Aが**承認**しても、他の連帯債務者B・Cに対しては、効力は**生じない**（Aが承認しても、B・Cは承認したことにはならない）。　　　　　　　　　　　　　　　　　　　　　　　191頁②

(3)　誤。連帯債務者の1人Aが**弁済**した場合は、他の連帯債務者B・Cに対して、負担部分の割合（本肢の場合は 1/3）で求償できる。本肢のように、弁済した額が負担部分（500万円）の範囲内であっても求償できる。だから、Aは、B・Cそれぞれに対して「100万円（300万円× 1/3）支払ってくれ」と求償できる。　　　　　　　　　　　　　　　　　　187頁③

(4)　正。連帯債務者のうちの1人Aが、債権者Dに対して債権を持っていて、その債権と連帯債務とを**相殺**したら、その額である 300万円について連帯債務は**消滅**する。だから、B・Cの連帯債務も 300万円が消滅する。　　　　　　　　　　　　　　　　　　　　　　　　188頁(1)

（**正　解**）(4)

Point!

弁済した連帯債務者の1人は、他の連帯債務者に
➡　**負担部分**の割合（本肢の場合は 1/3）で**求償できる**（肢(3)）。

[問題 56] 保証債務

　Aは、宅地建物取引業者Bからマンションを購入し、Bの保証を受けてC銀行から金銭を借り入れ、その支払いに充てた。この場合、民法の規定によれば、次の記述のうち正しいものはどれか。

(1)　Bの保証債務の対象には、AがC銀行に支払うべき違約金及び損害賠償も含まれるが、CはBの自己の保証債務についてのみ違約金又は損害賠償の額を約定することができない。

(2)　Bの保証がAの委託を受けてなした連帯保証である場合、C銀行がBに債務の履行を請求したときは、Bは、「まずAに催告せよ。」とC銀行に請求することができる。

(3)　C銀行がAに対して債務の履行を請求したときは、Aの債務の消滅時効のみならず、Bの保証債務の消滅時効も更新される。

(4)　Bは、Aの委託を受けなくても保証をなすことができるが、Aの意思に反して保証をなすことはできない。

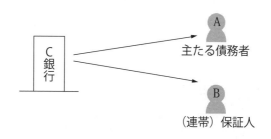

水は上（A）から下（B）に流れる。

講　義

(1)　誤。保証人が責任を果たさない場合に備えて、主たる債務とは別個に**保証債務についてのみ**の違約金や損害賠償を定めることができる。

194頁 条文②

(2)　誤。**連帯保証人には催告の抗弁権はない。**　　　　204頁 条文①

(3)　正。主たる債務者に対する履行の**請求**は、保証人にも効力を及ぼす。だから、時効の完成猶予及び更新は、Bに対してもその効力を生ずる。

197頁 条文

(4)　誤。保証契約は、債権者と保証人の間に結ばれるものだ。主たる債務者は関係ない。だから、**主たる債務者の意思に反してでも保証をなすことができる。**　　　　200頁 (2)

（正　解）(3)

Point!

①　債権者が主たる債務者に対して「**請求**」したり、
②　主たる債務者が債権者に対して「**承認**」すると、

➡ {　⑦　主たる債務の消滅時効が更新されるだけでなく、
　　⑦　保証債務の消滅時効も更新される（肢(3)）。

[問題 57] 保証債務

AがBと金銭消費貸借契約を締結してBに対して300万円の債務を負担している場合に関する次の記述のうち、民法の規定及び判例によれば、正しいものはどれか。

(1) Cが、AのBに対する債務について保証人となるには、原則としてAの委託が必要であり、Cは、当該債務につき自己も利害関係を有する場合を除き、Aの意思に反してBと保証契約を締結することはできない。

(2) Cが、AのBに対する債務について保証人となる場合、Cは、自己の保証債務の対象を、AがBに支払うべき元本のみとし、利息及び違約金等は保証しない旨をBと約定することができる。

(3) Cが、AのBに対する債務について連帯保証人となった場合には、AもBに対して弁済期の到来した300万円の債権を有しているときであっても、Cは、Bに対して300万円の支払いを拒むことはできない。

(4) C及びDが、AのBに対する債務について連帯保証人となった場合、Bは、Cに対して、150万円を限度に支払いを請求することができる。

 保証人は主たる債務者と同じ責任でなくても……。

講 義

(1) 誤。そんなことはない。保証契約は、債権者と保証人との間に締結されるものだ。だから、**主たる債務者の意思に反してでもできる。**

📖 200頁(2)

(2) 正。保証人は、主たる債務者の ①元本だけでなく、②利息、③違約金、④損害賠償も保証することになる。ただし、保証人の責任が主たる債務者の責任より軽いのは OK だ。だから、「保証するのは元本のみで、利息及び違約金等は保証しない」と約定することができる。

📖 194頁(1)

(3) 誤。主たる債務者が債権者に対して債権を有する場合、保証人は、債権者に対して債務の履行を拒むことが**できる**。だから、C は、B に対して 300万円の支払いを拒むことができる。

📖 197頁 たとえば

(4) 誤。連帯保証の場合、通常の保証よりも責任が重くなり（分別の利益なし）、たとえ連帯保証人が 2 人でも、各保証人は債務の**全額**を弁済しなければいけない。通常の保証のように頭割りにはならない。

📖 205頁(2)

(正 解)(2)

Point!

主たる債務者が債権者に対して債権を有する場合（つまり、**相殺**できる場合）、

➡ 主たる債務者の相殺権の行使により、主たる債務者が債務を免れる限度において（主たる債務者が相殺をしたら、チャラになる金額を限度として）、保証人は、債権者に対して債務の履行を拒むことが**できる**（肢(3)）。肢(3)においては、主たる債務者 A は債権者 B に対して 300万円の債権を有している。だから、保証人 C は、300万円を限度に履行を拒むことができる。

第1編 権利関係

［問題 58］連帯保証

　Aは、BのCに対する1,200万円の債務について連帯保証人となる契約を、Cと締結した。この場合、民法の規定及び判例によれば、次の記述のうち正しいものはどれか。

⑴　CがBに対する債権をDに譲渡し、CからBのみに対して確定日付ある証書によらずに譲渡通知がなされた場合、Dはこの債権の譲受けをAに対抗することができる。

⑵　CがBに対して1,200万円の支払いを請求した場合、AがCに対して弁済期の到来した1,200万円の金銭債権を有していたなら、Bは、Cに対して債務の履行を拒むことができる。

⑶　CがAを連帯保証人として指名したため、Aが連帯保証人となった場合、Aが破産手続開始の決定を受ければ、Cは、Bに対して連帯保証人の変更を求めることができる。

⑷　BのCに対する債務が条件不成就のため成立しなかった場合でも、AはCに対して連帯保証債務を負う。

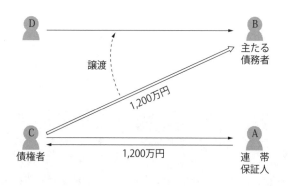

　連帯保証と通常の保証債務の共通点を思い出せ！！

講義

(1) 正。主たる債務が譲渡されると、保証債務も一緒に移転する（グリコのおまけシリーズ④）。そして、債権の譲受人は、**主たる債務者に対してのみ**債権譲渡の対抗要件を備えれば、それで保証人に対しても債権の譲受けを対抗できる。以上の理屈は、通常の保証債務と連帯保証で全く同じだ。だから、Dは債権の譲受けをAに対抗できる。

※ 199頁 条文、200頁 上の例題

(2) 誤。主たる債務者が債権者に対して債権を有する場合（つまり、相殺できる場合）、保証人は、債権者に対して債務の履行を拒むことが**できる**。しかし、その逆はダメで、保証人が債権者に対して債権を有していても、主たる債務者は、債権者に対して債務の履行を拒むことは**できない**。

※ 197頁 たとえば

(3) 誤。債務者が保証人を立てる義務を負う場合には、①**弁済資力**、②**行為能力**の両方を有する人を立てなければならない。しかし、債権者が保証人を指名した場合には、その必要はない。なぜなら、当の債権者がそれでいいと言っているからだ。以上の理屈も、通常の保証債務と連帯保証で全く同じだ。だから、Aが破産手続開始の決定を受けて弁済資力を失っても、Cは連帯保証人の変更を求めることはできない。

※ 201頁 表

(4) 誤。保証債務は、主たる債務を担保するためのものだから、主たる債務が成立しないと、保証債務も成立しない。**債権なければ担保なし**（付従性）。この点も、通常の保証債務と連帯保証で全く同じだ。

※ 199頁 条文

（**正 解**）(1)

Point!

主たる債務者について**債権譲渡の対抗要件**を備えれば、
➡ （連帯）保証人にも**対抗できる**（肢(1)）。

［問題 59 ］ 連帯債務・連帯保証

　AとBが 1,000万円の連帯債務をCに対して負っている（負担部分は 1/2 ずつ）場合と、Dが主債務者として、Eに 1,000万円の債務を負い、FはD から委託を受けてその債務の連帯保証人となっている場合の次の記述のう ち、民法の規定によれば、正しいものはどれか。

⑴　Aが債務を承認して時効が更新した場合、Bの連帯債務に対しても時効 の更新の効力を生じる。Dが債務を承認して時効が更新した場合、Fの連 帯保証債務に対しても時効の更新の効力を生じる。

⑵　CがAに対して履行を請求した場合、Bの連帯債務に対しても時効の完 成猶予の効力を生じる。EがFに対して履行を請求した場合、Dの主たる 債務に対しては時効の完成猶予の効力を生じない。

⑶　AがCに対して 1,000万円の債権を有している場合、Bは、Cに対して 500万円を限度に債務の履行を拒むことができる。DがEに対して 1,000 万円の債権を有している場合、Fは、Eに対して 1000万円について債務 の履行を拒むことができる。

⑷　AC間の契約が無効であった場合、Bは 500万円の債務を負う。DE 間の契約が無効であった場合、Fは債務を負わない。

　連帯債務は、負担部分が限度。

講義

(1)　誤。連帯債務の場合、連帯債務者のうちの1人が債務を承認しても、他の連帯債務者には効力が**及ばない**。だから、Aが承認しても、Bの時効は更新しない（時効の更新の効力は生じない）（前半は×）。連帯保証の場合、主たる債務者が債務を承認すると、保証人にも効力が及ぶ。だから、Dが承認すると、Fの時効も更新する（時効の更新の効力が生じる）（後半は○）。
191頁②、198頁 コメント

(2)　誤。連帯債務の場合、債権者が連帯債務者のうちの1人に請求しても、請求の効力は他の連帯債務者には**及ばない**。だから、CがAに請求しても、Bの時効の完成は猶予されない（時効の完成猶予の効力は生じない）（前半は×）。連帯保証の場合、債権者が連帯保証人に請求しても、請求の効力は主たる債務者には**及ばない**。だから、EがFに請求しても、Dの時効の完成は猶予されない（時効の完成猶予の効力は生じない）（後半は○）。　191頁①、205頁(3)

(3)　正。連帯債務の場合、連帯債務者のうちの1人が債権者に対して債権を有する場合（つまり、相殺できる場合）、連帯債務者の**負担部分**を限度に、他の連帯債務者は、履行を拒むことが**できる**。だから、Bは、500万円（Aの負担部分）を限度に履行を拒むことができる（前半は○）。連帯保証の場合、主たる債務者が債権者に対して債権を有する場合、保証人は、債権者に対して債務の履行を拒むことが**できる**。だから、Fは、1000万円について履行を拒むことができる（後半も○）。　189頁(2)、197頁 たとえば

(4)　誤。連帯債務の場合、連帯債務者のうちの1人の契約が無効でも、他の連帯債務者には**無影響**だ。だから、AC間の契約が無効であった場合には、Bは1,000万円の債務を負う（前半が×）。連帯保証の場合、主たる債務が無効であれば、連帯保証債務も**無効**だ。だから、DE間の契約が無効であった場合、Fは債務を負わない（後半は○）。　192頁⑤、199頁(1)

（**正　解**）(3)

Point!

他の連帯債務者には効力が**及ばない**場合
1　**請求**（肢(2)）
2　**承認**（肢(1)）
3　免除
4　時効
5　**無効・取消し**（肢(4)）
6　期限の猶予

[問題 60] 賃 貸 借

　賃貸借契約に関する次の記述のうち、民法の規定によれば、誤っているものはどれか。

(1)　賃貸人は、賃借人の責めに帰すべき事由によって賃借物の修繕が必要となった場合には、賃貸物の使用及び収益に必要な修繕をする義務を負わない。

(2)　賃借人が自ら目的物の使用及び収益に必要な修繕をした場合、賃貸人は、請求されればその費用を直ちに償還する義務を負う。

(3)　賃借物の修繕が必要であることを、賃貸人が知ったにもかかわらず、賃貸人が相当の期間内に必要な修繕をしない場合、賃借人は、その修繕をすることができる。

(4)　賃借人が適法に目的物を転貸した場合、転借人は、賃借人（転貸人）に対しては賃料支払義務を負うが、賃貸人に対しては直接その義務を負うことはない。

Hint!　賃貸人の承諾を得ていたとしたら。

講義

(1) 正。賃貸人は、賃料を取って物を貸す以上、ちゃんと使える状態で貸す義務がある。だから、目的物の使用及び収益に必要な**修繕**をしなければならない。ただし、賃借人の落度（帰責事由）によって、修繕が必要となった場合には、修繕する義務を負わない。 📖207頁(1)注!

(2) 正。肢(1)でやったように、賃貸人は、目的物の使用及び収益に必要な修繕をする義務を負っている。だから、賃借人が**必要費**を支出したときは、**直ちに全額を賃貸人に請求できる**。 📖207頁(2)

(3) 正。賃借人が賃貸人に修繕が必要である旨を**通知**し、または賃貸人がその旨を**知った**にもかかわらず、賃貸人が相当の期間内に必要な修繕をしない場合、賃借人は、その修繕をすることができる。 📖207頁下の 注! ①

(4) 誤。賃借人が、賃貸人の承諾を得て、賃借物を転貸すると、賃貸人は、賃借人にも、**転借人にも賃料を請求できる**。ただし、請求できるのは、賃借人の月額賃料の範囲までだ。 📖216頁(2)

（**正　解**）(4)

Point!

賃貸人が、賃借人だけでなく、**転借人に対しても**、賃料を直接請求できるようになるのが、承諾転貸の効果だ（肢(4)）。

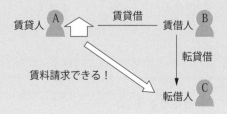

［問題 61 ］ 賃貸借・借地借家法

AがA所有の建物をBに賃貸した場合に関する次の記述のうち、民法及び借地借家法の規定並びに判例によれば、正しいものはどれか。

(1) 建物のために修繕等の保存行為が必要な場合、その保存行為を実施することによってBが当該建物を賃借した目的を達成できなくなるときを除いては、AはBの意思に反しても保存行為を実施することができる。

(2) 地震により当該建物の一部が滅失した場合、賃料は、その使用及び収益をすることができなくなった部分の割合に応じて減額されるが、建物の残存する部分のみではBが賃借をした目的を達することができないときは、Bは、賃貸借契約の解除をすることができる。

(3) Bが事実上夫婦と同様の関係にあるCとともに当該建物にある飲食店を経営していた場合、Bが相続人なくして死亡すると、CはBの権利義務を承継して当該建物において営業を継続することができる。

(4) AB間の賃貸借が期間の定めのない賃貸借契約である場合、Bが解約を申し入れたときは、その解約申入れの日から6か月を経過すると、当該賃貸借契約は終了する。

Bはどのくらい守られるべきか？

講 義

(1)　誤。この建物は**Aの所有物**なのだから、AはBの意思に反してでも修繕等の保存行為をすることができる。その結果Bが賃借をした目的を達成することができなくなる場合にはBは契約を解除できるが、保存行為の実施自体を阻止することはできない。つまり、そのような場合であってもAは保存行為を実施できるわけだ。　　　　　　　　　　　208頁(3)

(2)　正。賃借物の一部が滅失などによって使用収益できなくなった場合において、賃借人に落度（帰責事由）がないときは、賃料は使用収益できなくなった部分の割合に応じて**減額**される（本肢は地震による一部滅失なので、賃借人に落度はない）。また、残存する部分のみでは賃借をした**目的を達する**ことができないときは、賃借人は、契約を解除できる（ちなみに、賃借人に落度があっても解除できる）。　　　209頁 上の条文 ②

(3)　誤。内縁の妻が賃借権を承継できるのは、その建物が**居住用**の場合だけだ。飲食店の営業用に用いられていた建物については、承継することはできない。　　　　　　　　　　　　　　　　　　　250頁 上の(2)

(4)　誤。期間の定めのない賃貸借は、解約申入れによって終了する。そして、賃借人から解約の申入れをした場合は、解約申入れ後**3カ月**で終了する。6カ月は賃貸人からの申入れの場合だ。なお、賃貸人からの解約申入れの場合には、正当事由も必要だ。　　　　　　　244頁(2)

（　**正　解**　）(2)

Point!

① 　賃借人の意思に反する**保存行為**（肢(1)）

② 　賃借物の**一部滅失**（肢(2)）

どちらも、**賃借の目的が達成できない**場合には　➡　賃借人からの解除OK！

[問題 62] 賃貸借・借地借家法

令和6年4月に、AがBに自己所有の建物を賃貸した場合に関する次の記述のうち、民法及び借地借家法の規定によれば、正しいものはどれか。

(1) この建物をBが第三者Cに転貸しようとしてAの承諾を求めたが、Aの不利となるおそれがないにもかかわらず承諾が得られなかった場合、Bは裁判所にAの承諾に代わる許可を求めることができる。

(2) この賃貸借契約の存続期間を30年とする旨AB間で約定しても、この約定は無効となり存続期間は20年となる。

(3) BがAに敷金を交付しさらに有益費を支出した後にAが第三者Dに当該建物を譲渡した場合、Bが敷金の返還及び有益費の償還を請求する相手はDである。

(4) BがAに敷金を交付した場合、賃貸借終了時に未払賃料があったならばBは敷金から未払賃料相当額を差し引いた金額の返還をAに請求することができる。

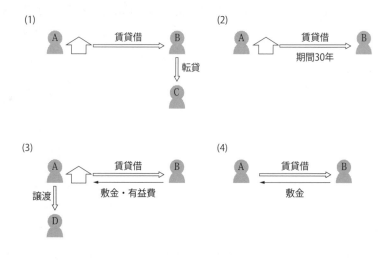

Hint! 敷金は誰のお金か？

講 義

(1)　誤。本肢の賃借権は借家権だ。借家権の場合、借地権のような、譲渡・転貸に関し裁判所から承諾に代わる許可をもらえるという**規定はない**。

※248頁 上の条文

(2)　誤。借家の場合、存続期間は**1年以上**であれば何年でも構わない。だから存続期間を30年と約定すれば30年となる。

※242頁 条文

(3)　正。建物がAからDに譲渡されると、賃貸借関係も自動的にAB間からDB間へと移転する。だから、Bは敷金の返還も有益費の償還もどちらもAではなくDに請求することになる。

※217頁 ケース2

(4)　誤。敷金を未払賃料に充当するかどうかを決定する権限は、賃借人Bにはなく、**賃貸人Aにある**。また、敷金の返還を求めることができるのは賃貸借終了時ではなく明渡完了時だ。

※213頁 (2) (3)

正 解 (3)

Point!

賃貸物件が譲渡されると、
① **敷金返還請求**
② **有益費償還請求**　は譲**受人**に対して行う（肢(3)）。

［問題 63］ 借地借家法（借地）

Aが建物の所有を目的として、Bの所有地を期間30年の約定で賃借している場合に関する次の記述のうち、民法及び借地借家法の規定によれば、正しいものはどれか。

(1) 借地期間が満了後もAが引き続いて土地を使用している場合でも、Bが遅滞なく異議を述べないときは、期間の定めのない借地権が設定されたものとみなされる。

(2) 借地期間の満了前に当該建物が滅失したにもかかわらずAが建物を再築しない場合、その後借地期間が満了する際にAが更新の請求をしても、Bが異議を述べたときには、借地契約は更新されない。

(3) 借地期間の満了前に建物がCの放火により焼失したのでAが建物を再築した場合、Bが遅滞なく異議を述べないときは、借地権の存続期間は、建物の滅失の日から20年となる。

(4) 借地期間の満了前にAが建物をBに無断で増築した場合でも、Bが遅滞なく異議を述べないときは、借地権の存続期間は、増築の時から20年となる。

借地権者

借地権設定者

Hint!　建物がなければできないのは何か？

講 義

(1) 誤。Bが正当事由に基づいて、遅滞なく異議を述べないときは、いすわり更新が生じる。この場合の存続期間は、第1回目の更新が **20年**、第2回目の更新が **10年**だ。期間の定めのない借地権が設定されるわけではない。　　　　　　　　　　　　　　　　227頁 条文 **原則** ②

(2) 正。借地権者の請求による更新（請求更新）は、**建物がある場合に限って認められる**。だから、Bが異議を述べれば、借地契約は更新されない。　　　　　　　　　　　　　　　　　　　　　227頁 条文 **原則** ①

(3) 誤。建替え更新は、Bの承諾があった場合に生じる。また、Bへの通知に対し、Bが2カ月以内に異議を述べなかった場合にも承諾があったものとみなされる（みなし承諾）。どちらの場合でも、借地権の存続期間は、①承諾日、②再築日のどちらか早い方から20年間だ。　　230頁 条文

(4) 誤。**増築しただけ**では、建替え更新は生じない。また、再築した場合でも、そのままではダメで、肢(3)の解説にあるとおり、借地権者の通知後2カ月以内に借地権設定者が異議を述べなかったということが必要になる。　　　　　　　　　　　　　　　　　　　　　　　　230頁 条文

(**正 解**)(2)

Point!

請求更新
いすわり更新　} どちらも**建物がある場合**に限る。

［問題 64 ］ 借地借家法（借地）

　AがBから土地を賃借して、建物を建て、その登記をした後、その建物にCの抵当権を設定して、登記をしたが、Aが弁済期に履行しなかったので、Cが抵当権を実行して、Dがその建物を競落した。この場合、民法及び借地借家法の規定によれば、次の記述のうち正しいものはどれか。

⑴　Cは、抵当権を実行する際、Bの承諾を得なければならない。

⑵　Dは、競落により建物を取得したのであるから、土地の賃借権も当然に取得し、Bに対抗することができる。

⑶　Dは、土地の賃借権の譲渡についてBの承諾を得なければならず、Bが承諾しないときは、Bに対抗する手段がない。

⑷　BがDへの土地の賃借権の譲渡を承諾しないときは、Dは、Bに対しその建物を時価で買い取るよう請求することができる。

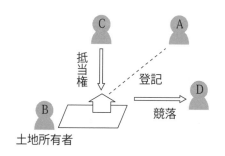

　Dをどの程度保護すべきか？

128

講義

(1)　誤。このような規定はない。Cは、Bの意思を無視して抵当権を実行**できる**。

(2)　誤。土地の賃借権を譲渡するには、土地の賃貸人**Bの承諾が必要**だ。Bの承諾が得られない場合には、Bの承諾に代わる許可を裁判所からもらうという方法があるが（🔖233頁条文(3)）、いずれにせよ、Dが当然に賃借権を取得してBに対抗できるというのは誤りだ。

🔖214頁 条文①

(3)　誤。肢(2)で説明したように、土地賃借権の譲渡について、借地権設定者の承諾が得られない場合には、裁判所から、借地権設定者の**承諾に代わる許可**をもらうことができる。そうすれば、土地の賃借権を譲渡できる。

🔖233頁 条文(3)

(4)　正。賃借地上の建物を、第三者が取得したのに、借地権設定者が、土地の賃借権の譲渡を承諾しないときは、その第三者は、自分が取得した建物を、借地権設定者に**時価で買い取らせる**ことができる。なお、これと似たような制度で、借地権の存続期間が満了したのに更新しない場合には、借地権者は、借地権設定者に、建物を時価で買い取らせることができる。

🔖233頁 条文(2)

（**正　解**）(4)

Point!

借地上の建物の第三取得者は、借地権設定者が土地賃借権の譲渡・転貸を承諾しないときは、建物を借地権設定者に**時価で買い取らせる**ことができる（肢(4)）。

［問題 65］ 借地借家法（借地）

Aは、建物の所有を目的として、Bが所有する土地を期間30年の約定で賃借している。この場合、借地借家法の規定によれば、次の記述のうち正しいものはどれか。

(1) 契約終了に伴い、AがBに建物買取請求権を行使すると、その所有権は直ちにAからBに移転するが、AはBが代金を支払うまで、建物の引渡しを拒むことができる。

(2) 当該賃貸借契約が専ら事業の用に供する建物の所有を目的とする場合には公正証書によらなければ無効となる。

(3) 借地権の存続期間満了の際、Aが契約の更新を請求したときは、建物がない場合でも、Aに正当な理由があれば、前契約と同一の条件をもってさらに借地権を設定したものとみなされる。

(4) Aが建物の増改築を行うことについてAB間に協議が調わない場合、裁判所はAの申立てによりBの承諾に代わる許可を与えることはできない。

Hint! お金を払ってもらうまでは……。

講 義

(1) 正。建物買取請求権が行使されると、**自動的に当事者間に売買契約が成立**したという効果が生じる。よって、所有権の移転や同時履行関係などは、普通に売買契約が成立した場合と同じに考えればよい。

(2) 誤。**事業用定期借地権**を設定するのであれば、公正証書によらなければならない。しかし、専ら事業の用に供する建物の所有を目的とする場合でも、一般の借地権を締結することができる。この場合は、公正証書による必要はない（一般の借地権だから口頭でOK）。　　　　🔖253頁 表

(3) 誤。請求更新ができるのは、**建物がある場合**だけだ。

🔖227頁 条文 **原 則** ①

(4) 誤。建物の増改築を借地権設定者が承諾しない場合には、借地権者は、裁判所から借地権設定者の**承諾に代わる許可**をもらうことができる。

🔖239頁 条文

正 解 (1)

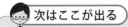

次はここが出る

建物買取請求権は、建物を時価で買い取ることを請求できるだけで、借地権の買取までは**請求できない**。

[問題 66] 借地借家法（借地）

　甲土地の所有者が甲土地につき、建物の所有を目的とせずに資材置場として賃貸する場合（以下「ケース①」という。）と、建物の所有を目的として賃貸する場合（以下「ケース②」という。）に関する次の記述のうち、民法及び借地借家法の規定によれば、正しいものはどれか。

(1)　賃貸借の存続期間を 25 年と定めた場合には、ケース①では期間は 20 年となるのに対し、ケース②では期間は 30 年となる。

(2)　期間を定めない契約を締結した後に賃貸人が甲土地を使用する事情が生じた場合において、ケース①では賃貸人が解約の申入れをすれば契約は申入れの日から 6 カ月を経過することによって終了するのに対し、ケース②では賃貸人が解約の申入れをしても合意がなければ契約は終了しない。

(3)　甲土地の借賃が、甲土地の価格の低下その他の経済事情の変動により、不相当となったときは、ケース①の場合でも、ケース②の場合でも、賃借人は、将来に向かって土地の借賃の額の減額を請求することができる。

(4)　賃借人が賃貸人の負担すべき必要費を支出した場合、ケース①の場合でも、ケース②の場合でも、賃借人は、賃貸人に対して、直ちにその費用の全額の償還を請求することができる。

　ケース②は借地権。

講義

(1) 誤。①の存続期間は、**最高50年**だ。だから、25年と定めたときは、そのまま25年の賃貸借となる（①は誤り）。②の存続期間は、**最低30年**だ。だから、30年未満の期間を定めてもそれは無効で、自動的に30年に引き上げられる（②は正しい）。　　　　　📖 219頁(1)、224頁(1) **例2**

(2) 誤。①の場合は、賃貸人が解約の申入れをすれば、解約の申入れ後、**1年間**を経過すると終了する（①は誤り）。②の場合は、存続期間を定めなかったときは、存続期間は30年となる。そして、賃貸人が解約の申入れをしても、合意がなければ契約は終了しない（②は正しい）。

📖 219頁(2)、224頁(1) **例1**

(3) 誤。②の場合は、物価の変動等のため借賃が不相当になったら、借主は、減額請求できる。しかし、①の場合は、物価の変動等のため借賃が不相当になっても、借主は、減額請求できない。ちなみに、賃借物の一部が滅失等で使用収益できなくなった場合は、その部分の割合に応じて借賃は減額される（賃借人に落度（帰責事由）がないときに限る）。これは民法の話だから①の場合も②の場合も適用される。　　📖 222頁 上の ②

(4) 正。①の場合も②の場合も、賃借人が必要費を支出したら、賃借人は、賃貸人に対して、**直ちに**、**全額**を請求できる。　　　📖 207頁(2)

（正　解）(4)

Point!

ケース①は、建物の所有を目的としていないから、借地権ではない。だから、借地借家法は適用されない（民法で解く問題だ）。それに対して、ケース②は、**建物の所有を目的**としているので、借地権だ。だから、借地借家法が適用される。

［問題 67 ］ 借地借家法（借地）

　BがAの所有地を賃借して建物を所有している場合に関する次の記述のうち、借地借家法の規定及び判例によれば、正しいものはどれか。

(1)　AB間で契約を更新した後に、借地上の建物が滅失した場合、BはAの承諾がある場合にかぎり、残存期間を超えて存続する建物を再築することができる。

(2)　Bは借地権の登記をしておかなければ、Aから当該土地を譲り受けたCに借地権を対抗することができない。

(3)　Bが借地上の建物をCに譲渡した場合に、Aが賃借権の譲渡又は転貸を承諾しないときは、Cは、Aに対し、時価で建物と借地権を買い取るように請求することができる。

(4)　Bが居住の用に供する建物を所有することを目的とする場合には、公正証書によって借地契約を締結するときであっても、期間を20年とし契約の更新や建物の築造による存続期間の延長がない旨を借地契約に定めることはできない。

　権利を行使するためにはそれなりのことをしておく必要がある。

講義

(1) 誤。契約の更新がなされた後に建物が滅失した場合には、借地権者は原則として借地権設定者の承諾がなければ、残存期間を超えて存続する建物を再築することができないが、借地権者が再築することにやむを得ない事情があるにもかかわらず、借地権設定者が承諾しないときは、一定の場合を除き、借地権者は**裁判所**に借地権設定者の承諾に代わる許可を申し立てることができる。

(2) 誤。借地権者が借地上の**建物を登記**しているときは、たとえ借地権の登記（地上権または土地の賃借権の登記）がなくても借地権を第三者に対抗することができる。　　　　　　　　　　　　　　211 210頁 条文1.②

(3) 誤。第三者が借地権者から建物を譲り受けた場合に、借地権設定者が賃借権の譲渡または転貸を承諾しないときは、第三者は借地権設定者に時価で建物の買取りを請求することができるが、**借地権の価額**は請求することができない。　　　　　　　　　　211 235頁⑵ よく出るポイント①

(4) 正。存続期間が20年だから、設定するのであれば、**事業用**定期借地権しかない（ちなみに、事業用定期借地権は公正証書によってしなければならない）。しかし、事業用定期借地権は、文字どおり、事業用（非居住用）の建物（事務所や店舗等）しか建てられないタイプだ。本肢のように居住用の建物の所有を目的とする場合は、設定することはできない。だから、本肢の契約は公正証書で締結してもダメだ。　　211 241頁 ① A B

（正　解）(4)

Point!

借地権の対抗要件（①～③のうち、どれか1つでよい）
- ① **借地権の登記**
- ② **借地上の建物の登記**（表示登記 ○、妻・長男名義 ×）（肢(2)）
- ③ 借地上に**建物があったことの掲示**

［問題 68 ］ 借地借家法（借地）

　Aは、建物の所有を目的としてBから土地を貸借し、建物を建築して所有しているが、その土地の借地権については登記をしていない。この場合において、借地借家法の規定及び判例によれば、次の記述のうち正しいものはどれか。

(1)　AとBの借地契約において借地権の存続期間を40年と定めた場合、その約定はなかったものとみなされ、借地権の存続期間は30年となる。

(2)　AB間で地代の減額について協議が調わない場合、Bは、減額を正当とする裁判が確定するまでは、Bが相当と認める額の地代の支払いを請求することができる。

(3)　Aは、Aと同姓でかつ同居している未成年の長男名義で保存登記をした建物を借地上に所有していれば、当該土地の所有者が替わっても、新所有者に対し借地権を対抗することができる。

(4)　建物が地震により滅失した場合において、Aが建物を新たに築造する旨を借地上の見やすい場所に掲示したときは、Aが、建物について登記していなかったときでも、建物が滅失してから2年を経過するまでの間は、Aは借地権を第三者に対抗することができる。

　今までどおりの額でOK。

(1) 誤。**30年以上**の期間を契約で定めることは、OKだ。だから、存続期間を40年と定めた場合、存続期間は40年となる。ちなみに、30年未満の期間を定めた場合は、それは無効で、自動的に30年に引き上げられる。　　　　　　　　　　　　　　　　　　　　　　　　　222 224頁 具体例

(2) 正。地代の減額について話し合いがまとまらない場合には、裁判で決着がつくまで、地主は、**相当と認める額の地代**（今までどおりの額という意味）の支払いを請求することができる。　　　　　　222 232頁 条文

(3) 誤。Aは、借地権の登記をしていなくても、**自己名義**（Aの名義）で登記をした建物を借地上に所有していれば、土地の新所有者に対し借地権を対抗することができる。長男名義ではダメなので、本肢は×だ。　　　　　　　　　　　　　　　　　　　　　　　　　222 211頁 注!

(4) 誤。借地権者が借地上に**登記した建物**を所有していたが、その建物が地震で全壊するなどして滅失しても、借地権者は建物があったことを、立札を立てるなどの方法で土地の見やすい場所に掲示すれば、依然として保持することができる。しかし、本肢の場合、Aの建物は「未登記」なので、Aは借地権を第三者に対抗することはできない。　　222 211頁 ③

（**正　解**）(2)

Point!

地代増減について話し合いがまとまらない場合には、

➡　裁判で決着がつくまで、借地権者（借主）は、「**相当と認める額の地代**」（今までどおりの額という意味）を支払えばよい（借地権設定者（貸主）は、「相当と認める額の地代」の支払いを請求できる）（肢(2)）。

［問題 69 ］ 借地借家法（借地）

　Aは、建物の所有を目的として、Bが所有する土地を期間30年の約定で賃借している。この場合、借地借家法の規定及び判例によれば、次の記述のうち誤っているものはどれか。

(1)　ＡＢ間の借地契約に増改築を禁止とする特約がある場合であっても、土地の通常の利用上相当とすべき増改築については、Aは、増改築を借地権設定者の承諾に代わる裁判所の許可を得て行うことができる。

(2)　AがBの承諾を得ないでCに賃借権を転貸した場合、その転貸借がBに対する背信的行為と認めるに足りない特段の事情があるときでも、Bは契約を解除することができる。

(3)　ＡＢ間に一定期間は地代を減額しないとする特約がある場合であっても、地代が近傍類地の土地の地代と比較して不相当になったときは、Aは将来に向かって地代の減額を請求することができる。

(4)　Aが賃借権をCに譲渡しようとする場合に、その譲渡によりBに不利となるおそれがないにもかかわらず、Bが承諾を与えないときは、Aは裁判所にBの承諾に代わる裁判所の許可を申し立てることができる。

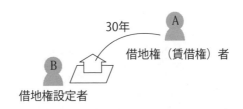

30年

A

借地権（賃借権）者

B

借地権設定者

Hint!

常に解除できるわけではない。

講義

(1)　正。増改築を禁止する特約があっても、その増改築が土地の通常の利用上相当とすべき増改築の場合、借地権者は裁判所に泣きついて、借地権設定者の**承諾に代わる許可**をもらって増改築を行うことができる。

❷239頁 条文

(2)　誤。背信的行為と認めるに足りない特段の事情があるとき（＝信頼関係が破壊されていないとき、という意味の判例表現だ）は、解除することができない。「**背信的行為**と認めるに足りない特段の事情があるとき」とは、要するに、まだ信頼関係が破壊されていないときなので、解除はできませんよ、ということだ。　　　　　　　❷215頁 解除の条件は？

(3)　正。「一定期間は地代を増額しない」という特約がある場合、この特約は借主にとって有利だから有効であり、そのため、貸主は増額請求をすることはできない。しかし、「一定期間は地代を減額しない」という特約がある場合でも、その特約は借主にとって**不利だから無効**となり、借主は、地代の減額を請求することができる。　　　　　❷222頁 上の②

(4)　正。借地権の譲渡を貸主である地主が承諾してくれないときは、裁判所に泣きついて貸主の**承諾に変わる許可**をもらうことができる。

❷235頁 (3)

（**正　解**）(2)

👓 **借主を守れ！**

借地借家法と異なる特約は、原則として、

- ① 借主に**有利**な特約　➡　**有効**
- ② 借主に**不利**な特約　➡　**無効**（肢(3)）

［問題 70 ］ 借地借家法（借家）

AがBの所有する建物を賃借している場合、民法及び借地借家法の規定によれば、次の記述のうち誤っているものはどれか。

(1) 当該賃貸借に契約期間を2年とする旨の定めがあり、AもBも相手方に対し、本件契約の期間満了前に何らの通知もしなかった場合、従前の契約と同一の条件で契約を更新したものとみなされるが、その期間は定めがないものとなる。

(2) Bが当該建物を第三者Cに譲渡し、所有権の登記がされた場合でも、Aは、建物の引渡しを既に受けていれば、Cに対して賃借権を対抗することができる。

(3) 借賃の増額に関してAB間の調整がつかないときは、Aは、増額を正当とする裁判が確定するまでは、Bに対して相当と認める借賃を支払えばよいが、その裁判が確定し、不足額が生じた場合には、不足額に年1割の割合による支払期後の利息を付けて支払わなければならない。

(4) Aが建物を第三者Dに転貸することについてBが承諾を与えないときには、Aは、Bの承諾に代わる許可の裁判を裁判所に対して申し立てることができる。

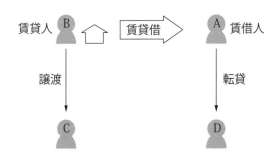

こういう規定は、借地にはあるが、借家にはない。

講 義

(1) 正。期間の定めがある建物賃貸借の場合、当事者が期間の満了の1年前から6カ月前までの間に相手方に対して何らの通知もしなかった場合は、従前の契約と同一の条件で契約を更新したものとみなされる（例えば、賃料などは同じとみなされる）。ただし、更新後の賃貸借は、**期間の定めのない賃貸借**となる。　　　　　　　　　　　　　　　　　📖 243頁(1)

(2) 正。建物賃借権の対抗要件は2つある。①賃借権の登記と、②建物の**引渡し**だ。だから、Aは引渡しを受けていれば、Cに対抗できる。

📖 212頁 それは次の2つ

(3) 正。借賃の増減について話し合いがまとまらない場合には、裁判で決着がつくまで賃借人は相当と認める額の借賃を支払えばよいことになっている。これは、今までどおりの額という意味だ。しかし、後日、裁判で増額または減額が認められた場合には、今までの額との差額に、**年1割の利息**を付けて精算しなければならないことになっている。

📖 245頁 条文

(4) 誤。借地人が、土地賃借権を第三者に譲渡・転貸しようとする場合に、賃貸人が承諾を与えてくれないときには、裁判所に泣きついて、賃貸人の承諾に代わる許可をもらうことができる。しかし、借家人の場合には、**このような制度はない**ので、裁判所に泣きつくことはできない。これが借地と借家の違いだ。　　　　　　　　　　　　　　📖 248頁 上の条文

（正 解）(4)

👤 借地と借家の違い

賃借人が、賃借権を第三者に**譲渡・転貸**しようと思ったが、賃貸人が承諾を与えてくれない。さあ、この場合、賃借人としては、裁判所に泣きついて、賃貸人の**承諾に代わる許可**をもらうことはできるだろうか？

（答） 借地の場合 ➡ **できる**　　借家の場合 ➡ **できない**

［問題 **71**］ 借地借家法（借家）

借地借家法第38条の定期建物賃貸借（以下この問において「定期建物賃貸借」という。）に関する次の記述のうち、借地借家法の規定及び判例によれば、正しいものはどれか。

(1) 定期建物賃貸借契約は、公正証書によってしなければならない。

(2) 居住の用に供する建物に係る定期建物賃貸借契約においては、転勤、療養その他のやむを得ない事情により、賃借人が建物を自己の生活の本拠として使用することが困難となった場合は、床面積の規模が240㎡であるときでも、賃借人は同契約の有効な解約の申入れをすることができる。

(3) 定期建物賃貸借契約を締結しようとする場合は、賃貸人は、賃借人に対し、契約の更新がなく、期間の満了により賃貸借は終了することについて、あらかじめ、その旨を記載した書面を交付して説明しなければならないが、この書面は、契約書とは別個独立の書面であることを要する。

(4) 一定期間家賃を減額しない旨の特約がある場合でも、その期間内に、建物の価格の低下その他の経済事情の変動により家賃が不相当に高額となったときは、賃借人は、賃貸人に対し将来に向かって家賃の減額を請求することができる。

 別の書面が必要だ。

講義

(1)　誤。定期建物賃貸借は、公正証書等の**書面**または電磁的記録で契約しなければならない。公正証書以外の書面でも OK なので、本肢は×だ。

253頁①

(2)　誤。居住用で、床面積が**200㎡未満**なら、転勤等のやむを得ない事情により、賃借人が建物を自己の生活の本拠として使用することが困難となったときは、賃借人は、解約の申入れをすることができる。本肢の建物は 240㎡だから、この解約の申入れをすることはできない。

254頁(3)

(3)　正。賃貸人は、あらかじめ、賃借人に対し、契約の更新がなく、期間の満了により賃貸借は終了することについて、その旨を記載した書面を交付して説明しなければならない。そして、この書面は契約書とは別の書面（**別個独立の書面**）であることが必要だ。なお、賃借人の承諾があれば、書面の交付に代えて、その書面に記載すべき事項を電磁的方法（電子メール等）によって提供してもよい。

254頁(2)

(4)　誤。「借主は減額請求できない」との特約は、借主に不利だが、定期建物賃貸借の場合は、**有効**だ。だから、減額を請求することはできない。

254頁(4)

（正　解）(3)

Point!

　賃貸人は、あらかじめ、賃借人に対し、契約の更新がなく、期間の満了により賃貸借は終了することについて、その旨を記載した書面を交付して説明しなければならない。

注意1 　この書面は、契約書とは別の書面（**別個独立の書面**）であることが必要だ（肢(3)）。

注意2 　書面の交付に代えて、賃借人の承諾を得て、その書面に記載すべき事項を電磁的方法（電子メール等）によって提供してもよい。

重要度

［問題 72］ 借地借家法（借家）

　AがBから賃借している建物をCに転貸した場合に関する次の記述のうち、民法及び借地借家法の規定並びに判例によれば、正しいものはどれか。

⑴　AB間の賃貸借が合意解除によって終了した場合、その解除の当時、BがAの債務不履行による解除権を有していたときであっても、Bは、合意解除の効力を、Bの承諾を得て転借しているCに対して対抗することができない。

⑵　AB間の賃貸借がBの解約申入れによって終了した場合において、Bの承諾を得て転借しているCが建物の使用を継続し、Bが遅滞なく異議を述べなかったとしても、AB間の賃貸借が更新されることはない。

⑶　AB間の賃貸借の期間が満了する場合においては、Bは、Bの承諾を得て転借しているCに対して、直ちにその終了を対抗することができる。

⑷　AC間の転貸借がBの承諾を得ていない場合でも、その転貸借がBに対する背信的行為と認めるに足りない特段の事情があるときは、Bの解除権は発生しない。

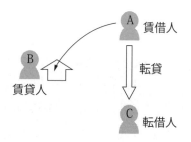

　無断転貸があっても常に解除できるわけではない。

講 義

(1) 誤。合意解除の当時、ＢがＡの**債務不履行**による解除権を有していた
ときは、賃貸借の終了をＣに対抗できる（Ａが債務不履行をした。だから、
ＢはＡの債務不履行を理由に解除できる。しかし、その債務不履行を理
由に解除しないで、合意解除した場合、Ｃに対抗できるということ）。

 247頁 注！

(2) 誤。建物賃貸借が解約申入れ（かいやくもうしいれ）によって終了しても、賃借人が建物の使
用を継続すると、賃貸借は自動的に更新する（いすわり更新）。そして、
承諾転貸が成立していた場合には、転借人（てんしゃくにん）**Ｃの使用継続**が、賃借人Ａの
使用継続とみなされて、ＡＢ間の賃貸借にいすわり更新が成立する。

246頁 条文(2)

(3) 誤。ＡＢ間の賃貸借が期間の満了により終了するとしても、それを**Ｃ
に通知**しなければ、ＡＢ間の賃貸借の終了をＣに対抗できない。

246頁 条文(2)

(4) 正。「**背信的行為**と認めるに足りない特段の事情があるとき」（信頼関
係が破壊されていないとき）は、解除できない。　　215頁 解除の条件は？

（**正　解**）(4)

Point!

賃貸人がＢ、賃借人がＡ、転借人がＣとする（問題の事例と同じ）
ＡＢ間の合意解除による賃貸借の終了をＣに対抗できるか？
➡　原則として、**できない**。
注意！　ただし、例外として、合意解除の当時、ＢがＡの**債務不履行**によ
る解除権を有していたときは、Ｃに対抗できる（肢(1)）

[問題 73] 借地借家法（借家）

AがBにその所有する建物を月10万円で賃貸した場合に関する次の記述のうち、民法及び借地借家法の規定によれば、正しいものはどれか。

(1) Bが当該建物を選挙事務所設置のために一時的に使用することをAとの間で約定した場合、Bが賃借権の登記を得ていなければ、たとえ建物の引渡しを受けていたとしても、Aが当該建物を第三者Cに譲渡するとBはCに対して当該建物の賃借権を対抗することができない。

(2) AB間で当該建物の賃貸借の存続期間を6ヵ月とする旨約定した場合には、当該賃貸借契約は原則として無効となる。

(3) BがAの承諾を得て、Dに当該建物を月15万円で転貸した場合、AはDに対して賃料として、15万円の支払いを請求できる。

(4) BがAの承諾を得て、Eに当該建物を転貸した場合、Eは、Aの同意を得てその建物に造作を付加したときでも、賃貸借終了時に時価でその造作を買い取るべきことをAに請求することはできない。

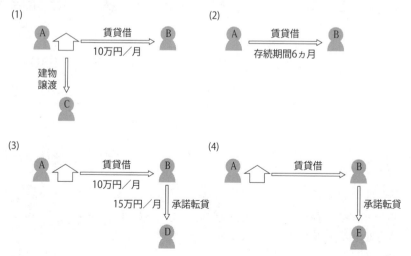

借地借家法が適用されないケースは？

講義

(1) 正。一時使用の建物の賃貸借には借地借家法の規定は適用されない。だから、Bは、たとえ、建物の引渡しを受けていたとしても、賃借権の登記がない場合には、自己の賃借権を第三者に対抗することができない。
222 頁 下の条文 ①

(2) 誤。建物賃貸借の存続期間は、1 年未満の期間を定めると、**期間の定めがないものとみなされる**。だから、無効になるわけではない。
243 頁 (2)

(3) 誤。賃貸人の承諾を得て適法に転貸が行われた場合、賃貸人は転借人にも直接賃料を請求できる。しかし、この場合に請求できる限度は、**ABB間で約定した 10 万円が限度だ**。
216 頁 (2)

(4) 誤。賃貸人の同意を得て建物に付加した造作を、建物賃借人は、賃貸借終了時に、賃貸人に時価で買い取らせることができる。このことは、**転借人もできることになっている**。だから、買取請求ができないとする本肢は、誤りだ。
251 頁 (5)

（正 解）(1)

Point!

借家の場合は、一時使用の目的で借りたことが明らかなケースのときは、借地借家法は適用されない。

➡ 借家権の対抗要件は賃借権の登記だけ。

だから、賃借建物の引渡しを受けても、建物賃借権の対抗要件にならない（肢(1)）。

[問題 74] 借地借家法（借家）

　賃貸人と賃借人との間で、甲建物につき、借地借家法第38条に定める定期借家契約（以下「ケース①」という。）を締結する場合と、定期借家契約ではない借家契約（以下「ケース②」という。）を締結する場合に関する次の記述のうち、借地借家法の規定によれば、誤っているものはどれか。なお、借地借家法第40条に定める一時使用目的の賃貸借契約は考慮しないものとする。

(1)　ケース①は、期間を1年未満としても、期間の定めがない建物の賃貸借とはみなされないが、ケース②は、期間を1年未満とすると、期間の定めがない建物の賃貸借とみなされる。

(2)　ケース①は、公正証書等の書面で契約をしなければならないが、ケース②は、書面で契約する必要はない。

(3)　ケース①でもケース②でも、賃借人は造作買取請求権を行使できない旨の特約は有効である。

(4)　ケース①でもケース②でも、甲建物の借賃が近傍同種の建物の借賃に比較して不相当となっても、賃借人は、将来に向かって借賃の減額を請求することができない旨の特約は無効である。

 借主に不利でも有効となる場合あり。

講　義

(1)　正。定期借家契約の場合、１年未満の期間を定めたら、その期間を存続期間とする賃貸借となる（例えば、存続期間を６カ月と定めたら、６カ月の賃貸借となる）（ケース①は○）。普通借家契約の場合、１年未満の期間を定めたら、**期間の定めがない賃貸借とみなされる**（ケース②も○）。

　　　　　　　　　　　　　　　　　　　　　　❷ 243 頁 (2)、例2、254 頁 (1)

(2)　正。定期借家契約は、公正証書等の**書面**または電磁的記録で契約しなければならない（契約が電磁的記録によってされたときは、その契約は書面によってされたものとみなされる）（ケース①は○）。普通借家契約は、書面で契約する必要はない（口頭で OK）（ケース②も○）。

　　　　　　　　　　　　　　　　　　　　　　　　　　　　　❷ 253 頁 表

(3)　正。「借主は造作を買い取らせることができない」という特約は、借主に不利だが、定期借家契約でも普通借家契約でも**有効**だ。

　　　　　　　　　　　　　　　　　　　　　　　　　　❷ 250 頁 下の (2)

(4)　誤。「借主は減額請求できない」という特約は、借主に不利だが、**定期借家契約では有効**だ。ちなみに、普通借家契約では無効だ。

　　　　　　　　　　　　　　　　　　　　❷ 222 頁 上の ②、254 頁 (4)

　　　　　　　　　　　　　　　　　　　　　　　　（**正　解**）(4)

Point!

１年未満の存続期間を定めた場合（肢(1)）

① 定期借家契約 ➡　その期間を存続期間とする賃貸借となる。

② 一般借家契約 ➡　期間の**定めがない**ものとみなされる。

[問題 75] 弁　済

　AはBに対し金銭債務を負っている。この場合、民法の規定によれば、次の記述のうち正しいものはどれか。

(1)　Aは、金銭の代わりとして、ダイヤの指輪で債務の弁済を行おうとした。Bとの間で、金銭に代えてダイヤの給付をすることにより債務を消滅させる旨の特約をしていない場合でも、ダイヤの給付は弁済と同一の効力を有する。

(2)　弁済をするについて正当な利益を有する第三者Cは、Aの意思に反する場合であっても、弁済をすることができる。

(3)　この債務が利息を生ずべきものであるときに、Aの弁済額が元本と利息の合計に不足する場合は、まず元本にこれを充当する。

(4)　弁済の場所はAの現在の住所である。

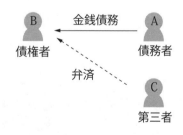

 道理にかなっているなら……。

講義

(1) 誤。債務者Aと債権者Bで「金銭の代わりにダイヤでOK」との**契約**をすれば、ダイヤで弁済することができる（**代物弁済**という）。しかし、債権者の意思を無視して、一方的にダイヤを押し付けることはできない。

256頁 Q7

(2) 正。正当な利益を**有する**第三者Cは、債務者Aの意思に**反しても**弁済できる。

255頁 Q2

(3) 誤。弁済額が、元利合計（げんりごうけい）に足りない場合には、まず利息に優先的に充当し、残額を元本に充当することになっている。

256頁 Q6

(4) 誤。金銭債務の場合、弁済の場所は、**債権者**（Aではなく B ）の今現在の住所だ。

255頁 Q4

（**正 解**）(2)

Point!

正当な利益を**有する**第三者は
➡ 債権者・債務者の意思に**反しても**弁済できる（肢(2)）。

［問題 76］弁　　済

　Aは、土地所有者Bから甲土地を賃借し、甲土地上に乙建物を所有して、乙建物をCに賃貸している。AのBに対する甲土地の借賃債務（以下「本件借賃債務」という。）に関する次の記述のうち、民法の規定及び判例によれば、誤っているものはどれか。

⑴　Bがあらかじめ本件借賃債務の受領を拒んでいる場合でも、Aは弁済の提供を、債務の本旨に従って現実にしなければならない。

⑵　本件借賃債務の弁済の費用について別段の意思表示がない場合は、その費用は、Aの負担となるが、Bが住所の移転その他の行為によって弁済の費用を増加させたときは、その増加額は、Bの負担となる。

⑶　Cは、本件借賃債務に関して、弁済をするについて正当な利益を有する第三者なので、Aの意思に反しても弁済をすることができる。

⑷　Aが、Bの代理人と称するDに対して本件借賃債務を弁済した場合、Dに受領権限がないことにつきAが善意かつ無過失であれば、Aの弁済は有効となる。

受け取ってくれなかったら、ムダ足になる。

(1)　誤。現金を差し出しても（現実の提供をしても）、受け取ってくれなかったらムダ足になる。だから、債権者があらかじめ受領を拒んでいる場合は、現実の提供は不要だ。**口頭の提供**で足りる。

(2)　正。弁済の費用を負担するのは、**債務者**だ。ただし、債権者が住所の移転等によって弁済の費用を増加させたときは、その増加額については、**債権者**の負担となる（例えば、「債務者Aは債権者Bの自宅に払いに行く」という契約をしたとする。その後、Bが遠方に引っ越して、交通費が余計にかかったときは、その余計にかかった交通費については、Bの負担になるということ）。

(3)　正。Cは、弁済をするについて正当な利益を**有する**第三者だ。だから、債務者Aの意思に反しても弁済できる。　　　　　　　　255頁Q2

(4)　正。受領権者（債権者等のこと）以外の第三者に間違って弁済してしまった場合、その第三者が①いかにも本当の受領権者のような顔をしていて、かつ、②債務者がその者を本当の受領権者と信じ込んで（**善意無過失**で）弁済したときは、弁済は有効になる。Dはいかにも本当の受領権者のような顔をしているし、Aは善意無過失なので、Aの弁済は有効になる。　　　　　　　　255頁Q3

正　解(1)

Point!

弁済の費用
1　**債務者**の負担となる。
2　ただし、債権者が住所の移転等によって弁済の費用を増加させたときは、その増加額については、**債権者**の負担となる（肢(2)）。

［問題 77 ］ 相　　殺

　AのBに対する債権（以下この問において「甲債権」という。）と、BのAに対する債権（以下この問において「乙債権」という。）との相殺に関する次の記述のうち、民法の規定及び判例によれば、正しいものはどれか。

(1)　甲債権の弁済期が到来していれば、乙債権の弁済期が到来していなくても、Bは、相殺をすることができる。

(2)　甲債権が、AがBの自動車事故によって重傷を負い、Bに対して発生した不法行為に基づく損害賠償債権である場合には、Aは、相殺することができる。

(3)　甲債権が差押禁止債権である場合でも、Bは、相殺を以て、Aに対抗することができる。

(4)　甲債権が、乙債権と相殺できる状態であったにもかかわらず、Aが相殺することなく放置していたために甲債権が時効により消滅した場合には、Aは、相殺することはできない。

Hint!　無理は通せない！

講義

(1) 誤。自働債権（相殺する側の債権）の返済期限が来れば、受働債権（相殺される側の債権）の返済期限が来ていなくても、相殺できる。Bの自働債権である乙債権の返済期限は、まだ来ていないから、Bは、相殺できない。　　　　　　　　　　　　　　　　　　　　　257頁Q3

(2) 正。一定の場合は、不法行為を働いた加害者のBからは、相殺できない。しかし、**被害者のAからは、相殺できる**。　　　　　　　　258頁Q7

(3) 誤。受働債権が**差押禁止債権**のときは、相殺できない。債権者の生活を保護するため差押えを禁じた債権（恩給請求権等）は、相殺によって消滅させられることも防ぎ、債権者の生活保護を徹底したのだ。

(4) 誤。**時効によって消滅した債権でも相殺できる**。Aは自分の甲債権が時効消滅する前には相殺適状にあったのに、時効完成後は自分の債務だけ弁済するしかないとしては、あまりにも気の毒だ。だから、Aは、相殺できるということ。　　　　　　　　　　　　　　　　258頁Q6

（**正　解**）(2)

Point!

不法行為によって生じた債権で相殺できるか？

1 　加害者から　➡　一定の場合は× 注意!

2 　被害者から　➡　○（肢(2)）

注意!　　一定の場合とは、①**悪意**による不法行為に基づく損害賠償債権、② **生命・身体**を侵害されたことによる損害賠償債権の場合だ。

① ②の場合は、加害者からの相殺は×だ。

［問題 78 ］委　　任

　Aが、A所有の土地の売却をBに対して委任する場合に関する次の記述の
うち、民法の規定によれば、正しいものはどれか。

⑴　Bは、Aとの間で委任事務に関する費用についての特約がない場合は、
　Aに対して委任事務に関する費用を請求することができない。

⑵　Bは、Aに過失がなくてもいつでも委任契約を解除することができる。

⑶　Bは、報酬を受け取らない場合は、自己の財産におけるのと同一の注意
　をもって委任事務を処理すればよい。

⑷　Bは、約定した報酬の支払いがあるまでは、委任事務を処理するにあた
　り受け取った物の引渡しを拒否することができる。

　債務不履行がなくても解除できる！

講義

(1) 誤。特約がなくても、**費用は請求できる**。特約がなければ請求できないのは報酬だ。ヒッカからないように気をつけよう！

259頁 Q 2、Q 5

(2) 正。委任契約は、委任者からでも受任者からでも、**いつでも解除できる**。委任は他の契約と違って、債務不履行がなくても自由に解除することができるのだ。

260頁 Q 6

(3) 誤。受任者であるBは、報酬を受け取る場合（有償委任）だけではなく、タダ働き（無償委任）の場合でも、「**善良な管理者の注意義務**」（細心の注意を払えという意味）を負う。「自己の財産におけるのと同一の注意」ではダメだ。

259頁 Q 3

(4) 誤。報酬の支払いは、**後払い**が原則だ。委任事務が終わって始めて「報酬を払って下さい」と請求できるのだ。だから、「報酬の支払いがあるまでは、委任事務を処理するにあたり受け取った物は引き渡しませんよ」とは言えない。

259頁 Q 2

正 解 (2)

委任のポイント

① 委任は、**タダ働きが原則**（無償契約）。
② 受任者は、**善良な管理者の注意義務**を負う（細心の注意を払えという意味）（肢(3)）。
③ 委任契約は、**いつでも解除できる**（肢(2)）。

注意 ただし、相手方に不利な時期に解除した場合は、やむを得ない事由があったときを除き、損害を賠償しなければならない。

［問題 79］ 使用貸借

　ＡＢ間で、Ａを貸主、Ｂを借主として、Ａ所有の甲建物につき、使用貸借契約を締結した場合に関する次の記述のうち、民法の規定によれば、誤っているものはどれか。

(1)　ＡＢ間の契約は、諾成契約である。

(2)　Ｂが死亡した場合、Ｂに相続人がいても、使用貸借契約は終了する。

(3)　ＢがＡに無断で甲建物を転貸しても、Ａに対する背信的行為と認めるに足らない特段の事情があるときは、Ａは使用貸借契約を解除できない。

(4)　Ｂが甲建物につき通常の必要費を支出した場合でも、ＢはＡに対し、それを償還するよう請求することはできない。

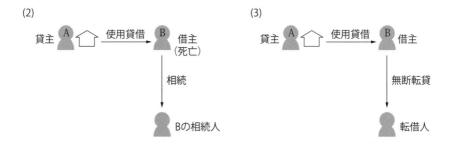

(2)
貸主 Ａ　使用貸借　Ｂ 借主（死亡）
相続
Ｂの相続人

(3)
貸主 Ａ　使用貸借　Ｂ 借主
無断転貸
転借人

Hint!　タダだから、借主の立場は弱い。

講義

(1) 正。意思表示だけで成立する契約のことを**諾成契約**という。使用貸借契約は諾成契約なので、本肢は○だ。ちなみに、契約が成立するには、意思表示だけではダメで、目的物の引渡しが必要となる契約のことを要物契約という。 88頁(3)[注!]

(2) 正。使用貸借は、借主が死んだら当然に**終了する**。使用貸借とは、タダで物の貸し借りをする契約のことだ。タダだから、借主が死んだら終わり、ということ。 268頁Q1

(3) 誤。無断転貸があっても「背信的行為と認めるに足らない特段の事情があるとき(信頼関係が破壊されていないとき)」は解除できないのは、**賃貸借**の場合だ。ＡＢ間の契約は**使用貸借**だから、契約を解除できる。 215頁 解除の条件は?

(4) 正。使用貸借の借主は、**通常の必要費**(固定資産税や現状維持に必要な修繕費等)を負担しなければならない。タダで借りているのだから、通常の必要費ぐらい負担しなさい、ということ。 268頁Q2

(正 解)(3)

Point!

借主が死んだら終了するか?
① 賃貸借 ➡ 終了しない(相続人が賃借権を相続する)。
② **使用貸借** ➡ **終了する**(肢(2))。

［問題 80 ］不法行為

　Aに雇用されているBが、勤務中にA所有の乗用車を運転し、営業活動のため得意先に向かっている途中で交通事故を起こし、歩いていたCの身体に危害を加えた場合における次の記述のうち、民法の規定及び判例によれば、誤っているものはどれか。

(1)　不法行為による損害賠償請求権は、C又はCの法定代理人が損害及び加害者を知った時から３年間行使しない場合は、時効によって消滅する。

(2)　BのCに対する損害賠償義務が消滅時効にかかった場合でも、そのことによってAのCに対する損害賠償義務が消滅するものではない。

(3)　AがBの不法行為に関して、使用者責任に基づきCに対し損害賠償を支払った場合は、Aは、その公平な分担という見地から、信義則上相当と認められる限度においてBに対して求償することができる。

(4)　Aに使用者としての損害賠償責任が発生する場合、AがCに対して売買代金債権を有していれば、Cは不法行為に基づく損害賠償債権で売買代金債務を相殺することができる。

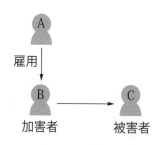

 人の生命・身体は大事。

講　義

(1)　誤。本問は、人の身体を害する不法行為だ。人の生命または**身体**を害する不法行為による損害賠償請求権は、被害者またはその法定代理人が損害と加害者を知った時から**5年間**行使しないと時効によって消滅する。3年間ではないので、本肢は×だ。　　　　　　　　　　🔍265頁Q7

(2)　正。AとBは、Cに対して**連帯債務**を負う（AとBは連帯債務者だ）。時効の効力は、他の連帯債務者には**及ばない**。だから、Bの債務が時効によって消滅しても、Aの債務は消滅しない。　🔍192頁④、265頁Q5

(3)　正。サラリーマン（被用者）が仕事の上で不法行為をして、被害者に損害を与えた場合において、会社（使用者）が損害賠償を払ったときは、会社は、サラリーマンに**信義則上相当**と認められる限度まで、求償できる。
　　　　　　　　　　　　　　　　　　　　　　　　　🔍265頁Q6

(4)　正。不法行為を働いたけしからん加害者が、自分の財布から賠償金を出さずに相殺でチャラにするのは横着すぎる。そんなことは許されない。だから、一定の場合は、加害者からは相殺できない。しかし、**被害者**からは相殺できる。　　　　　　　　　　　　　　　🔍258頁Q7

　　　　　　　　　　　　　　　　　　　　　　　　（正　解）(1)

Point!

加害者から相殺できるか？
不法行為を働いたけしからん加害者が、自分の財布から賠償金を出さずに相殺でチャラにするのは横着すぎる！　そんなことは許されない。だから、一定の場合は、**加害者からは相殺できない**。

注意1　一定の場合とは、被害者の有する債権が、1 **悪意**による不法行為に基づく場合と2 **生命・身体**を侵害されたことによる場合だ。

注意2　**被害者**からは相殺できる（肢(4)）。

[問題 81] 不法行為

　AがBに賃貸している建物は、以前にAがCに請け負わせて建築させたものであるが、その建物の屋根に瑕疵があり、それが崩れ落ちてDが怪我を負ってしまった。この場合の不法行為による損害賠償責任に関する次の記述のうち、民法の規定及び判例によれば、誤っているものはどれか。

(1)　Bが損害の発生を防止するのに必要な注意をしていた場合は、DはBに対して損害賠償を請求することはできない。

(2)　A及びBが損害の発生を防止するのに必要な注意をしていた場合でも、DはAに対して損害賠償を請求することができる。

(3)　Cが建築する際において、Aが建築についてCに対して過失ある注文や指図などはせず、かつAが損害の発生を防止するのに必要な注意をしていた場合は、DはAに対して損害賠償を請求することはできない。

(4)　屋根の瑕疵がCの建築工事の過失が原因である場合は、DはCに対して損害賠償を請求することができる。

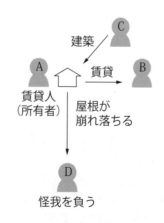

　所有者の責任は重い！

(1)　正。建物を占有している**借主**のBが、損害の発生を防止するのに必要な注意をしていた場合は、DはBに対して損害賠償を**請求することはできない**。

(2)　正。肢(1)の解説にあるとおり、建物を占有している借主のBが、損害の発生を防止するのに必要な注意をしていた場合は、DはBに対して損害賠償を請求することはできない。そして、この場合は、損害賠償の責任は建物の**所有者**であるAが負うことになり、DはAに対して損害賠償を請求することができるのだ。Aは損害の発生を防止するのに必要な注意をしていた場合でも、損害賠償の責任を負わなければならない。所有者の責任は**無過失責任**（過失がなくとも負わされる責任）だ。

(3)　誤。肢(2)の解説にあるとおり、Aが損害の発生を防止するのに必要な**注意をしていた場合**でも、Aは損害賠償の**責任を負う**ことになるので、本肢は誤りだ。所有者の責任は重いのだ。

(4)　正。建築工事の**過失**が原因である以上、建築をしたCは責任を負わなければならないのは当たり前の話だ。トーゼン、DはCに対して損害賠償を**請求することができる**。　　　　　　　　　以上全体につき、📖264頁 ⑥

（**正 解**）(3)

👦 **所有者の責任は重いよ！**

①　**所有者A**　➡　**無過失責任**（過失がなくとも負わされる責任）（肢(2)、(3)）

②　**賃借人B**　➡　**過失責任**（肢(1)、(2)）

［問題 82 ］ 不法行為

不法行為に関する次の記述のうち、民法の規定及び判例によれば、誤っているものはどれか。

⑴ 不法行為による慰謝料請求権は、被害者が生前に請求の意思を表明しなかった場合は、相続の対象とならない。

⑵ 不法占拠により日々発生する損害については、被害者が日々発生する損害を知った時から別個に消滅時効が進行する。

⑶ 共同不法行為者の 1 人に対する履行の請求は、他の共同不法行為者に対しては、その効力を生じない。

⑷ 不法行為に基づく損害賠償債務は、なんらの催告を要することなく、損害の発生と同時に遅滞に陥る。

 相続人が請求できる。

講義

(1) 誤。不法行為によって、精神的な損害を受けた場合、被害者は慰謝料を請求できる。この慰謝料請求権は、被害者が生前に請求の意思を表明しなかった場合でも、**相続の対象**となる（被害者が慰謝料を請求する前に死亡したら、被害者の相続人が慰謝料を請求できるということ）。

🔀 265頁 Q 9

(2) 正。例えば、Aが4月1日から土地の不法占拠を始めたら、4月1日に損害が発生する。そして、Aが4月2日も不法占拠を続けたら、4月2日にも損害が発生する。これが、不法占拠により日々発生する損害だ。この不法占拠により日々発生する損害は、被害者が日々発生する損害を知った時から**別個**に消滅時効が**進行する**。

(3) 正。例えば、AとBの2人でCのことを殴って怪我をさせたとする（AとBは共同不法行為者）。この場合、AとBは連帯して損害賠償責任を負うことになるが、被害者のCがAに対して請求しても、**請求の効力**はBに**及ばない**（Aに請求しても、Bに請求したことにはならない）ということ。

🔀 191頁 ①、265頁 Q 8

(4) 正。不法行為による損害賠償債務は、損害の発生した瞬間から、履行遅滞になる。けしからんことをした加害者の責任は重くすべきだから、被害者の**催告がなくても**履行遅滞になるのだ。

🔀 264頁 Q 2

（**正　解**）(1)

Point!

AとBが共同して、不法行為をしてCに損害を与えたら、

➡ AとBは**連帯債務**を負うことになる。この場合、Cが共同不法行為者のうちの1人であるAに請求しても、請求の効力は他の共同不法行為者であるBには及ばない（肢(3)）。

[問題 83] 相隣関係

　土地の相隣関係に関する次の記述のうち、民法の規定及び判例によれば、誤っているものはどれか。

(1)　他の土地に囲まれて公道に通じない土地の所有者は、袋地の所有権の登記を得ていなくても、当該土地を囲んでいる土地の所有者に対して、公道に至るための他の土地の通行権を主張することができる。

(2)　土地の分割によって公道に通じない土地が生じたときは、その土地の所有者は、公道に至るため、他の分割者の所有地のみを通行することができるが、この場合、土地の分割によって公道に通じない土地の所有者は、償金を支払うことを要する。

(3)　土地の所有者は、隣地の竹木の枝が境界線を越える場合、その竹木の所有者にその枝を切除させることができるが、その枝を切除するよう催告したにもかかわらず相当の期間内に切除しなかったときは、自ら、その枝を切り取ることができる。

(4)　土地の所有者は、隣地の竹木の根が境界線を越えるときは、自ら、その根を切断することができる。

償金とは通行料のことだ。

講　義

(1)　正。他の土地に囲まれて公道に通じない土地（袋地）の所有者は、その土地の所有権の**登記をしていなくても**、公道に至るための他の土地の通行権を主張する**ことができる**（登記をしていなくても、公道に至るために他の土地を通行することができる、ということ）。

(2)　誤。**分割**によって公道に通じない土地が生じたときは、**償金を支払う必要はない**（タダで通行できる）。

(3)　正。土地の所有者は、その竹木の所有者に、その枝を切除させることはできるが、自ら切り取ることはできない。ただし、竹木の所有者に枝を切除するよう**催告**したにもかかわらず、竹木の所有者が相当の期間内に切除しないときは、その枝を自ら切り取ることができる。

(4)　正。土地の所有者は、隣地の竹木の**根**が境界線を越えるときは、自分で切断する**ことができる**。

正　解 (2)

Point!

① 隣地の竹木の**枝**が境界線を越える場合

原則　土地の所有者は、その竹木の所有者に、その枝を切除させることができる（つまり、土地の所有者は自ら切り取ることは**できない**）。

例外　次の①～③のときは、土地の所有者は、その枝を自ら切り取ることができる。

①　竹木の所有者に枝を切除するよう**催告**したにもかかわらず、竹木の所有者が相当の期間内に切除しないとき（肢(3)）。

②　竹木の**所有者**又はその**所在**を知ることができないとき。

③　急迫の事情があるとき。

注意　このとき、土地の所有者は、枝を切り取るため必要な範囲内で、**隣地**を使用することができる。

② 隣地の竹木の**根**が境界線を越える場合

土地の所有者は、その根を自ら切り取ることが**できる**（肢(4)）。

［問題 84 ］ 債権者代位権

債権者代位権に関する次の記述のうち、民法の規定及び判例によれば、正しいものはどれか。

(1) 債権者は、債務者に属する権利（以下この問いにおいて「被代位権利」という。）を行使する場合において、被代位権利の目的が可分であるときは、自己の債権の額の限度においてのみ、被代位権利を行使することができる。

(2) 債務者がすでに自ら権利を行使している場合であっても、その行使の方法が不適切であったため、債権の保全が図られないときは、債権者は、被代位権利を行使することができる。

(3) 債権者は、その債権の期限が到来しない間は、時効の更新などの保存行為についても、被代位権利を行使することができない。

(4) 抵当権者は、抵当不動産の所有者に対し当該不動産を適切に維持又は保存することを求める請求権を保全するため、その所有者の妨害排除請求権を代位行使することはできるが、当該不動産の不法占有者に対しその不動産を直接自己に明け渡すよう請求することはできない。

自分の債権の額が限度。

講 義

(1) 正。債権者は、債務者に属する権利の目的が可分であるときは、自己の**債権額を限度**として、債権者代位権を行使できる。例えば、AがBに対し「100万円払え」という債権を持っているとする。そして、BがCに対し「200万円払え」という債権を持っているとする。この場合、Aは自分の債権額である100万円を限度として、債権者代位権を行使できる（Aは債権者代位権を行使して、Cに対し「100万円払え」とは言えるが、「200万円払え」とは言えない）。　　　　　　　　　　　　　　　266頁 Q 1

(2) 誤。債務者が**権利を行使**したら、債権者は債権者代位権を行使できない（債務者が権利を行使したら、話はそれで終わりということ）。本肢のように、債権の行使の方法がダメであったため、債権の保全が図られないときであっても、債権者は債権者代位権を行使できない。　　266頁 Q 1

(3) 誤。原則として、債権者は、自分の債権の弁済期が到来していなければ、債権者代位権を行使できない。ただし、例外として、**保存行為**については、弁済期が到来していなくてもできる。たとえば、AがBに対し「○○万円払え」という甲債権を持っているとする。そして、BがCに対し「××万円払え」という乙債権を持っているとする。この場合において、乙債権の消滅時効が完成しそうなのに、Bが何の手も打たない場合は、Aは、自分の債権である甲債権の弁済期が到来していなくても、乙債権の時効の更新手続き（時効の更新手続きは保存行為だ）をとることができる。

266頁 Q 2 ②

(4) 誤。抵当権者は、一定の要件を満たせば、所有者の妨害排除請求権を代位行使して、不法占有者に対し不動産を**直接自己**に明け渡すよう請求できる。　　　　　　　　　　　　　　　　　　　　　267頁 Q 4

 （正　解）(1)

Point!

債務者がすでに自ら**権利を行使**している場合
➡ 行使の方法・結果の良い悪いにかかわらず、債権者は債権者代位権を行使**できない**（肢(2)）。

［問題 85 ］ 事務管理

Aは、隣人Bの留守中に、Bからの依頼なくB宅の壊れていた屋根を修理した。この場合における次の記述のうち、民法の規定によれば、誤っているものはどれか。

(1) Aは、Bに対して、特段の事情がない限り、B宅の屋根を修理したことについて報酬を請求することができない。

(2) Aは、B宅に対する急迫の危害を免れさせるために、壊れていた屋根を修理した場合は、重大な過失があるときでも、これによって生じた損害を賠償する責任を負わない。

(3) Aは、本件事務管理が終了した後は、遅滞なくその経過及び結果をBに報告しなければならない。

(4) Aは、B又はその相続人若しくは法定代理人が管理をすることができるに至るまで、本件事務管理を継続しなければならない。ただし、本件事務管理の継続がBの意思に反し、又はBに不利であることが明らかであるときは、この限りでない。

 軽過失なら、セーフだが……。

講義

(1) 正。「Bからの依頼なくB宅の屋根を修理した」とあるが、こういうお節介（義務がないのに他人のために事務の管理を行うこと）を事務管理という。**事務管理**を行った（屋根を修理した）Aは、Bに対して、特段の事情のない限り、報酬を請求することは**できない**（余計なお節介に報酬を払う必要はないということ）。

(2) 誤。緊急の事務管理の場合（身体・名誉・財産に対する急迫の危害を免れさせるために事務管理をした場合）でも、悪意または**重過失**があるときは、損害を賠償する責任を負う。ちなみに、緊急の事務管理とは、例えば、台風が接近していて、B宅の壊れていた屋根をそのままにしておくと、甚大な被害が生じるおそれがあるので、屋根を修理した場合等だ。

(3) 正。Aは、事務管理が終了した後は、遅滞なくその経過と結果をBに**報告**しなければならない。

(4) 正。Aは、原則として、Bまたはその相続人もしくは法定代理人が管理をすることができるようになるまで、事務管理を**継続**しなければならない（要するに、事務管理を始めたら、途中で投げ出すことはできないということ）。ただし、例外として、Bの意思に反するか、またはBに不利であることが明らかであるときは、この限りでない（継続できない）。

（正 解）(2)

Point!

報告について

① 管理者（本問ではAのこと）は、本人（本問ではBのこと）の請求があったときには、いつでも、事務管理の状況を本人に**報告**しなければならない。

② 管理者は、事務管理が終了した後は、遅滞なくその経過と結果を本人に**報告**しなければならない（肢(3)）。

2

第2編

宅建業法

問題数
88問

不安　完璧

[問題 86] 「宅地」とは？

次のうち、宅地建物取引業法第 2 条第 1 号に規定する宅地に当たらない
ものはどれか。

⑴　都市計画法第 8 条第 1 項第 1 号の用途地域内の土地で、民営の駐車場
　の用に供せられているもの。

⑵　登記簿上の地目は山林であるが、別荘の敷地に供する目的で取引され
　る土地。

⑶　都市計画法第 8 条第 1 項第 1 号の用途地域内の土地で、都市公園法第
　2 条第 1 項に規定する都市公園の用に供せられているもの。

⑷　登記簿上の地目は原野であるが、倉庫の敷地に供する目的で取引され
　る土地。

 Hint!　公共施設用地は宅地か？

講　義

(1)　宅地に当たる。用途地域内の土地は、原則として宅地に当たるが、**道路・公園**等の公共施設用地は除かれる。民営の駐車場は、公共施設用地ではないから、宅地に当たる。　　　　　　　　　　　　📖272頁③

(2)　宅地に当たる。建物を建てる目的で取引される土地は、宅地だ。別荘の敷地にする目的で取引されるということは、当然宅地に当たる。**登記簿上の地目は一切関係ない**。山林だろうが原野だろうが、建てる目的で取引される以上すべて宅地に当たる。　　　　　　📖272頁②

(3)　宅地に当たらない。用途地域内の土地は、原則として宅地に当たるが、**道路・公園**等の公共施設用地は除かれる。だから、用途地域内の都市公園の用に供せられている土地は、宅地に当たらない。　　　　📖272頁③

(4)　宅地に当たる。建物を**建てる目的**で取引される土地は、宅地に当たる。登記簿上の地目は一切関係ない。だから、地目が原野でも、倉庫の敷地にする目的で取引される土地は宅地に当たる。　　　📖272頁②

（正　解）(3)

👓 宅地とは次の3つ

① **今現在**、建物が建っている土地。

② 今現在、建物は建っていないが、建物を**建てる目的**で取引される土地（肢(2)(4)）。

③ 「**用途地域**」内の土地。ただし、**道路・公園**等の公共施設用地は除く（肢(1)(3)）。

［問題 87 ］「取引」とは？

　宅地建物取引業の免許（以下この問において「免許」という。）に関する次の記述のうち、正しいものはどれか。

⑴　建設業の許可を受けているＡが、建築請負契約に付帯して、土地のあっせんを反復継続して行う場合、Ａは、免許を必要としない。

⑵　農家Ｂが、その所有する農地を宅地に転用し、全体を 50 区画に造成した後、宅地建物取引業者Ｃに販売代理を依頼して、分譲する場合、Ｂは、免許を必要としない。

⑶　地主Ｄが、用途地域内の所有地を駐車場用地として、反復継続して売却する場合、Ｄは、免許を必要としない。

⑷　地主Ｅが、その所有地にオフィスビル 10 棟を建築して、自ら新聞広告で入居者を募集したうえ、それぞれ入居希望者に賃貸し、そのビルの管理をＦに委託する場合、Ｅ及びＦは、ともに免許を必要としない。

　免許が必要な「取引」は８つある。

講 義

(1)　誤。本肢の土地は、建物を建てる目的で取引される土地だから宅地に当たる。そして、宅地の斡旋（あっせん）つまり**媒介を反復継続**（はんぷくけいぞく）して行うためには、宅建業の免許が必要だ。Aは建設業の許可を受けているが、それとは別に宅建業の免許が必要だ。　　　　　　　　　　　　　　図273頁 3.

(2)　誤。50区画の宅地を、不特定多数の人に対して反復継続して販売することは、宅建業の取引に当たるから、免許が必要だ。Bは、この販売をCに代理させているが、代理人が行った契約の効力は、直接本人に帰属するから（図36頁条文）、結局、**B自身が反復継続して取引を行っている**ことになる。だから、Bには免許が必要だ。　　　　　　図275頁(2)

(3)　誤。**用途地域**（ようとちいき）内の土地は、道路・公園等の公共施設用地以外はすべて宅地だから、駐車場用地も当然宅地だ。宅地を反復継続して売却するには、免許が必要だ。だから、Dには免許が必要だ。　　　　　図272頁 ③

(4)　正。まずEについて。オフィスビルを、**自ら賃貸**（みずからちんたい）することは、宅建業の取引には当たらない。10棟だろうと100棟だろうと免許なしで賃貸できる。だから、Eには免許は不要だ。次に、F。ビル管理業は、取引に当たらない。なぜなら、管理とは、①売買、②交換、②貸借のどれにも当たらないからだ。だから、FがEのビルを管理するには、免許は不要だ。結局、EにもFにも免許は不要だ。　　　　　　図274頁(1)、(2)

（**正　解**）(4)

👆
Point!

	自　ら	代　理	媒　介
売　買	○	○	○
交　換	○	○	○
貸　借	×	○	○

左の8つの○が「取引」に当たる。

[問題 88] 宅建業とは？

宅地建物取引業の免許（以下この問において「免許」という。）に関する次の記述のうち、誤っているものはどれか。

(1) Aが所有するオフィスビルを貸借しているBが、Aの承諾を得て、不特定多数の者に反復継続して当該オフィスビルを転貸する場合、Bは免許を受ける必要はない。

(2) 甲県が設立した住宅供給公社Cが、住宅を不特定多数の者に反復継続して売却する場合、Cは免許を受ける必要はない。

(3) Dが共有会員制のリゾートクラブ会員権(宿泊施設等のリゾート施設の全部又は一部の所有権を会員が共有するもの)の売買の媒介を不特定多数の者に反復継続して行う場合、Dは免許を受ける必要はない。

(4) E社が自社の所有する工場の跡地を100区画に分割し、宅地として、自社の従業員のみを対象として反復継続して売却する場合、E社は免許を受ける必要はない。

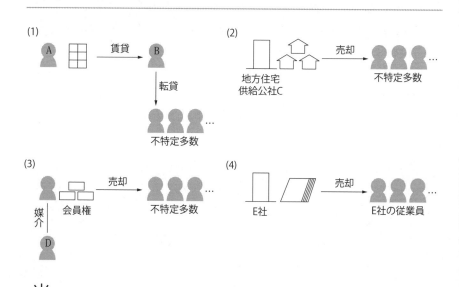

建物の売買と同じ。

講 義

(1) 正。自ら貸借（**自ら転貸**）は取引には当たらない。だから、自ら貸借（自ら転貸）は免許なしで誰でもできる。だから、Bは免許を受ける必要はない。　　274頁 注!

(2) 正。**地方公共団体**（都道府県と市町村のこと）は、免許がなくとも宅建業ができる。そして、地方住宅供給公社は、**地方公共団体とみなされる**ことになっている（地方公共団体と同じ扱いをして OK）。だから、Cは免許を受ける必要はない。　　276頁 2

(3) 誤。共有会員制のリゾートクラブ会員権の売買は、**建物の売買と同じ**と考えて OK。だから、共有会員制のリゾートクラブ会員権の売買（＝建物の売買）の媒介を不特定多数の者に反復継続して行うDは、免許を受ける必要がある。　　273頁 3.

(4) 正。E社は、**特定の人**（E社の従業員）のみを対象として売却している（**不特定多数**の人を相手にしていない）。だから、E社の行為は宅建業に当たらない。だから、E社は免許を受ける必要はない。　　275頁 4. 1

（正 解）(3)

Point!

共有会員制のリゾートクラブ会員権の売買　➡　**建物の売買と同じ。**
➡　だから、共有会員制のリゾートクラブ会員権の売買の媒介を**不特定多数**の人に**反復継続**して行う場合は、免許が必要（肢(3)）。

[問題 89] 宅建業とは？

宅地建物取引業の免許（以下この問において「免許」という。）に関する次の記述のうち、正しいものはどれか。

(1) Aが準都市計画区域内において山林を山林として反復継続して売却する場合、Aは免許を受ける必要はないが、Bが都市計画区域内において山林を山林として反復継続して売却する場合、Bは免許を受ける必要がある。

(2) Cがその所有地にマンションを建築して、一括してDに売却し、DがそのマンションをEの媒介によって入居者を募集して賃貸する場合、C、D及びEは免許を受ける必要がある。

(3) Fがマンションを複数の所有者の宅地建物取引業者から一括して借り上げ、不特定多数の賃借人に対してGに代理を依頼し賃貸する行為を繰り返し行う場合、Fは免許を受ける必要はないが、Gは免許を受ける必要がある。

(4) Hが甲市所有の宅地を、甲市を媒介して賃貸する行為を繰り返し行う場合及びIが甲市所有の宅地を、甲市を媒介して売却する行為を繰り返し行う場合、甲市、H及びIは免許を受ける必要がない。

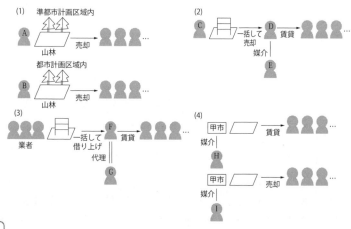

「取引」に当たらなければ免許不要！

講義

(1) 誤。**用途地域内の土地**（道路公園等の公共施設用地を除く）は宅地だ。だから、用途地域内の山林を山林として売却するとき、その山林は宅地扱いされるので、当該山林を反復継続して売却する場合は免許が必要になる。そして、準都市計画区域にも用途地域は定めることができるのだから、Aは免許を受ける必要はない、と言い切っている点が×だ。また、都市計画区域内であっても用途地域ではないところも、もちろんあるので、Bは免許を受ける必要がある、と言い切っている点も×だ。

📖272頁 ③ 、404頁⑵

(2) 誤。Cは、マンションを一括して売却しているだけだから、①不特定多数の人を相手として、②反復継続して取引を行うことにならない。だから、Cの行為は宅建業に当たらないから、免許は不要だ。また、自ら貸借は取引に当たらないので、Dも免許は不要だ。結局免許を必要とするのは、**貸借を媒介しているE**だけだ。　　　　📖273頁 表、275頁4.

(3) 正。Fは、一括して借り上げたマンションをさらに賃貸（転貸）している。転貸も**自ら貸借**する行為に他ならないから、Fは免許を必要としない。そして、貸借の代理を不特定多数の人に対して繰り返し行っているGは免許が必要だ。　　　　　　　　　　　　　　　　📖273頁 表、274頁 注!

(4) 誤。甲市は地方公共団体だから免許を必要としないが、Hは**不特定多数の人**に対して貸借の媒介を繰り返し行っているし、Iは**不特定多数の人**に対して売買の媒介を繰り返し行っているのだから、HとIは免許が必要だ。　　　　　　　　　　　　　　　　　　　📖273頁 表

(正 解)(3)

Point!

「**自ら貸借（自ら転貸）**」は「**取引**」に当たらない。だから、免許なしに誰でもできる（肢(3)）。

［問題 **90**］ 宅建業とは？

　宅地建物取引業の免許（以下この問において「免許」という。）に関する次の記述のうち、正しいものはどれか。

⑴　破産管財人Aが、破産財団の換価のために自ら売主となり、宅地又は建物の売却を反復継続して行う場合、Aは免許を受ける必要はない。

⑵　Bが、組合方式による住宅の建築という名目で、甲組合の参加者を募り、B自らは甲組合の組合員となることなく、甲組合の組合員による住宅の建築のため、宅地の購入の媒介を繰り返し行う場合、Bは免許を受ける必要はない。

⑶　Cの所有するマンション（50戸）を賃借しているDが、不特定多数の者に反復継続して転貸する場合、Cは免許を受ける必要はないが、Dは免許を受ける必要がある。

⑷　Eが、甲県内の本店ではマンション管理業のみを営み、乙県内の支店では宅地建物取引業のみを営む場合、Eは乙県知事の免許を受けなければならない。

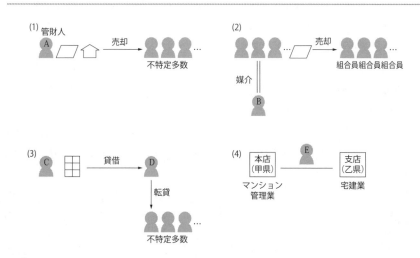

　天下の裁判所がからんでいるから、安心だ。

講 義

(1)　正。破産財団の換価のための宅地建物の売却は、裁判所の監督の下で行われる。だから、買う人は安心だ（天下の裁判所が監督しているので、羊であるお客さんが食い物にされる心配はない）。したがって、**破産管財人**が、破産財団の換価のために自ら売主となる場合、免許が不要だ。

276頁 下の注!

(2)　誤。難しく考える必要はない。結局、本肢のBは宅地の購入の媒介を繰り返し行うわけだ（つまり、宅地の**売買**の**媒介**を反復継続して行うわけだ）。だから、免許が必要だ。組合方式とかいう難しい用語に惑わされてはダメ。

273頁 3.

(3)　誤。「自ら貸借」は取引に当たらないので、「自ら貸借」をするには、免許はいらない。だから、Cは免許が不要だ（前半は○）。「**自ら転貸**」も「自ら貸借」の一種なので、「自ら転貸」をするには、免許はいらない。だから、Dは免許が不要だ（後半が×）。

274頁(1)注!

(4)　誤。支店で宅建業をやるなら、本店は宅建業をやらなくても自動的に事務所とみなされる。だから、Eは甲県と乙県（つまり、2つの都道府県内）に事務所を設置することになるので、**大臣免許**が必要だ。

278頁 具体例

（**正　解**）(1)

Point!

破産管財人が、破産財団の換価のために自ら売主となる場合
➡ 免許は不要（肢(1)）。

[問題 91] 従業者名簿・帳簿等

次の記述のうち、宅地建物取引業法の規定によれば、正しいものはどれか。

(1) 宅地建物取引業者は、その事務所ごとに、その業務に関する帳簿を備え、宅地建物取引業に関し取引のあった月の翌月1日までに、その年月日、その取引に係る宅地又は建物の所在及び面積その他の事項を記載しなければならない。

(2) 宅地建物取引業者は、その業務に関する帳簿について、取引関係者から閲覧の請求を受けたが、閲覧に供さなかった場合、業務停止処分を受けることがある。

(3) 宅地建物取引業者は、その事務所ごとに従業者名簿を備えなければならないが、従業者の住所は従業者名簿への記載の対象ではない。

(4) 宅地建物取引業者は、その業務に従事させる者に、従業者証明書を携帯させなければならないが、その者がアルバイトとして一時的に事務の補助をする者である場合には携帯をさせなくてもよい。

 個人情報の保護は大事。

講義

(1)　誤。業者は、取引のあったつど、一定の事項を帳簿に記載しなければならない。「翌月1日までに」ではないので、本肢は×だ。　　📖292頁(4)

(2)　誤。そもそも、帳簿は取引の関係者から請求があっても、閲覧させる必要は**ない**。だから、閲覧させなかったとしても業法違反にならない。**違反ではないのだから、業務停止処分を受けることはない。**

📖292頁(4)

(3)　正。業者は事務所ごとに、従業者名簿（ハードディスク等でも可）を置かなければならない。名簿には、従業者1人1人について、一定の事項（宅地建物取引士であるか否か等）が記載される。ただし、**住所は記載されない**。　　📖292頁(3)

(4)　誤。業者は、代表者（社長）、役員（非常勤も含む）、**一時的に事務を補助する者**（パート・アルバイト）にも、従業者証明書を携帯させなければならない。　　📖306頁[注！]

（**正　解**）(3)

Point!

請求があった場合、閲覧させる必要があるか？

① 従業者名簿　➡　ある

② 帳簿　➡　**ない**（肢(2)）

[問題 92] 届出等（業者）

　次の記述のうち、宅地建物取引業法の規定によれば、誤っているものは
どれか。

(1)　国土交通大臣の免許を受けている法人である宅地建物取引業者が破産
　　手続開始の決定を受けた場合には、破産管財人は、本店所在地の知事を
　　経由して、その旨を国土交通大臣に届け出なければならない。

(2)　A県知事の免許を受けている宅地建物取引業者が、B県内において、一
　　団の住宅を案内所を設けて分譲し、その案内所で契約を締結する場合には、
　　A県知事及びB県知事に対して届出をしなければならない。

(3)　C県知事から免許を受けている宅地建物取引業者が、新たにD県内に
　　も事務所を有することとなった場合は、当該事務所において事業を開始
　　してから30日以内に、C県知事を経由して、国土交通大臣に免許申請書
　　を提出しなければならない。

(4)　E県知事から免許を受けている宅地建物取引業者が、E県内の事務所
　　をすべて廃止し、F県内に新たに事務所を設置して、引き続き宅地建物
　　取引業を営もうとする場合は、F県知事に免許申請書を提出しなければ
　　ならない。

①誰が、②誰に、③誰を経由して、④いつまでに、を思い出せ！

講義

(1)　正。業者が破産手続開始の決定を受けた場合には、**破産管財人が**免許権者に届け出る。そして、免許権者が国土交通大臣である場合には、**本店所在地の知事を経由して**、届け出ることになっている。

283頁(2)表 ③

(2)　正。一団の宅地建物を、案内所を設けて分譲し、その案内所で契約を締結する場合には、**免許権者**（A県知事）および**現地の知事**（B県知事）に届出をしなければならない。

294頁 表 ②

(3)　誤。免許換えは、新事務所で**事業を開始する前**にしなければならない。事業開始後 30 日以内にするのではない。なお、C県知事を経由して、国土交通大臣に免許申請書を提出するという手続きは正しい。

281 頁 例題

(4)　正。本肢の業者は、F県内だけに事務所を有することになるから、F県知事に**免許換えの申請を**しなければならない。

280頁 ③

（正　解）(3)

Point!

免許換えは、**新事務所で事業を開始する前**にしなければならない。なお、特に何日前までにしなければならない、という制限はない（肢(3)）。

[問題 93] 届 出 等

　宅地建物取引業者A (甲県知事免許) 及び宅地建物取引士B (甲県知事登録) に関する次の記述のうち、宅地建物取引業法 (以下この問において「法」という。) の規定によれば、正しいものはどれか。

(1)　Aに勤務する専任ではない宅地建物取引士Bの氏名に変更があった。この場合、Aは30日以内に、その旨を甲県知事に届け出なければならない。

(2)　Aに勤務する専任の宅地建物取引士Bの住所に変更があった。この場合、Aは30日以内に、その旨を甲県知事に届け出なければならない。

(3)　Aの商号に変更があった。この場合、Aに勤務する専任の宅地建物取引士Bは遅滞なく、甲県知事に変更の登録の申請とあわせて、宅地建物取引士証の書換え交付を申請しなければならない。

(4)　Aに勤務する専任の宅地建物取引士Bが退職したため、法第31条の3に規定する専任の宅地建物取引士の設置要件を欠くこととなったが、AはBが退職してから2週間を経過しても、同条の規定に適合させるための必要な措置をとらなかった。この場合、Aは罰金の刑に処せられることはあるが、懲役の刑に処せられることはない。

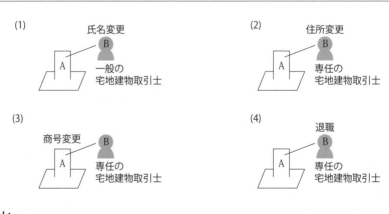

懲役だとキビしすぎる。

講義

(1) 誤。**専任**の宅地建物取引士の**氏名**に変更があったら、30 日以内に業者は免許権者に届け出なければならない。しかし、「一般」の宅地建物取引士の氏名に変更があっても、業者は届け出る必要はない。

📖 283 頁 (1) ④

(2) 誤。**専任**の宅地建物取引士の**氏名**に変更があったら、30 日以内に業者は免許権者に届け出なければならない。しかし、専任の宅地建物取引士の「住所」に変更があっても、業者は届け出る必要はない。

📖 283 頁 (1) ④

(3) 誤。**勤務先**の業者名（商号）に変更が生じたら、B は遅滞なく変更の登録を申請しなければならない。しかし、宅地建物取引士証には勤務先の業者名は記載されていないので、勤務先の業者名に変更が生じても、B は宅地建物取引士証の書換え交付を申請する必要はない。　　📖 306 頁 上の(3)

(4) 正。専任の宅地建物取引士が足りなくなったら、業者は **2 週間以内**に補充しなければならない。もし、補充しなかったら、100 万円以下の罰金だ。なお、A は懲役の刑に処せられることはない。

📖 291 頁 よく出るポイント②、388 頁 ⑨

(正　解)(4)

Point!

宅地建物取引士の数に欠員が生じたのに、**2 週間以内**に補充しなかった場合
① 　監督処分 ➡ **業務停止処分**
② 　罰　　則 ➡ 100 万円以下の**罰金**（懲役なし）（肢(4)）

☐☐☐☐☐

[問題 94] 免　　許

　宅地建物取引業の免許（以下この問において「免許」という。）に関する次の記述のうち、宅地建物取引業法の規定によれば、正しいものはどれか。

(1)　甲県に事務所を設置する宅地建物取引業者A（甲県知事免許）が、乙県所在の宅地の売買の媒介をする場合、Aは甲県知事を経由して国土交通大臣に免許換えの申請をしなければならない。

(2)　宅地建物取引業者Bは、免許の更新を申請したが、申請に対する処分がなされないまま、免許の有効期間が満了した。この場合、Bは、当該処分がなされるまで、宅地建物取引業を営むことができない。

(3)　宅地建物取引業を営もうとする個人Cが、暴力団員による不当な行為の防止等に関する法律に規定する暴力団員でなくなった日から5年を経過しない者である場合、Cは、免許を受けることができない。

(4)　宅地建物取引業者D（甲県知事免許）の主たる事務所の専任の宅地建物取引士Eが死亡した場合、当該事務所に従事する者21名に対し、専任の宅地建物取引士5名が設置されていれば、Dが甲県知事に届出をする事項はない。

極悪な人はダメ。

講 義

(1)　誤。免許は、**全国で有効**だ。だから、甲県知事免許を受けたＡが、乙県内で営業を行うことも、一向にかまわない。だから、Ａは免許換えをする必要はない。　　　　　　　　　　　　　　　　　　　　　🔖279頁2.

(2)　誤。有効期間の**満了の日の90日前**から**30日前**までの間に更新手続きをしたとしても、免許権者も忙しいから、新しい免許証を、今までの免許の有効期間中に交付できないこともある。この場合、業者側には落度はないわけだから、旧免許は、有効期間満了後も**効力を有する**（つまり、宅建業ができる）ことになっている。　　　　　　　　　🔖281頁(2)

(3)　正。暴力団員でなくなった日から**5年を経過していない者**(元暴力団員)は、免許を受けることはできない。　　　　　　　　　　　🔖288頁⑩

(4)　誤。**明（名）治（事）の薬（役）剤師（士）**（①名称・商号、②事務所の所在地・名称、③役員の氏名、④専任の宅地建物取引士の氏名）のどれかに変更が生じたら、30日以内に業者は免許権者に届け出なければならない。専任の宅地建物取引士が死亡したら、専任の宅地建物取引士の**氏名**に変更が生じたことになるから、Ｄは甲県知事に変更の届出をしなければならない。　　　　　　　　　　　　　　　　🔖283頁(1)④

（**正　解**）(3)

Point!

免許は、**全国で有効**だ。
➡　だから、甲県知事免許を受けたＡが、乙県内で営業を行うことも、一向にかまわない（免許換えは**不要**）（肢(1)）。

［問題 95 ］ 欠格事由（業者）

　次に掲げるもののうち、宅地建物取引業の免許を受けることができないものはどれか。

(1)　A社――その取締役Bが、3年前に、刑法第235条（窃盗）の罪を犯し、懲役2年の刑に処せられたが、現在、執行猶予期間中である。

(2)　未成年者C――その法定代理人Dが破産手続開始の決定を受け、復権を得てから1年が経過した。

(3)　E――Eは、F社の監査役であったが、F社は業務停止処分に違反し、免許を取り消された。しかし、Eは、取消しの聴聞の公示がなされる20日前に、F社の監査役を退任していた。

(4)　G――公職選挙法違反の疑いで起訴され、第一審において懲役5年の判決を受け、その判決を不服として高等裁判所に控訴し、現在審理中である。

　会社と役員は一心同体。

講 義

(1)　免許を受けることができない。懲役刑に処せられ、執行猶予中のBは、欠格事由を有する。そして、**欠格事由を有するBを取締役としているA社は免許がもらえない**。会社と役員は一心同体だ。

286頁 よく出るポイント①、289頁 ⑭

(2)　免許を受けることができる。破産手続開始の決定を受けても、復権を得れば、**直ちに免許がもらえる**。だから、Dに欠格事由はない。法定代理人（法定代理人が法人の場合は、法人の役員）に欠格事由がないから、未成年者Cは免許がもらえる。

285頁 ①、286頁 ③

(3)　免許を受けることができる。業務停止処分に違反して免許を取り消されたF社は、免許取消しから5年間は免許がもらえない。そして、聴聞の公示前60日以内にF社の役員だった者も、免許取消しから5年間は免許がもらえないが、監査役はここでいう**役員には含まれない**。だから、監査役だったEは免許がもらえる。

287頁 ⑨、288頁 ⑨ の解説

(4)　免許を受けることができる。懲役の判決を受けても、控訴や上告中は免許が**もらえる**。刑が確定するまでは、無罪と推定されるからだ。

287頁 よく出るポイント②

（正 解）(1)

Point!

免許がもらえるか？

執行猶予中	➡	×　（肢(1)）
		（しかし、執行猶予期間が満了すると、直ちに○）
控訴・上告中	➡	○　（肢(4)）
拘留・科料・過料	➡	○

［問題 96 ］ 欠格事由（業者）

宅地建物取引業の免許（以下この問において「免許」という。）に関する次の記述のうち、宅地建物取引業法の規定によれば、誤っているものはいくつあるか。

ア　Aが、免許の申請前5年以内に宅地建物取引業に関し不正又は著しく不当な行為をした場合でも、その行為について刑に処せられていなかったときは、Aは免許を受けることができる。

イ　宅地建物取引業者B社の非常勤役員であるCが、刑法第234条（威力業務妨害）の罪により、懲役1年の刑に処せられたため、B社は免許取消処分を受けた。その後、Cは非常勤役員を退任したが、当該取消処分の日から5年を経過しなければ、B社は免許を受けることができない。

ウ　営業に関し成年者と同一の行為能力を有しない未成年者である宅地建物取引業者Dの法定代理人である法人Eの役員Fが、暴力団員による不当な行為の防止等に関する法律に規定する暴力団員に該当することが判明した場合、Dの免許は取り消される。

エ　宅地建物取引業者G（甲県知事免許）が引き続いて1年以上宅地建物取引業に係る事業を休止したときは、甲県知事は、Gの免許を取り消さなければならない。

(1)　一つ
(2)　二つ
(3)　三つ
(4)　四つ

未成年者の法定代理人が法人の場合は役員に注目。

講義

ア　誤。免許の申請前5年以内に**宅建業**に関し**不正**または**著しく不当な行為**をした者は、免許を受けることができない（たとえ、刑に処せられていなくても、免許を受けることができない）。　　　　　　　図289頁 ⑪

イ　誤。本肢の場合、欠格者であるCは既に非常勤役員を辞めている。だから、現在、B社の役員・政令で定める使用人の中に、欠格者はいない。役員・政令で定める使用人の中に欠格者がいないのだから、B社は免許を受けることができる。　　　　　　　図286頁 ④ 、289頁 ⑭

ウ　正。法人も未成年者の法定代理人になることができる（**例**　社会福祉法人などが未成年者の法定代理人となる）。この法定代理人である法人の**役員**が**欠格者**の場合、営業に関し成年者と同一の行為能力を有しない未成年者（一般の未成年者のこと）である業者の免許は**取り消される**ことになる。　　　　　　　図10頁上の ④ 、285頁 ① 、386頁 ④

エ　正。業者が引き続き1年以上事業を休止した場合、免許権者は、免許を**取り消さなければならない**。　　　　　　　図386頁 ⑤

以上により、誤っているものはアとイなので、正解は肢(2)となる。

（正　解）(2)

次の①と②は欠格事由だ（免許がもらえない）。
①　免許の申請前**5年**以内に**宅建業**に関し**不正**または**著しく不当**な行為をした者（肢ア）
②　**宅建業**に関し**不正**または**不誠実**な行為をするおそれが明らかな者

[問題 97] 欠格事由（業者）

宅地建物取引業の免許（以下この問において「免許」という。）に関する次の記述のうち、正しいものはどれか。

(1) A県知事は、宅地建物取引業者Bが不正の手段により免許を取得したことが判明したので、令和6年3月25日に聴聞の期日及び場所を公示し、同年4月9日に聴聞を行い、同月30日にBの免許を取り消した。この場合、Bの取締役を同年1月1日に退任したCは、Bの免許の取消しの日から5年間免許を受けることができない。

(2) A県知事は、宅地建物取引業者Bが業務停止処分事由に該当し、情状が特に重いと認められたので、令和6年4月16日に免許の取消処分の聴聞の期日及び場所を公示したところ、当該処分を行う前の同月30日にBは相当な理由なく関連会社との合併により消滅した。この場合、Bの専任の宅地建物取引士として同年1月31日まで勤務していたCは、Bが消滅した日から5年間免許を受けることができない。

(3) A県知事は、宅地建物取引業者Bが業務停止処分に違反したので、令和6年4月2日に免許の取消処分の聴聞の期日及び場所の公示をしたところ、聴聞を行う前の同月6日にBから相当の理由なく廃業の届出があった。この場合、Bの取締役を同年3月1日に退任したCは、廃業の届出があった日から5年間免許を受けることができない。

(4) 宅地建物取引業者Aの代表取締役Bは、令和6年4月1日に公職選挙法違反により罰金10万円の刑に処せられた。この場合、Aの免許は取り消されるほか、B個人としてはもちろん、Bが取締役である法人も、Bが罰金の刑に処せられてから5年間免許を受けることができない。

半人前　　前科者　　極悪人

極悪な人が1人いる。

講　義

(1)　誤。Cが5年間免許を受けられなくなるのは、聴聞の公示前**60日以内**に、CがBの取締役だった場合だ。Cは、1月1日に退任しているから、聴聞の公示日3月25日の前60日以内にBの取締役だったことはない。だから、Cは、免許を受けることができる。　　　　　287頁 9

(2)　誤。専任の宅地建物取引士は、**役員には当たらない**から、業者が極悪(ごくあく)でも、自分は免許を受けることができる。しかも、61日以上前に辞めている。　　　　　288頁 9 の解説

(3)　正。Bはかけこみ廃業をしたから極悪だ。Cは、聴聞の**公示前60日以内**に、その極悪なBの役員だったのだから、届出のあった日から5年間は免許を受けることができない。　　　　　287頁 8 9

(4)　誤。一般の犯罪(宅建業法違反でも暴力団系の犯罪でもない場合)で**罰金刑**に処せられても、欠格事由には当たらない。だから、Aの免許は取り消されないし、B個人もBが取締役である法人も免許を受けることができる。　　　　　286頁 5 6

（正　解）(3)

Point!

業者がかけこみ廃業した場合、聴聞の**公示前**60日以内に、その業者の役員（取締役等）だった者は、

➡　**免許取消し**（ 7 の場合）、届出（ 8 の場合）から5年間はダメ（肢(3)）
（ 7 、 8 の詳細は、 287頁を確認）

［問題 98］ 欠格事由（業者）

宅地建物取引業の免許（以下この問において「免許」という。）に関する次の記述のうち、宅地建物取引業法の規定によれば、正しいものはどれか。

(1)　営業に関し成年者と同一の行為能力を有しない未成年者であるAの法定代理人であるBが、刑法第204条（傷害）の罪により罰金の刑に処せられていた場合、その刑の執行が終わった日から5年を経過していなければ、Aは免許を受けることができない。

(2)　C社に、刑法第208条（暴行）の罪により科料の刑に処せられた者が相談役として在籍している場合、その刑の執行が終わってから5年を経過していなければ、C社は免許を受けることができない。

(3)　D社に、刑法第198条（贈賄）の罪により罰金の刑に処せられた者が取締役として在籍している場合、その刑の執行が終わってから5年を経過していなければ、D社は免許を受けることができない。

(4)　E社に、公職選挙法の規定に違反したことにより、禁錮1年執行猶予2年の刑に処せられ、その刑の猶予期間を満了した者が政令で定める使用人として在籍している場合、その満了の日から5年を経過していなければ、E社は免許を受けることができない。

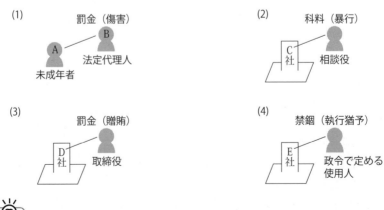

(1) 罰金（傷害）　B　法定代理人　A　未成年者

(2) 科料（暴行）　C社　相談役

(3) 罰金（贈賄）　D社　取締役

(4) 禁錮（執行猶予）　E社　政令で定める使用人

Hint!　法定代理人が、ふさわしくない人物の場合はダメ。

講 義

(1) 正。営業に関し成年者と同一の行為能力を有しない未成年者（一般の未成年者のこと）は、**法定代理人が欠格者**の場合は、免許を受けることができない。法定代理人Ｂは、暴力団系の犯罪である傷害の罪で罰金に処せられ、執行終了後5年を経過していないから欠格者だ。だから、Ａは免許を受けることができない。　　　　285頁 ①、286頁 ⑥

(2) 誤。拘留、**科料**、過料は欠格事由にならない。ささいなあやまちは大目に見るということだ。だから、Ｃ社は免許を受けることができる。　　　　287頁 よく出るポイント③、289頁 ⑭

(3) 誤。暴力団系の犯罪で罰金に処せられたら、欠格事由となる。贈賄は、**暴力団系の犯罪ではない**。だから、贈賄で罰金に処せられても、欠格事由とならない。したがって、Ｄ社は免許を受けることができる。　　　　286頁 ⑥、289頁 ⑭

(4) 誤。執行猶予期間中は免許を受けることができない。しかし、執行猶予期間が**満了すると、直ちにOK**だ。執行猶予期間が満了してから5年間待つ必要はない。だから、Ｅ社は免許を受けることができる。　　　　286頁 よく出るポイント①、289頁 ⑭

（正 解）(1)

Point!

欠格事由に**ならない**もの
➡　拘留、科料（肢(2)）、過料

[問題 **99**] 欠格事由（業者）

　宅地建物取引業の免許（以下この問において「免許」という。）に関する次の記述のうち、正しいものはどれか。

(1)　A社の政令で定める使用人のうちに、破産手続開始の決定がなされた後、復権を得てから5年を経過しない者がいる場合、A社は、免許を受けることはできない。

(2)　B社の政令で定める使用人のうちに、暴力団員による不当な行為の防止等に関する法律第2条第6号に規定する暴力団員でなくなった日から5年を経過しない者がいる場合、B社は、免許を受けることはできない。

(3)　C社の役員のうちに、刑法第211条（業務上過失致死傷等）の罪により、罰金の刑に処せられ、その刑の執行が終わった日から5年を経過しない者がいる場合、C社は免許を受けることができない。

(4)　D社の役員のうちに、刑法第222条（脅迫）の罪により、懲役1年執行猶予2年の刑に処せられ、その刑の執行猶予期間を経過したが、その経過した日から5年を経過しない者がいる場合、D社は免許を受けることができない。

　極悪な人はダメ。

講 義

(1)　誤。政令で定める使用人の中に破産者で**復権を得ていない者**がいる場合は、その会社は免許を受けることができない。しかし、Ａ社の政令で定める使用人は復権を得ているので、Ａ社は免許を受けることができる（**復権を得れば直ちにOK**だ。5年間待つ必要はない）。

286頁 ③、289頁 ⑭

(2)　正。政令で定める使用人の中に現役の暴力団員や暴力団員でなくなった日から**5年**を経過してない**元暴力団員**がいる場合は、その会社は免許を受けることができない。ちなみに、「現役の暴力団員や暴力団員でなくなった日から5年を経過してない元暴力団員」も免許を受けることができないから注意。

288頁 ⑩、289頁 ⑭

(3)　誤。**暴力団系の犯罪**（暴行、傷害、現場助勢、脅迫、背任、凶器準備集合・結集、暴力団新法違反等）で**罰金**に処せられたら、刑の執行終了後5年間はダメだ。しかし、本肢の業務上過失致死傷等の罪は暴力団系の犯罪ではないので、欠格事由とはならない（「過失（うっかり）」は、極悪ではないから暴力団系の犯罪ではない）。だから、Ｃ社は免許を受けることができる。

286頁 ⑥、289頁 ⑭

(4)　誤。役員が執行猶予期間中も免許はもらえない。しかし、執行猶予期間が**満了すると、直ちにOK**だ。5年間待つ必要はない。だから、Ｄ社は免許を受けることができる。

286頁 よく出るポイント①、289頁 ⑭

（**正 解**）(2)

Point!

① 破産者 ➡ **復権を得れば直ちにOK**だ（5年間待つ必要はない）（肢(1)）。

② 暴力団員 ➡ 暴力団員でなくなってから**5年間**はダメ（肢(2)）。

［問題100］ 欠格事由（業者）

　宅地建物取引業の免許(以下この問において「免許」という。)に関する次の記述のうち、宅地建物取引業法の規定によれば、正しいものはいくつあるか。

ア　A社の取締役Bが、刑法第204条（傷害）の罪により、地方裁判所で懲役1年の判決を言い渡されたが、Bは当該判決に対して高等裁判所に控訴し、現在裁判が係属中である。この場合、A社は免許を受けることができない。

イ　C社の政令で定める使用人Dが、刑法第247条（背任）の罪により懲役1年執行猶予2年の刑に処せられたが、執行猶予期間は満了した。当該猶予期間が満了した日から5年を経過していない場合、C社は免許を受けることができない。

ウ　E社の業務執行社員に、指定暴力団の構成員Fがいた。この場合、Fが暴力団員による不当な行為の防止等に関する法律の規定に違反していなくても、E社は免許を受けることができない。

(1)　一つ

(2)　二つ

(3)　三つ

(4)　なし

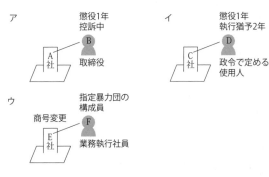

指定暴力団の構成員は欠格者。

講　義

ア　誤。傷害罪で有罪判決を受けても、**控訴**や上告中は**免許がもらえる**。刑が確定するまでは、無罪と推定されるからだ。だから、A社の取締役Bは欠格者ではない。だから、A社は免許をもらうことができる。

287頁 よく出るポイント②、289頁 ⑭

イ　誤。執行猶予付きの懲役刑を受けた場合には、執行猶予期間中も免許はもらえない。しかし、猶予期間が**満了すると、直ちにOK**だ。だから、C社の政令で定める使用人Dは欠格者ではない。だから、C社は免許をもらうことができる。

286頁 よく出るポイント①、289頁 ⑭

ウ　正。現役の**暴力団員**や暴力団員でなくなった日から**5年**を経過してない元暴力団員は、免許をもらうことができない。指定暴力団の構成員は、現役の暴力団員だ。だから、E社の業務執行社員Fは欠格者だ。だから、E社は免許をもらうことができない。

292頁 ⑩ 、289頁 ⑭

以上により、正しいものはウだけなので、正解は肢(1)となる。

（正　解）(1)

Point!

現役の**暴力団員**や暴力団員でなくなった日から**5年**を経過してない元暴力団員は、欠格者だ（免許をもらうことができない）➡ 指定暴力団の構成員は、現役の暴力団員だ ➡ だから、**指定暴力団の構成員は欠格者**だ（肢ウ）。

□□□□□□

[問題101] 案 内 所

　宅地建物取引業者A（甲県知事免許）が10区画の一団の宅地の分譲を行う案内所を甲県内に設置する場合に関する次の記述のうち、宅地建物取引業法（以下この問において「法」という。）の規定によれば、誤っているものはどれか。なお、この問において、「契約行為等」とは、宅地建物の売買若しくはその代理・媒介の契約（予約を含む。）を締結し、又はこれらの申込みを受けることをいう。

(1)　Aが案内所において契約行為等を行わない場合は、Aは、当該案内所に、法第50条第1項に定める標識を掲げる必要はない。

(2)　Aが案内所において契約行為等を行わない場合は、Aは、法第50条第2項に定める届出を行う必要はない。

(3)　Aが案内所において契約行為等を行う場合でも、Aは、当該案内所に、国土交通大臣が定める報酬の額を掲示する必要はない。

(4)　Aが案内所において契約行為等を行う場合において、当該案内所で業務に従事する者が5人を超えるときであっても、Aは、成年者である専任の宅地建物取引士を1人設置すればよい。

　案内所は事務所ではないから……。

講　義

(1)　誤。一団の宅地建物を、案内所を設けて分譲する場合には、**標識を設**
　　置しなければならない（契約等を行わない場合でも標識は必要だ）。

　　　　　　　　　　　　　　　　　　　　　　　　　293 頁 表 ① ①

(2)　正。業者は、案内所で**契約を締結**したり、申込みを受ける場合は、免
　　許権者および現地の知事に業務開始の 10 日前までに届出をしなければな
　　らない。しかし、案内所において契約等を行わない場合は、届出をする
　　必要はない。　　　　　　　　　　　　　　　　　294 頁 表 ② ②

(3)　正。報酬額を掲示する必要があるのは、**事務所**だ。案内所は、事務所
　　ではないから、報酬額を掲示する必要はない。　　　　294 頁 注5

(4)　正。案内所で契約を締結したり申込みを受ける場合には、成年者であ
　　る専任の宅地建物取引士を 1 人以上設置しなければならない（1 人で OK。
　　5 人に 1 人以上ではない）。　　　　　　　　　　294 頁 表 ② ③

　　　　　　　　　　　　　　　　　　　　　　　　（**正　解**）(1)

Point!

案内所は事務所ではないから、
①　従業者名簿の設置
②　帳簿の設置
③　報酬額の掲示（肢(3)）
➡　は**必要ない**。

重要度 金

［問題102］案 内 所

　宅地建物取引業者Aが10区画の一団の宅地を分譲する場合に関する次の記述のうち、宅地建物取引業法（以下この問において「法」という。）の規定によれば、正しいものはどれか。

(1)　Aがこの一団の宅地の案内所を設置しないで分譲する場合、Aは法第50条に規定する標識（以下この問において「標識」という。）を掲げる必要はない。

(2)　Aがこの一団の宅地の案内所を設置して分譲する場合、Aは案内所に標識を掲げれば、一団の宅地の所在する場所に標識を掲げる必要はない。

(3)　Aがこの一団の宅地の分譲の代理を他の宅地建物取引業者Bに依頼し、Bが案内所を設置しないで分譲する場合、Aは標識を掲げる必要はないが、Bは標識を掲げなければならない。

(4)　Aがこの一団の宅地の分譲の代理を他の宅地建物取引業者Bに依頼し、Bが案内所を設置して分譲の代理を行う場合、この案内所にAの標識を掲げる必要はない。

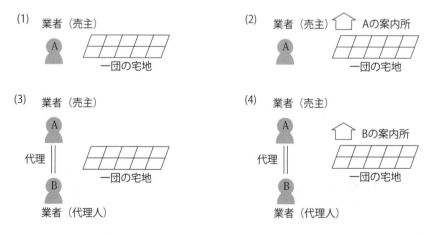

Hint!　案内所を設置したのはBだから……。

講 義

標識には、①事務所の標識、②案内所の標識、③所在場所の標識（一団の宅地建物の所在する場所に掲げる現地（現場）標識のこと）等がある。①②③とも宅建業法第50条で規定されている。本問では①は関係ナシ。②と③についての出題だ。②と③は**全くの別物**なのだが、②と③を混同している受験生が多くて困る。②と③の関係は下の表のとおり。表そのままの出題だ。

(1) 誤。**所在場所の標識**が必要。

(2) 誤。**案内所の標識**と**所在場所の標識**の両方が必要。

(3) 誤。逆だ。**所在場所の標識**掲示義務はAだけにある。

(4) 正。**案内所の標識**掲示義務はBだけにある。なお、**所在場所の標識**掲示義務はAだけにあるから念のため。

以上全体につき、📙293頁 ① ①、294頁 注4

（**正 解**）(4)

Point!

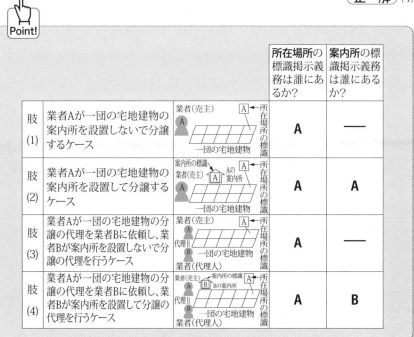

			所在場所の標識掲示義務は誰にあるか？	案内所の標識掲示義務は誰にあるか？
肢(1)	業者Aが一団の宅地建物の案内所を設置しないで分譲するケース	業者（売主）A 一団の宅地建物 所在場所の標識	A	―
肢(2)	業者Aが一団の宅地建物の案内所を設置して分譲するケース	案内所の標識 業者（売主）A Aの案内所 一団の宅地建物 所在場所の標識	A	A
肢(3)	業者Aが一団の宅地建物の分譲の代理を業者Bに依頼し、業者Bが案内所を設置しないで分譲の代理を行うケース	業者（売主）A 代理 B 一団の宅地建物 業者（代理人） 所在場所の標識	A	―
肢(4)	業者Aが一団の宅地建物の分譲の代理を業者Bに依頼し、業者Bが案内所を設置して分譲の代理を行うケース	業者（売主）A 案内所の標識 Bの案内所 代理 B 一団の宅地建物 業者（代理人） 所在場所の標識	A	B

[問題103] 案 内 所

　甲県知事の免許を受けている宅地建物取引業者Aが、丙県内において10区画の一団の宅地の分譲をすることとし、その販売の代理を乙県知事の免許を受けている宅地建物取引業者Bに依頼し、Bが現地に案内所を設置して業務を行うこととした。Bがこの案内所で予約若しくは契約の申込みを受け、又は予約若しくは契約の締結を行う場合（以下この問において「案内所で契約等を行う場合」という。）とそれ以外の場合（以下この問において「案内所で契約等を行わない場合」という。）のそれぞれの場合について、A又はBに、宅地建物取引業法第50条第1項の規定による標識の掲示又は同条第2項の規定による案内所の届出の義務があるかどうかに関する次の記述のうち、正しいものはどれか。

(1)　案内所で契約等を行わない場合、Aは一団の宅地の所在する場所に、Bは案内所に、標識を掲示しなければならず、Bはさらに、丙県知事のみに案内所の届出をしなければならない。

(2)　案内所で契約等を行わない場合、Aは一団の宅地の所在する場所に標識を掲示する必要はないが、Bは案内所に標識を掲示しなければならず、Bはさらに、丙県知事のみに案内所の届出をしなければならない。

(3)　案内所で契約等を行う場合、Aは一団の宅地の所在する場所に標識を掲示する必要はないが、Bは案内所に標識を掲示しなければならず、Bはさらに、乙県知事及び丙県知事に案内所の届出をしなければならない。

(4)　案内所で契約等を行う場合、Aは一団の宅地の所在する場所に、Bは案内所に、標識を掲示しなければならず、Bはさらに、乙県知事及び丙県知事に案内所の届出をしなければならない。

　届出先は、①免許権者と②現地の知事。

講 義

●前半戦＝標識掲示義務

まず、Aは、一団の（宅地なら10区画以上、建物なら10戸以上という意味）宅地を分譲する売主だから、**自ら案内所を設けようが設けまいが、責任の**所在をはっきりさせるために、現地（現場）に、「**所在場所の標識**」（案内所の標識と混同するな！）を掲示しなければならない。

次に、一団の宅地建物の分譲を案内所を設けて代理・媒介する者も、それなりの責任があるから、「**案内所の標識**」（所在場所の標識と混同するな！）を掲示しなければならない。だから B には、案内所で**契約等をしようが、しまいが**、「**案内所の標識**」掲示義務がある。ちなみに、本問では関係ないが、B が案内所を設けずに A の代理をする場合には、A には「所在場所の標識」掲示義務があるが、B には何の標識掲示義務もない（覚えよ！）。そういうわけだから、「案内所を設ける限り、契約等をしようがしまいが**A・B とも**に標識掲示義務あり」が本当だから、肢(2)、(3)は前半部分だけで×と確定。

●後半戦＝案内所の届出義務

前提として、案内所の届出は、案内所を設けた者がやるのが当然だから、B が届け出る。そして、契約等をしないのなら、その場でトラブルにはならないから、お上がいちいち把握することもない。だから、**契約等をする**案内所を設ける場合だけ届出義務がある。だから肢(1)は誤り。届出先は、**免許権者と現地の知事の両方**だ（どちらも業務開始の10日前までに）。だから、「B は乙県知事（免許権者）と丙県知事（現地の知事）に届け出なければならない」が本当。結局、前半、後半とも正しい肢(4)が正解。

以上全体につき、🖼293頁、294頁 表 注4

（**正 解**）(4)

Point!

		Aの義務	Bの義務
業者 A が業者 B に一団の宅地建物の分譲の代理・媒介を依頼し、B が**案内所を設置して**代理・媒介する場合に	その案内所で契約等※をしないなら	所在場所の**標識**の掲示	案内所の**標識**の掲示
	その案内所で契約等※を**する**なら	所在場所の**標識**の掲示	案内所の**標識**の掲示 **案内所の届出 宅建士の設置**

※ ①「予約または契約」の申込みを受けることと、②「予約または契約」を締結すること。

[問題104] 案 内 所

　丙県内の一団の宅地10区画の分譲について、売主である宅地建物取引業者A（甲県知事免許）が宅地建物取引業者B（乙県知事免許）に販売代理を依頼し、Bが分譲現地に案内所を設けて売買契約の申込みを受ける場合、宅地建物取引業法の規定によれば、次の記述のうち正しいものはどれか。

⑴　その案内所の設置について、Bは丙県知事及び丙県知事を経由して乙県知事に届け出る必要がある。

⑵　その案内所の設置について、Aは丙県知事及び丙県知事を経由して甲県知事に届け出る必要がある。

⑶　その案内所に成年者である専任の宅地建物取引士を置く義務は、Bのみにあり、Aにはその義務はない。

⑷　Bは、その案内所の見やすい場所に、専任の宅地建物取引士の氏名及び住所を表示した標識を掲げなければならない。

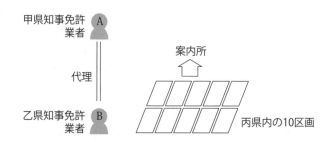

　誰の案内所か？

講義

(1) 誤。Bが届け出る必要があるのは現地の知事の丙県知事と免許権者の乙県知事だが、それぞれ**直接**届け出なければならない。

(2) 誤。案内所の届出義務は、案内所を設置する者にある。それは、Aではなく Bだ。だから、**Aには案内所の届出義務はない**。売主はAなのだからAに届出義務がある、とカン違いしないよう注意！

(3) 正。本肢の案内所には、成年者である専任の宅地建物取引士を1人以上設置する必要があるが、この義務も**案内所を設置する者の義務**だ。だから、Bだけにこの義務があり、**Aにはない**。Aは案内所で直接契約等をしないものの、「自ら売主」なのだし、代理人Bが行う契約等の効力は直接本人Aに帰属する（🖼36頁）のだから、何となくAにも宅地建物取引士設置義務がありそうな感じがするかもしれないが、そんなことはないから念のため。

(4) 誤。本肢の案内所には、標識を設置しなければならない。そして、標識には、専任の宅地建物取引士の**氏名**を表示する必要があるが、**住所までは必要ない**。ちなみに、案内所の届出の際も、専任の宅地建物取引士の氏名は届け出る必要はあるが、住所までは必要ない。同じだからパックにして覚えよ！

以上全体につき、🖼293頁、294頁 表 注2

正 解(3)

Point!

	A	B
標識掲示義務	○（所在場所の標識）	○（案内所の標識）
案内所届出義務	×（肢(2)）	○
宅建士設置義務	×（肢(3)）	○（肢(3)）

[問題105] 案 内 所

　甲県知事から免許を受けている宅地建物取引業者Aは、丙県内に所有する10区画の一団の宅地を分譲するため、乙県知事から免許を受けている宅地建物取引業者Bに代理権を与え、Bが現地に案内所を設けて契約の申込みを受けることとした。この場合、宅地建物取引業法（以下この問において「法」という。）の規定によれば、次の記述のうち、誤っているものはどれか。

(1)　Bは、案内所に標識を設置し、売主がAであることを明示しなければならない。

(2)　売主がAであることを明示した標識をBが案内所に設置した場合には、Aは一団の宅地の所在する場所に標識を掲示する必要はない。

(3)　Bは案内所の設置について、丙県知事及び乙県知事に対してそれぞれ直接届け出る必要があるが、Aには案内所の設置について届け出る義務はない。

(4)　案内所の届出が適法になされていない場合であっても、案内所が土地に定着する建物内に設けられていれば、案内所で契約の申込みをした宅地建物取引業者でないCは、法第37条の2に規定する買受けの申込みの撤回をすることはできない。

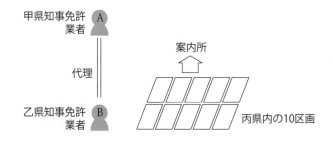

　Aの義務は何か？

⑴　正。一団の宅地を案内所を設けて分譲する場合には、案内所に標識を設置しなければならない。そして、その分譲が他の業者の物件の分譲の代理・媒介である場合、**売主**が誰であるかを明示しなければならないことになっている。

⑵　誤。売主がＡであることを明示した標識をＢが設置したとしても、それはあくまでＢの案内所の標識だ。その結果Ａの標識掲示義務がなくなるわけではない。**それとは別にＡはＡで**現地に「所在場所の標識」を設置しなければならない。「案内所の標識」と「所在場所の標識」は別物だ。区別しろ！

⑶　正。案内所の届出義務は、案内所を設置するＢだけにあり、**Ａには案内所の届出義務はない。**そして、Ｂは、①現地の知事の丙県知事と②免許権者の乙県知事に直接届け出ることになっている。

⑷　正。契約の申込みをするとクーリング・オフができなくなる案内所というのは、「①一団の宅地建物の分譲を行い、②専任の宅地建物取引士の設置義務があり、③土地に定着する」案内所だ。これさえ満たせば、**適法な届出がなされていなくてもかまわない。**

以上全体につき、🌀293頁、294頁 表 注6 、352頁 ③ 注！

（**正　解**）⑵

😎 **もうひと押し（ちょっとハイレベル）**

この案内所でＡも契約の締結等を行うのであれば、本問と違って、この案内所は、Ａの案内所でもありＢの案内所でもある、ということになる。だから、その場合には、

➡　①案内所届出義務も②宅建士設置義務も、**ＡにもＢにも**ある。しかし、その場合にも、案内所は１カ所しかないのだから、

➡　専任の宅建士は**１人以上**置けばOK（Ａから１人以上、Ｂからも１人以上、計２人以上必要だということにはならないから注意！）

[問題106] 宅地建物取引士

甲県知事の宅地建物取引士資格登録(以下この問において「登録」という。)を受け、宅地建物取引業者の事務所に勤務している宅地建物取引士Aに関する次の記述のうち、宅地建物取引業法の規定によれば、誤っているものはどれか。

(1)　Aについて破産手続開始の決定があったときは、その日から30日以内に、Aが、その旨を甲県知事に届け出なければならない。

(2)　Aの本籍に変更が生じたときは、Aは、甲県知事に変更の登録の申請とあわせて、宅地建物取引士証の書換え交付を申請しなければならない。

(3)　Aは、宅地建物取引士証の有効期間の更新を受けようとするときは、甲県知事が指定する講習で交付の申請前6カ月以内に行われるものを受講しなければならない。

(4)　Aが不正の手段により登録を受けたとして、登録の消除の処分の聴聞の期日及び場所が公示された後、自らの申請によりその登録が消除されたときでも、当該申請に相当の理由があれば、Aは、登録が消除された日から5年を経過せずに新たに登録を受けることができる。

 何が記載されているのか?

講　義

(1)　正。宅地建物取引士が破産手続開始の決定を受けたときは、**本人が**30日以内に登録先の知事に届け出なければならない（破産管財人が届け出るのではない。破産管財人が届け出なければならないのは、業者が破産したときだ）。　　　　　　　　　　　　　　　　　　　　301頁 表 ③

(2)　誤。**本籍**に変更が生じたら、**変更の登録**を申請する必要はある。しかし、本籍に変更が生じても、本籍は宅地建物取引士証には記載されていないから、宅地建物取引士証の書換え交付を申請する必要はないので、本肢は×だ。　　　　　　　　　　　　　301頁 (1) ①、306頁 上の(3)

(3)　正。宅地建物取引士証の更新を受けようとする者は、交付の申請前**6カ月**以内に行われる知事が指定する講習を受講しなければならない。
　　　　　　　　　　　　　　　　　　　　　　　　　　　297頁 (3)

(4)　正。登録の消除の申請について**相当の理由**があれば、極悪ではない。だから、Aは、登録消除から5年を経過してなくても登録を受けることができる（ちなみに、「相当の理由がない」場合は、極悪なので、登録消除から5年間登録を受けることができない）。　　　　　　300頁 ⑫

（**正　解**）(2)

	変更の登録	宅地建物取引士証の書換え
氏名が変更	○	○
住所が変更	○	○
本籍が変更	○	✕　（肢(2))

○ ➡ 必要　✕ ➡ 不要

[問題107] 宅地建物取引士

宅地建物取引士、宅地建物取引士資格試験（以下この問において「試験」という。）及び宅地建物取引士資格登録（以下この問において「登録」という。）に関する次の記述のうち、宅地建物取引業法の規定によれば、正しいものはどれか。

(1) 宅地建物取引士とは、都道府県知事が行う試験に合格し、当該知事の登録を受けた者である。

(2) 専任の宅地建物取引士には、17歳の者であってもなることができる場合がある。

(3) 宅地又は建物の取引に関し2年以上の実務経験を有しない者であっても、試験に合格した日から1年以内であれば、国土交通大臣の登録を受けた実務講習を受講せずに登録を受けることができる。

(4) 登録の移転の申請は、登録を受けている者が、当該登録を行っている都道府県知事が管轄する都道府県以外に住所を変更する場合に行うことができる。

民法の知識も必要。

(1) 誤。知事に登録しただけでは、まだ、宅地建物取引士資格者だ。宅建士証の**交付を受けて**、晴れて宅建士になれる。　　　　🔗297頁(3)

(2) 正。未成年者でも、法定代理人から営業許可を与えられれば宅建士になれるが、その未成年者が㋐自分自身で**宅建業者**（個人）になった場合と㋑他の業者（法人）の**役員**となった場合には、自動的に成年者である専任の宅建士とみなされることになっている。

🔗291頁 よく出るポイント④、298頁

(3) 誤。実務経験のない者は、国土交通**大臣**の登録実務講習を受講しないと登録を受けることはできない。合格後1年以内なら免除されるのは、宅建士証の交付申請前に行われる**知事**の講習だ。大臣講習と知事講習を混同しないよう注意！　　　　🔗296頁 注1

(4) 誤。登録の移転ができるのは、別の都道府県の事務所に**勤務すること**になった場合だ。宅建士自身が別の都道府県に引っ越しても、登録の移転はできない。　　　　🔗303頁 よく出るポイント⑤

正 解(2)

Point!

		宅建士になれるか？	**専任**の宅建士になれるか？
婚姻している未成年者		○	○
法定代理人から**営業許可**を与えられた未成年者	**業者**か**役員**の場合	○	○（肢(2)）
	それ以外	○	×
営業許可を与えられていない未婚の未成年者		×	×

[問題108] 宅地建物取引士登録

　甲県知事の宅地建物取引士資格登録（以下この問において「登録」という。）を受けている宅地建物取引士Aに関する次の記述のうち、宅地建物取引業法の規定によれば、正しいものはどれか。

(1)　Aが引き続いて1年以上にわたり宅地建物取引士として行う事務を休止している場合、甲県知事は、Aの登録を消除することができる。

(2)　Aが専任の宅地建物取引士として勤務している宅地建物取引業者Bが、不正の手段で免許を受けたとして甲県知事から免許取消処分を受けた場合、甲県知事は、Aの登録を消除しなければならない。

(3)　Aが勤務する宅地建物取引業者Bが、その本社を甲県内の乙市から丙市へ移した場合、Aは、甲県知事に対して、変更の登録の申請を行わなければならない。

(4)　Aが乙県内において、宅地建物取引士として行う事務に関し不正な行為をした場合で、その情状が特に重いときには、甲県知事は、Aの登録を消除しなければならない。

Hint!　「必ずしなければならない」ものを探せ。

講　義

(1)　誤。ヒッカケだ。免許を受けてから**1年以内に事業を開始しない場合**・引き続き**1年以上事業を休止した場合**に、免許が取り消されるのは業者の話だ。　　　　　　　　　　　　　　　　　　　　386頁(3)⑤

(2)　誤。会社と役員は一心同体だが、役員には、**専任の宅建士は含まれない**。だから、Aにはおとがめなしだ。もし、Aが役員ならもちろん登録が消除される。　　　　　　　　　　　　　　　　　　288頁⑨の解説

(3)　誤。変更の登録の申請が必要なのは、①住所、氏名、本籍および②**勤務先の業者名**（名称または商号、免許証番号）に変更を生じた場合だ。勤務する業者Bが本社を移転しただけなら、申請の必要はない。
　　　　　　　　　　　　　　　　　　　　　　　　　　301頁(1)

(4)　正。宅建士が、宅建士として行う業務に関し不正または著しく不当な行為をし、その情状が特に重いときは、登録権者は必ず**登録消除処分**をしなければならない。　　　　　　　　　　　　　　　387頁(2)③

（**正　解**）(4)

Point!

次の①〜④の場合は、**登録消除処分**をしなければならない。
①　不正手段で宅建士登録または宅建士証の交付を受けた場合
②　事務禁止処分に違反した場合
③　指示処分事由・事務禁止処分事由に当たり情状が特に重い場合（肢(4)）
④　登録の欠格事由が生じた場合

[問題109] 宅地建物取引士登録

　宅地建物取引士資格登録（以下この問において「登録」という。）に関する次の記述のうち、宅地建物取引業法の規定によれば、正しいものはどれか。

(1)　登録を受けている者が死亡した場合、当該登録をしている都道府県知事は、その旨の届出がなくてもその事実が判明したときは、当該登録を消除しなければならない。

(2)　登録を受けている者が、当該登録をしている都道府県知事の管轄する都道府県以外の都道府県に所在する宅地建物取引業者の事務所の業務に従事し又は従事しようとするときは、登録の移転を申請しなければならない。

(3)　登録を受けている者が住所を変更したときは、その旨を当該登録をしている都道府県知事に対し、その日から30日以内に変更の登録を申請しなければならない。

(4)　登録を受けている者が、宅地建物取引業に係る営業に関し成年者と同一の行為能力を有しない未成年者となった場合、親権者が登録をしている都道府県知事にその旨を届け出なければならない。

Hint!　30日以内？

講義

(1) 正。登録を受けている者が死亡した場合、その相続人は死亡の事実を知った日から30日以内にその旨を登録している知事に届け出なければならないが、知事は、届出がなくてもその**事実が判明**したときは、当該登録を消除しなければならない。　🔖301頁⑵ ①

(2) 誤。登録の移転申請は義務(しなければならない)ではなく**任意**(できる)だ。　🔖302頁4.

(3) 誤。登録を受けている者は、住所に変更が生じた場合、**遅滞なく変更の登録**をしなければならない。30日以内に変更の届出が必要なのは宅地建物取引業者名簿への登載事項に変更が生じた場合だ。　🔖301頁⑴ ①

(4) 誤。登録を受けている者が、宅建業に関し、成年者と同一の行為能力を有しない未成年者となった場合、**本人**がその旨を登録をしている知事に届け出なければならない。　🔖301頁⑵

（**正　解**）(1)

Point!

登録の移転　➡　**任意**（肢(2)）

[問題110] 宅地建物取引士

　甲県知事の宅地建物取引士資格登録（以下この問において「登録」という。）を受け、甲県内の宅地建物取引業者の事務所に勤務している宅地建物取引士Aに関する次の記述のうち、宅地建物取引業法の規定によれば、正しいものはどれか。

(1)　Aは、その住所を変更した場合、遅滞なく、変更の登録の申請とあわせて、宅地建物取引士証の書換え交付を甲県知事に申請しなければならない。

(2)　Aは、乙県に所在する宅地建物取引業者の事務所の業務に従事しようとするときは、乙県知事に対し、甲県知事を経由して登録の移転の申請をしなければならない。

(3)　Aが乙県知事から事務の禁止の処分を受けた場合、Aは、速やかに乙県知事に宅地建物取引士証を提出しなければならない。

(4)　Aが死亡した場合、その相続人は、死亡した日から30日以内に、その旨を甲県知事に届け出なければならない。

　宅建士証には、宅建士の住所と氏名が記載されている。

講義

(1) 正。宅建士証には、宅建士の**住所**と氏名が記載されている。だから、取引士の**住所・氏名**に変更があったときは、遅滞なく変更の登録を申請するとともに、宅建士証の書換え交付を申請しなければならない。

📖306頁(3)

(2) 誤。宅建士は、別の都道府県（登録している知事の管轄する都道府県以外の都道府県）の事務所に勤務し、または勤務しようとするときは、登録の移転が**できる**。登録の移転は義務（しなければならない）ではない。あくまでも**任意（できる）**だ。

📖302頁4.

(3) 誤。甲県知事から宅建士証の交付を受けたAが、乙県知事から事務禁止処分を受けた場合、速やかに、宅建士証を甲県知事に提出しなければならない（宅建士証は処分を受けた乙県知事ではなく、**交付を受けた甲県知事に提出するのだ**）。

📖305頁 よく出るポイント①

(4) 誤。宅建士が死亡した場合、その相続人は、死亡の事実を**知った日**から30日以内に登録先の知事に届け出なければならない。

📖301頁(2)①

（正 解）(1)

Point!

宅建士の住所と氏名

	登録簿に	宅建士証に
① 住所	登載されている	記載されている
② 氏名	登載されている	記載されている

注意！ 宅建士の住所と氏名は、登録簿にも登載されているし、宅建士証にも記載されている。だから、宅建士の住所・氏名に変更があったときは、遅滞なく**変更の登録**を申請するとともに、宅建士証の**書換え交付**を申請しなければならない（肢(1)）。

□□□□□

［問題111］欠格事由（宅地建物取引士）

次の者のうち、宅地建物取引業法の規定によれば、宅地建物取引士資格登録を受けることができないものはどれか。

(1) A—宅地建物取引業に係る営業に関し、成年者と同一の行為能力を有しない未成年者で、その法定代理人甲が3年前に建設業法違反で過料に処せられている。

(2) B—3年前に乙社が不正の手段により宅地建物取引業の免許を受けたとしてその免許を取り消されたとき、乙社の政令で定める使用人であった。

(3) C—6月前に丙社が宅地建物取引業法に違反したとして1年間の業務停止処分を受けたが、その丙社の取締役であった。

(4) D—3年前に丁社が引き続き1年以上宅地建物取引業を休止したとして宅地建物取引業の免許を取り消されたとき、その聴聞の期日及び場所の公示の日の30日前に、丁社の取締役を退任した。

Hint! 業者の欠格事由との違いが答え。

講義

(1) できない。営業に関して成年者と同一の行為能力を有しない未成年者は、原則として登録を受けることができない。**法定代理人**（法定代理人が法人である場合は、法人の役員）に、**欠格事由**があろうがなかろうが関係ない。法定代理人に欠格事由がない場合は、一般の未成年者でも業者になれる。しかし、法定代理人に欠格事由がない場合でも、一般の未成年者は宅地建物取引士にはなれないから要注意。法定代理人甲が、過料に処せられているという記述は、ヒッカケだから無視すること。　📖298頁 ①

(2) で　き　る。不正の手段により免許を受けたとして業者免許を取り消された乙社の役員（取締役等）であった者は、登録を受けることができないが、政令で定める使用人であった者は、登録を受けることができる。役員は、会社を動かして悪いことをさせた人間だから、登録を認めるべきではないが、**政令で定める使用人**には、会社を動かすまでの力はないから、会社が悪いことをしたことについての責任を問う必要はないからだ。📖300頁 ⑨

(3) で　き　る。業務停止処分に違反したために、免許を取り消された業者の役員だった者は、登録を受けることができないが、業務停止処分を受けた業者の役員だった者は、登録を受けることができる。業務停止処分を受けることと、業務停止処分に**違反**して免許を**取り消される**こととは全く別だ。後者の方がはるかに悪い。　　　　　　　　　　📖299頁 ⑦

(4) で　き　る。**1年以上業務を休止**すると、免許を取り消される（📖386頁 ⑤）が、これは、極悪とまではいえないから、免許を取り消された業者も、その業者の役員だった者も、登録を受けることができる。　　　📖299頁 ⑦

（ 正　解 ）(1)

Point!

営業許可を得ていない未成年者は
{
業者に**なれる**（ただし、法定代理人に欠格事由があればダメ）。
宅地建物取引士には**なれない**（肢(1)）。

［問題112］ 届出等（宅地建物取引士）

甲県知事から登録を受けている宅地建物取引士Aに、一定の事由が生じた場合に関する次の記述のうち、宅地建物取引業法の規定によれば、誤っているものはどれか。

(1) Aが心身の故障により宅地建物取引士の事務を適正に行うことができない者として国土交通省令で定めるものに該当することになったときは、A又はその法定代理人若しくは同居の親族は、30日以内に、その旨を甲県知事に届け出なければならない。

(2) Aが乙県知事から免許を受けている宅地建物取引業者Bの専任の宅地建物取引士である場合、Aの住所に変更が生じたら、Aは、遅滞なく甲県知事に変更の登録を申請しなければならず、Bは、30日以内に、その旨を乙県知事に届け出なければならない。

(3) Aが不正の手段により宅地建物取引業者の免許を取得したとして、その免許を取り消されたときは、Aは、30日以内に、その旨を甲県知事に届け出なければならない。

(4) Aが死亡したときは、その相続人は、Aの死亡の事実を知った日から30日以内に、Aが破産手続開始の決定を受けたときは、Aは、破産手続開始の決定を受けた日から30日以内に、それぞれその旨を甲県知事に届け出なければならない。

 業者と宅建士の違いを思い出せ！

講 義

(1) 正。登録を受けている者が心身の故障により宅建士の事務を適正に行うことができない者になった場合は、本人・法定代理人・同居の親族は、**30日以内**に、その旨を登録先の知事に届け出なければならない。

301頁(2)②

(2) 誤。住所が変わると、宅建士自身は、遅滞なく登録先の知事に変更の登録を申請しなければならないから、前半は正しい。しかし、専任の宅建士の住所に変更が生じても、業者が免許権者に**届出をする必要はない**から、後半が誤り。

283頁(1)④、301頁(1)①

(3) 正。不正手段で業者免許を取得して免許を取り消されると、**業者として**も、**宅建士**としてもそれから5年間は欠格事由を有することになる。だから、Aは、30日以内に、その旨を甲県知事に届け出なければならない（これは死亡等の届出だ）。

299頁⑦、301頁(2)、387頁④

(4) 正。死亡の場合は、相続人が死亡を知ってから30日以内に、破産手続開始の決定の場合は、**本人が**30日以内に、登録先の知事に届け出なければならない。

301頁(2)

（正　解）(2)

Point!

専任の宅地建物取引士の**住所**が変わると、

- 宅建士 ➡ 変更の登録の申請**必要**（肢(2)）
- 業　者 ➡ 変更の届出**不要**（肢(2)）

[問題113] 届　出　等

　甲県知事から登録を受けている宅地建物取引士Aが、乙県知事から免許を受けている宅地建物取引業者Bの専任の宅地建物取引士である場合に関する次の記述のうち、宅地建物取引業法の規定によれば、誤っているものはどれか。

(1)　Aが、刑法第247条の罪（背任罪）を犯して罰金刑に処せられたために甲県知事から登録を消除された場合には、Bは30日以内にその旨を乙県知事に届け出なければならない。

(2)　Bについて破産手続開始の決定があった場合には、Bの破産管財人はその日から30日以内にその旨を乙県知事に届け出なければならない。

(3)　Aの氏名が、婚姻によって変更した場合には、Aは30日以内にその旨を甲県知事に届け出なければならない。

(4)　Aが、公職選挙法に違反して懲役に処せられた場合には、Aはその日から30日以内にその旨を甲県知事に届け出なければならない。

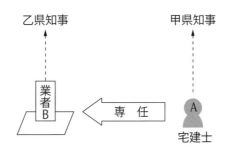

　「ミンナ届ける」でいいのかな？

講 義

(1)　正。Aが登録を消除されて宅建士でなくなると、当然、Aは業者Bの専任の宅建士でもなくなる。つまり、業者Bとしては、専任の宅建士の**氏名**に変更を生ずることになるから、30日以内に免許権者乙県知事に届け出なければならない。　　　　　📖283頁(1)④

(2)　正。業者について破産手続開始の決定があった場合には、届出は**破産管財人**がやる。タイムリミットは30日以内だ。　　📖283頁表③

(3)　誤。宅建士の氏名が変わった場合には、本人が登録先の知事に、①**遅滞なく（30日以内ではない）**、②**変更の登録を申請（届出ではない）**しなければならない。2つとも間違っている。　　　📖301頁(1)①

(4)　正。宅建士が禁錮、懲役に処せられた場合には、**本人**が30日以内に登録先の知事に届け出なければならない。　　　　📖301頁表④

（ 正 解 ）(3)

まとめ

	業　者	宅　建　士
一定事項に変更を生じた場合	① 30日以内に ② 届出（肢(1)）	① **遅滞なく** ② **変更の登録を申請**（肢(3)）
業者・宅建士でなくなる場合	① 30日以内に ② 届出（肢(2)）	① 30日以内に ② 届出（肢(4)）

（**30日以内** ➡ ミンナ届ける、と覚える。）

[問題114] 届 出 等

Aが、甲県知事の宅地建物取引士資格登録（以下この問において「登録」という。）を受けている宅地建物取引士である場合に関する次の記述のうち、宅地建物取引業法の規定によれば、正しいものはどれか。

(1) Aが新たに宅地建物取引業者であるB社に就職した場合、Aは甲県知事に変更の登録を申請する必要はない。

(2) Aが、死亡した場合、甲県知事はAの相続人からの死亡の届出がなくても、その事実が判明したときは、Aの登録を消除しなければならない。

(3) Aが破産手続開始の決定を受けCがAの破産管財人となった場合、Aが破産手続開始の決定を受けた日から30日以内に、Cはその旨を甲県知事に届け出なければならない。

(4) Aが懲役1年、執行猶予2年の刑に処せられた場合、その執行猶予期間満了後5年を経過しないと登録を受けることができない。

甲県知事

登録

A
宅建士

Hint! 届出は不可欠か？

講義

(1)　誤。**勤務先の業者名**の変更に当たるので、遅滞なく変更の登録を申請しなければならない。　　　　　　　　　　　　　301頁(1)②

(2)　正。たとえ、死亡の届出がなくとも、死亡の事実が**判明したら**、知事は登録を消除しなければならないことになっている。　　301頁(2)

(3)　誤。宅地建物取引士が破産手続開始の決定を受けた場合、**本人**が届け出ることになっている。なお、業者が破産手続開始の決定を受けた場合には、破産管財人が届け出ることになっている。　　301頁 表③

(4)　誤。執行猶予期間中は登録を受けられないが、執行猶予期間が**満了すれば**直ちに登録を受けられる。　　286頁 よく出るポイント①、299頁④

（**正　解**）(2)

死亡等の届出	届　出　義　務　者
①　死　　　亡	相続人（肢(2)）
②　心 身 の 故 障	本人・法定代理人・同居の親族
③　破　　　産	**本　人**（肢(3)）
④　禁錮・懲役	本　　人

[問題115] 変更の登録

宅地建物取引士であるAに関する次の記述のうち、宅地建物取引業法の規定によれば、正しいものはどれか。なお、Aは、甲県知事の登録及び宅地建物取引士証の交付を受けているものとする。

(1) Aが甲県知事の免許を受けた宅地建物取引業者Bに専任の宅地建物取引士として就職した場合、Aは、甲県知事に変更の登録を申請する必要があるが、Bは、甲県知事に変更の届出をする必要はない。

(2) Aが勤務している甲県知事の免許を受けた宅地建物取引業者Cが商号を変更した場合、Cが甲県知事に変更の届出をすれば、Aは、甲県知事に変更の登録を申請する必要はない。

(3) Aが甲県から乙県に住所を変更し、丙県知事の免許を受けた宅地建物取引業者Dに勤務先を変更した場合、Aは、甲県知事を経由して、乙県知事に登録の移転を申請することができる。

(4) Aが丁県知事の免許を受けた宅地建物取引業者Eから戊県知事の免許を受けた宅地建物取引業者Fへ勤務先を変更した場合、Aは、甲県知事に遅滞なく変更の登録を申請しなければならない。

 変更の登録は、どういう場合に申請するのか？

講義

(1) 誤。宅建士は、勤務先の業者名に変更を生じた場合には、遅滞なく変更の登録を申請しなければならないから、前半は正しい。しかし、専任の宅建士の氏名に変更を生じた場合には、業者は免許権者に届け出なければいけないから後半が誤り。**明治の薬剤師**だ。

283頁(1)④、301頁(1)②

(2) 誤。業者が商号を変更した場合には、その業者は免許権者に届け出なければいけないから、Cは変更の届出をしなければならない。しかし、それとは別に、**勤務先の業者名**に変更を生じた宅建士は、登録先の知事に変更の登録を申請しなければならないから、Aも甲県知事に変更の登録を申請しなければならない。

283頁(1)①、301頁(1)②

(3) 誤。登録の移転は、**転勤**の場合にはできるが**引越**の場合にはできない。だから、Aは、甲県知事を経由して**丙県知事**に登録の移転を申請することができるが、乙県知事に登録の移転を申請することはできない。

303頁 よく出るポイント⑤

(4) 正。勤務先を変更すれば、当然**勤務先の業者名**も変更することになるから、Aは登録先の知事に変更の登録を申請しなければならない。

301頁(1)②

(正 解)(4)

Point!

① 住所、氏名、本籍
② **勤務先**の業者名（名称または商号、免許証番号）　に変更を生じたら、
➡ **遅滞なく登録先の知事に変更の登録**を申請しなければならない（肢(1)(2)(4)）。

[問題116] 宅地建物取引士証等

宅地建物取引業法（以下この問において「法」という。）に規定する宅地建物取引士資格登録（以下この問において「登録」という。）、宅地建物取引士及び宅地建物取引士証に関する次の記述のうち、正しいものはいくつあるか。

ア　宅地建物取引士資格試験合格後18月を経過した者が宅地建物取引士証の交付を受けようとする場合は、都道府県知事が指定した講習を、交付の申請の90日前から30日前までに受講しなければならない。

イ　宅地建物取引士は、禁錮以上の刑に処せられ登録が消除された場合は、宅地建物取引士証をその交付を受けた都道府県知事に速やかに返納しなければならないが、返納しなかったときは10万円以下の過料に処せられることがある。

ウ　宅地建物取引士が心身の故障により宅地建物取引士の事務を適正に行うことができない者として国土交通省令で定めるものに該当することになったときは、本人又はその法定代理人若しくは同居の親族は、30日以内に、その旨を登録している都道府県知事に届け出なければならない。

エ　宅地建物取引士（甲県知事登録）が、乙県に所在する宅地建物取引業者の事務所の業務に従事するため、登録の移転とともに宅地建物取引士証の交付を受けたとき、登録移転後の新たな宅地建物取引士証の有効期間は、その交付の日から5年となる。

(1)　一つ
(2)　二つ
(3)　三つ
(4)　四つ

Hint!　残りの期間だ。

講義

ア　誤。宅建士証の交付を受けるには、交付申請前 **6 カ月**以内に行われる知事が指定する講習を受けなければならない。ちなみに、宅建士試験合格後 1 年以内に宅建士証の交付を受ける場合は、この講習が免除されることになっている。　　　　　　　　　　　　　　　　　 297 頁 (3)

イ　正。登録が消除されたら、宅建士証を交付を受けた知事に速やかに返納しなければならない。もし、返納しなかったら 10 万円以下の**過料**だ。

305 頁 ⑦、388 頁 ⑬

ウ　正。宅建士が心身の故障により宅建士の事務を適正に行うことができない者になったときは、本人・法定代理人・同居の親族は、**30 日**以内に、その旨を登録先の知事に届け出なければならない。　　 301 頁 (2) ②

エ　誤。新宅建士証（乙県知事から交付してもらう宅建士証）の有効期間は、旧宅建士証の有効期間の**残りの期間**だ。新たに 5 年となるのではない。

303 頁 よく出るポイント④

以上により、正しいものはイとウなので、肢(2)が正解となる。

正　解 (2)

Point!

① 宅建士証を**返納**しなかった　➡　10 万円以下の**過料**（肢イ）

② 宅建士証を**提出**しなかった　➡　10 万円以下の**過料**

③ **重要事項の説明**の際、宅建士証を提示しなかった　➡　10 万円以下の**過料**

注意！　宅建士証がらみの罰則は過料（罰金ではない）。

[問題117] 宅地建物取引士等

　宅地建物取引業者A社及びA社の従業者である宅地建物取引士Bに関する次の記述のうち、宅地建物取引業法の規定によれば、正しいものはいくつあるか。

ア　A社は、Bに対し、その業務を適正に実施させるため、必要な教育を行うよう努めなければならない。

イ　Bは、宅地建物取引士の信用又は品位を害するような行為をしてはならない。

ウ　Bは、宅地又は建物の取引に係る事務に必要な知識及び能力の維持向上に努めなければならない。

エ　Bは、宅地建物取引業の業務に従事するときは、宅地又は建物の取引の専門家として、購入者等の利益の保護及び円滑な宅地又は建物の流通に資するよう、公正かつ誠実に宅地建物取引業法に定める事務を行うとともに、宅地建物取引業に関連する業務に従事する者との連携に努めなければならない。

(1)　一つ

(2)　二つ

(3)　三つ

(4)　四つ

　教育を行おう！知識及び能力を維持向上させよう！

講 義

ア　正。業者は、その従業者に対し、業務を適正に実施させるため、**必要な教育を行うよう努めなければならない。**　　　　　　　　　　📖331頁9.

イ　正。宅地建物取引士は、その**信用または品位を害するような行為をしてはならない。**　　　　　　　　　　　　　　　　　📖306頁7.(2)

ウ　正。宅地建物取引士は、**知識及び能力の維持向上**に努めなければならない。最新の法令改正等を把握しておきなさい、ということだ。

　　　　　　　　　　　　　　　　　　　　　　　　　　　📖306頁7.(3)

エ　正。宅地建物取引士は、宅建業の業務に従事するときは、宅地建物の取引の専門家として、購入者等の利益の保護及び円滑な宅地建物の流通に資するよう、**公正かつ誠実**に事務を行うとともに、宅建業に関連する業務に従事する者との連携に努めなければならない。　　　📖306頁7.(1)

以上により、正しいものはアとイとウとエなので（全部が正しいので）、正解は肢(4)となる。

　　　　　　　　　　　　　　　　　　　　　　（**正　解**）(4)

Point!

宅建士の2つの努力義務

① 業務処理の原則

　宅建士は、宅建業の業務に従事するときは、宅地建物の取引の専門家として、購入者等の利益の保護及び円滑な宅地建物の流通に資するよう、**公正かつ誠実**に事務を行うとともに、宅建業に関連する業務に従事する者との連携に努めなければならない（肢エ）。

② 知識及び能力の維持向上

　宅建士は、**知識及び能力の維持向上**に努めなければならない（肢ウ）。

［問題118］ 営業保証金

　宅地建物取引業者A（甲県知事免許）の営業保証金に関する次の記述のうち、宅地建物取引業法の規定によれば、誤っているものはどれか。

(1)　Aは、営業保証金を供託したが、甲県知事に対して、営業保証金の供託書の届出をしないで営業を開始した場合、Aは、罰金の刑に処せられることはあるが、懲役の刑に処せられることはない。

(2)　Aが販売するマンションについての販売広告を受託したB（宅地建物取引業者ではない。）は、当該広告代金債権に関し、Aが供託した営業保証金について弁済を受ける権利を有しない。

(3)　Aが、宅地建物取引業保証協会の社員となった場合、Aは、還付請求権者に対する公告をしなくても、営業保証金を取り戻すことができる。

(4)　Aが、本店を移転したため、もよりの供託所に変更が生じた場合でも、Aが営業保証金を金銭と国債証券で供託しているときは、Aは、移転後の本店のもよりの供託所への営業保証金の保管替えを請求することはできない。

　重い罰則あり。

講 義

(1)　誤。営業保証金を供託した旨を免許権者に届け出ないで、営業を開始
したら、6カ月以下の**懲役**もしくは100万円以下の罰金または両者の併
科だ。だから、Aは懲役の刑に処せられることもある。　　309頁(3)①

(2)　正。営業保証金から還付を受けられるのは、**宅建業の取引**から生じた
債権に限られる。だから、広告の代金債権については、還付を受けるこ
とはできない（「広告を依頼すること」は、「宅建業の取引」ではない）。
313頁 広告の代金債権はダメ

(3)　正。業者が保証協会に加入すれば、債権者（還付請求権者）は安泰だから、
営業保証金を**直ちに**取り戻して差し支えない。公告をする必要はない。
315頁②

(4)　正。保管替えは、**金銭だけ**で供託しているときだけしか請求できない。
だから、金銭と国債証券で供託しているAは、保管替えを請求すること
はできない。　　311頁①

（**正 解**）(1)

Point!

業者は　➡　営業保証金を供託し、供託した旨を免許権者に**届け出た後で**
なければ、営業を開始できない。

注意!　この届出をしないで営業を開始したら、6カ月以下の**懲役**もしくは
100万円以下の罰金または両者の併科だ（肢(1)）。

□□□□□

［問題119］ 営業保証金

　宅地建物取引業者Aは、甲県に本店を、乙県に支店を1つ設け、額面金額1,500万円の国債証券を供託して営業している。この場合、宅地建物取引業法に規定する営業保証金に関する次の記述のうち、正しいものはどれか。なお、Bは宅地建物取引業者ではないものとする。

(1)　Aが乙県内に新たに事務所を1つ設置する際に、Bがその設置資金をAに貸し付けた場合、Bは、本店の最寄りの供託所に供託してある営業保証金から還付を受けることができる。

(2)　Aと取引をしたBが、営業保証金から300万円の還付を受けた場合、Aは、その分の追加供託をしなければならないが、この場合、有価証券で供託することはできない。

(3)　Aと取引をしたBが、営業保証金から還付を受けた場合、Aは、国土交通大臣から通知を受けた日から2週間以内に、その分の営業保証金を供託し、その後2週間以内に、国土交通大臣に届け出なければならない。

(4)　Aが本店を移転し、その最寄りの供託所が変更した場合、営業保証金の保管替えの請求ができないので、新供託所に営業保証金を供託し、公告を行った後に、旧供託所から営業保証金を取り戻すことができる。

　追加供託はいつまでにするのか？

講義

(1)　誤。営業保証金から還付を受けられるのは、**宅建業の取引から生じた債権**に限られる。だから、事務所の設置資金を貸した者は、還付を受けられない。　　　　　　　　　　　　　　　　　　　　　　　**図**313頁(2)

(2)　誤。営業保証金は、金銭だけでなく、一定の**有価証券**で供託することもできる。そして、このことは、事務所を増設した場合も、還付による追加供託をする場合も、同じだ。　　　　　　　　　　　　　**図**309頁(2)

(3)　正。還付による追加供託は、免許権者から通知を受けた日から**2週間以内**に行わなければならず、その後**2週間以内**に、免許権者に届け出なければならない。Aの免許権者は国土交通大臣だから、本肢は正しい。
　　　　　　　　　　　　　　　　　　図313頁(3)、314頁 注!

(4)　誤。保管替えは、金銭のみで供託している場合でなければできない。だから、新供託所に供託した後に、旧供託所から営業保証金を取り戻すことになる。しかし、この場合は**公告不要**だ。旧供託所から還付を受けられなくなっても、新供託所から還付を受けられるからだ。
　　　　　　　　　　　　　　　　　　　図315頁 **例 外** ①

　　　　　　　　　　　　　　　　　正　解 (3)

追加供託のタイムリミット

業者が不足額を**追加供託**しなければならないタイムリミットは、➡ 免許権者から不足通知を受けてから**2週間以内**だ（肢(3)）

［問題120］ 営業保証金

　宅地建物取引業者Ａ（甲県知事免許）の営業保証金に関する次の記述の
うち、宅地建物取引業法の規定によれば、誤っているものはどれか。

(1)　Ａは、免許の取消処分を受けたことに伴い、営業保証金の取戻しをす
　　るための公告をしたときは、遅滞なく、その旨を甲県知事に届け出なけ
　　ればならない。

(2)　Ａは、自ら所有する宅地を売却するに当たっては、当該売却に係る売
　　買契約が成立するまでの間に、買主が宅地建物取引業者であっても、そ
　　の買主に対して、営業保証金を供託した主たる事務所のもよりの供託所
　　及びその所在地を説明するようにしなければならない。

(3)　Ａは、既に供託した額面金額1,000万円の国債証券と変換するため1,000
　　万円の金銭を新たに供託した場合、遅滞なく、その旨を甲県知事に届け出
　　なければならない。

(4)　Ａは、営業保証金の還付が行われ、営業保証金が政令で定める額に不
　　足することになったときは、その旨の通知書の送付を受けた日から２週
　　間以内にその不足額を供託しなければ、業務停止の処分を受けることが
　　あるが、50万円以下の罰金に処せられることはない。

 　営業保証金はシロートのためにある。

講義

(1)　正。業者が、営業保証金を取戻すための**公告**（「債権をお持ちの方はお申し出下さい」との公告）をしたときは、遅滞なく、**免許権者に届け出**なければならない。　　　　　　　　　　　　　　　　　圝315頁 4.

(2)　誤。業者は、取引の相手方がシロートの場合（業者でない場合）は、契約が成立する前に、**どこの供託所に営業保証金を供託しているか**（要するに、供託所とその所在地）を説明するようにしなければならない。本肢の買主は業者なので、**説明不要**だ。　　　　　　　　　圝381頁 第2節

(3)　正。**営業保証金の変換**とは、供託の方法を変えることだ（**例** 今までは、国債証券で供託していたが、これからは、金銭で供託する）。業者が、営業保証金の変換をした場合は、遅滞なく、**免許権者に届け出**なければならない。　　　　　　　　　　　　　　　　　　　　　　圝309頁 注!

(4)　正。業者が不足額を追加供託しなければならないタイムリミットは、免許権者から**不足通知**を受けてから**2週間以内**だ。2週間以内に追加供託しなかったら、**業務停止処分**を受けることがある。しかし、罰金に処せられることはない（違反しても、罰則はない）。　　　　　　　圝313頁(3)

（正　解）(2)

Point!

営業保証金と業者
1　**業者**は、営業保証金から還付（弁済）を受けることは**できない**。営業保証金はシロート（羊）のお客さんのためのもの。だから、プロ（狼）である業者はガマンしなさいということ。
2　**業者**に対しては、**どこの供託所**に営業保証金を供託しているかの**説明**は**不要**（肢(2)）。そもそも、業者は、営業保証金から還付を受けることはできない。だから、どこの供託所に営業保証金を供託しているかの説明も不要ということ。

［問題121］ 営業保証金

　宅地建物取引業者A（甲県知事免許）の営業保証金に関する次の記述のうち、宅地建物取引業法の規定によれば、正しいものはどれか。

(1)　甲県知事がAに免許をした日から1カ月以内に、Aから、営業保証金を供託した旨の届出がない場合、甲県知事は、Aに対して届出をすべき旨の催告をしなければならない。

(2)　Aが宅地建物取引業に関し不正な行為をしたため、免許を取り消された場合でも、Aは、供託した営業保証金を取り戻すことができる。

(3)　営業保証金の還付が行われたため、営業保証金が政令で定める額に不足することになった場合において、Aが、その旨の通知書の送付を受けた日から2週間以内にその不足額を供託しなかったときでも、Aは、業務停止処分を受けることはない。

(4)　Aは営業保証金の供託を国債証券によって行うことができるが、その際の当該証券の価額は、額面金額の100分の90となる。

 廃業も、免許の取消しも、支店の廃止も含む。

講 義

(1) 誤。免許権者は、免許を与えてから**3カ月**以内に営業保証金を供託した旨の届出をしない業者には、早く届出をしろと**催告**しなければならない。　　　　　　　　　　　　　　　　　　　　　　　図310頁(4)

(2) 正。営業保証金を供託しておく必要がなくなった場合、業者は、営業保証金を取り戻すことができる。だから、**免許取消処分**を受けた場合でも、業者は、営業保証金を取り戻すことができる。　　　図315頁 4.

(3) 誤。業者が不足額を追加供託しなければならないタイムリミットは、免許権者から不足通知を受けてから**2週間**以内だ。そして、その期間内に追加供託をしなかった場合は、**業務停止処分**を受けることがある。

図313頁(3)

(4) 誤。業者は、営業保証金を金銭で供託してもいいし、一定の有価証券で供託してもいい。ただし、有価証券の場合は、①国債証券については、額面金額の100％、②地方債証券・政府保証債券については、額面金額の90％、③それ以外の国土交通省令で定める有価証券については、額面金額の80％の金額に評価される。　　　　　　　図309頁(2)①

(**正 解**)(2)

Point!

営業保証金を取り戻すことができるか？

① 廃業　　　　　○

② **免許取消し**　○（肢(2)）

③ 支店の廃止　○

［問題122］ 営業保証金

　宅地建物取引業者A（甲県知事免許）が、宅地建物取引業法の規定に基づき供託する営業保証金に関する次の記述のうち、正しいものはどれか。

(1)　Aは、新たに事務所を2か所増設するための営業保証金の供託について国債証券と地方債証券を充てる場合、地方債証券の額面金額が800万円であるときは、額面金額が280万円の国債証券が必要となる。

(2)　Aは、免許を受けた日から1月以内に営業保証金を供託した旨の届出を行わなかったことにより甲県知事の催告を受けた場合、当該催告が到達した日から1月以内に届出をしないときは、免許を取り消されることがある。

(3)　Aは、宅地建物取引業の廃業により営業保証金を取り戻すときは、営業保証金の還付を請求する権利を有する者（以下この問において「還付請求権者」という。）に対して公告しなければならないが、支店の廃止により営業保証金を取り戻すときは、還付請求権者に対して公告する必要はない。

(4)　宅地建物取引業者Bは、Aに手付金1,000万円を支払い、甲宅地の売買契約を締結した。甲宅地の引渡しの前にAが失踪し、甲宅地の引渡しを受けることができなくなったときは、Bは、手付金について、営業保証金から弁済を受けることができる。

Hint!　地方債証券は額面金額の90％。

講義

(1)　正。新たに事務所（支店）を2カ所増設するのだから、1,000万円の営業保証金が必要だ。国債証券は額面金額の**100**％の金額に評価されるが、地方債証券は**90**％の金額で評価される。だから、地方債証券の額面金額が800万円のときは、720万円に評価される（800万円× 90％＝ 720万円）ので、額面金額が 280 万円の国債証券が必要だ。　　　309 頁⑵ ① ②

(2)　誤。免許権者は、免許を与えてから**3カ月**以内に営業保証金を供託した旨の届出をしない業者には、早く届出をしろと催告しなければならず、催告後1カ月以内に届出がない場合には、免許を**取り消す**ことができる（任意）。　　　310 頁⑷

(3)　誤。業者は、廃業の場合も**支店を廃止**する場合も、6カ月を下らない一定の期間を定めて、「債権をお持ちの方はお申し出下さい」と公告しなければならない。　　　315頁 4.

(4)　誤。**業者は営業保証金から弁済を受けることができない**。弁済を受けることができるのはシロート（非業者）のお客さんだけだ。

 308 頁 注!

（**正　解**）⑴

Point!

業者は、営業保証金から還付（弁済）を受けることができない（肢⑷）。

コメント　だから、取引の相手方が**業者**の場合は、どこの供託所に営業保証金を供託しているか等を説明する必要は**ない**（どうせ、弁済を受けることができないのだから、説明を受けてもムダ）。

□□□□□□

［問題123］ 営業保証金

　宅地建物取引業者Aが甲県知事の免許を受けて営業保証金を供託した場合に関する次の記述のうち、宅地建物取引業法の規定によれば、正しいものはどれか。

(1)　Aは、営業保証金を供託しても、その旨を甲県知事に届け出た後でなければ、事業を開始することができず、これに違反したときは、業務停止処分及び罰金刑を受けることがあるが、免許取消処分及び懲役刑を受けることはない。

(2)　甲県知事は、免許をした日から1カ月以内にAが営業保証金を供託した旨の届出をしないときは、相当の期間を定めて届出をするように催告をし、その期間内に届出がない場合には、免許を取り消すことができる。

(3)　Aは、甲県知事から、営業保証金が還付されたため営業保証金の額に不足を生じた旨の通知書の送付を受けたときは、その送付を受けた日から2週間以内にその不足額を供託し、その旨を甲県知事に届け出なければならない。

(4)　Aは、取引の相手方（宅地建物取引業者に該当する者を除く。）に対し、取引が成立するまでの間に、宅地建物取引士をして、営業保証金を供託した供託所及びその所在地を説明させなければならない。

　期間の記憶は正確に！

講 義

(1) 誤。営業保証金を供託した旨の届出をしないで営業を開始すると、①監督処分として、業務停止処分を受け、情状が特に重い場合には、**免許取消処分**を受ける。そして、②罰則として、懲役または罰金（両方が併科されることもある）に処せられる。免許取消処分も懲役刑も、ありだ。

📖 309頁 (3) ①

(2) 誤。甲県知事は、①Aに免許を与えてから**3カ月**（1カ月ではない）以内にAが営業保証金を供託した旨の届出をしないと、早く届出をしろと催告しなければならず、②催告後**1カ月**（相当の期間ではない）以内にAが届出をしないと、免許を取り消すことができる。 📖 310頁 (4)

(3) 正。業者が、不足額を追加供託しなければならないタイムリミットは、免許権者から不足通知を受けてから**2週間**以内だ。 📖 313頁 (3)

(4) 誤。業者は、取引の相手方（業者を除く）に、契約が成立する前に、どこの供託所に営業保証金を供託しているかを説明するようにしなければならない。しかし、この説明は、**宅地建物取引士**でなくともできる。

📖 381頁 よく出るポイント2つ ①

正 解 (3)

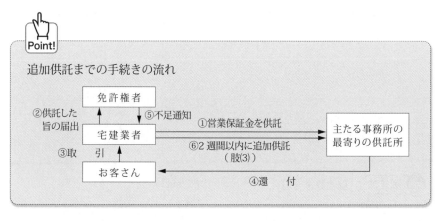

👆 **Point!**

追加供託までの手続きの流れ

免許権者

②供託した旨の届出　⑤不足通知

宅建業者　①営業保証金を供託　→　主たる事務所の最寄りの供託所

③取 引　⑥2週間以内に追加供託（肢(3)）

お客さん　④還 付

[問題124] 保証協会

　宅地建物取引業者Aが、宅地建物取引業保証協会 (以下この問において「保証協会」という。) に加入している場合に関する次の記述のうち、宅地建物取引業法の規定によれば正しいものはどれか。

(1)　Aが事務所のうち一つを廃止し、弁済業務保証金分担金の返還を受けようとする場合、保証協会は、弁済業務保証金の還付請求権を有する者に対し、6カ月を下らない期間内に認証を受ける旨の公告をしなければならない。

(2)　Aは、保証協会から還付充当金を納付すべき旨の通知を受けた場合、その通知を受けた日から2週間以内に、還付充当金を保証協会に納付しなければならない。

(3)　Aが新たに支店を2カ所設置した場合、その日から2週間以内に弁済業務保証金分担金120万円を保証協会に納付しなければならない。

(4)　Aが保証協会の社員の地位を失った場合、Aはその地位を失った日から2週間以内に営業保証金を供託しなければならない。

解き方　重要数字を覚えていないと本問は解けない。

講 義

(1) 誤。保証協会が弁済業務保証金分担金を返還する場合に、公告をしなければならないのは、Aが保証協会の**社員でなくなった場合**だ。事務所の一つを廃止し、その分を返還する場合は公告の必要はない。

323頁(3) 注!

(2) 正。弁済業務保証金の還付がなされた場合、保証協会からその通知を受けた社員は、**通知を受けた日**から2週間以内に、その通知された額の還付充当金を保証協会に納付しなければならない。 321頁(4)

(3) 誤。新たに支店を2カ所設置した場合、その日から2週間以内に弁済業務保証金分担金として**60万円**を保証協会に納付しなければならない。

318頁(1)、(2)

(4) 誤。Aが保証協会の社員の地位を失った場合、その地位を失った日から**1週間以内**に営業保証金を供託しなければならない。 322頁(6)

（ 正 解)(2)

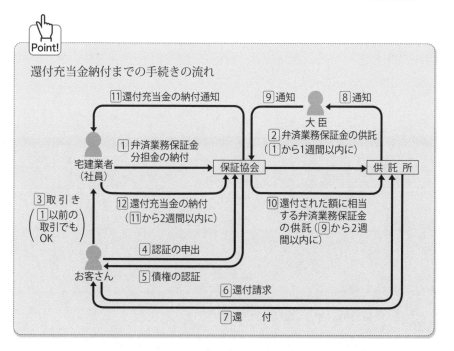

Point!

還付充当金納付までの手続きの流れ

⑪還付充当金の納付通知 ⑨通知 ⑧通知

大臣
②弁済業務保証金の供託
(①から1週間以内に)

宅建業者
(社員)

①弁済業務保証金
分担金の納付

保証協会

供託所

③取引き
(①以前の
取引でも
OK)

⑫還付充当金の納付
(⑪から2週間以内に)

⑩還付された額に相当
する弁済業務保証金
の供託(⑨から2週
間以内に)

④認証の申出

お客さん

⑤債権の認証

⑥還付請求

⑦還 付

［問題125］ 保証協会

宅地建物取引業保証協会（以下この問において「保証協会」という。）に関する次の記述のうち、宅地建物取引業法の規定によれば、正しいものはどれか。

(1) 保証協会は、手付金等保管事業をすることが義務付けられている。

(2) 保証協会は、全国の宅地建物取引業者を直接又は間接の社員とする一般社団法人による宅地建物取引士等に対する研修の実施に要する費用の助成をすることが義務付けられている。

(3) 保証協会は、一定の課程を定め、宅地建物取引士の職務に関し必要な知識及び能力についての研修その他宅地建物取引業の業務に従事し、又は従事しようとする者に対する宅地建物取引業に関する研修を実施することが義務付けられている。

(4) 保証協会は、そのすべての社員に対して、当該社員が受領した支払金や預り金の返還債務を負うことになったときに、その債務を連帯して保証する業務をすることが義務付けられている。

 任意業務　➡　義務付けられていない。

講義

(1) 誤。**手付金等保管業務**（手付金等保管事業）は、**任意業務**だ。任意業務とは、することが<ruby>で<rt>・</rt></ruby><ruby>き<rt>・</rt></ruby><ruby>る<rt>・</rt></ruby>業務のこと（つまり、義務付けられてはいない）。だから、「義務付けられている」とある本肢は×だ。　　　　　　📖323頁(2)②

(2) 誤。全国の宅建業者を直接または間接の社員とする一般社団法人による宅地建物取引士等に対する研修の実施に要する**費用の助成業務**は、**任意業務**だ。だから、「義務付けられている」とある本肢は×だ。

📖323頁(2)④

(3) 正。**研修**は、保証協会の**必須業務**だ。必須業務とは、<ruby>し<rt>・</rt></ruby><ruby>な<rt>・</rt></ruby><ruby>け<rt>・</rt></ruby><ruby>れ<rt>・</rt></ruby><ruby>ば<rt>・</rt></ruby><ruby>な<rt>・</rt></ruby><ruby>ら<rt>・</rt></ruby><ruby>な<rt>・</rt></ruby><ruby>い<rt>・</rt></ruby>業務のこと（つまり、義務付けられている）。だから「義務付けられている」とある本肢は○だ。　　　　　　📖323頁(1)③

(4) 誤。本肢は、一般保証業務のことだ。**一般保証業務**は、**任意業務**だ。だから、「義務付けられている」とある本肢は×だ。　　　　　　📖323頁(2)①

（**正　解**）(3)

Point!

保証協会の業務
(1) 必須業務（義務付けられている）
　① 弁済業務
　② 苦情の解決
　③ 研修（肢(3)）
(2) 任意業務（義務付けられていない）
　① 一般保証業務（肢(4)）
　② **手付金等保管業務**（肢(1)）
　③ 宅建業の健全な発達を図るために必要な業務
　④ 全国の宅建業者を直接または間接の社員とする一般社団法人による宅地建物取引士等に対する研修の実施に要する費用の助成業務（肢(2)）

［問題126］ 営業保証金・保証協会

営業保証金を供託している宅地建物取引業者Aと宅地建物取引業保証協会（以下この問において「保証協会」という。）の社員である宅地建物取引業者Bに関する次の記述のうち、宅地建物取引業法の規定によれば、誤っているものはどれか。

(1) 自己所有の宅地を売却する場合、買主（宅地建物取引業者でないものとする。）に対して、売買契約が成立するまでの間に、Aは、営業保証金を供託した主たる事務所の最寄りの供託所及びその所在地について説明をするようにしなければならず、Bは、保証協会の社員である旨の説明をするようにしなければならない。

(2) 新たに事務所を設置した場合、Aは、主たる事務所の最寄りの供託所に供託すべき営業保証金に、国債証券をもって充てることができるが、Bは、保証協会に納付すべき弁済業務保証金分担金に、国債証券をもって充てることはできない。

(3) 一部の事務所を廃止した場合において、Aが営業保証金を取り戻すときは、Aは、還付を請求する権利を有する者に対して6カ月以内に申し出るべき旨を官報に公告しなければならないが、保証協会が弁済業務保証金分担金をBに返還するときは、保証協会は、還付を請求する権利を有する者に対して公告をする必要はない。

(4) AとBが、それぞれ主たる事務所の他に5か所の従たる事務所を有している場合、宅地建物取引業に関する取引により生じた債権を有する者（宅地建物取引業者でないものとする。）は、Aに関する債権にあっては3,500万円を上限として、Aが供託した営業保証金から弁済を受ける権利を有し、Bに関する債権にあっては210万円を上限として、保証協会が供託した弁済業務保証金から弁済を受ける権利を有する。

 弁済してもらえる額は同じ。

講義

(1) 正。営業保証金を供託している業者は、取引の相手方（業者を除く）に契約が成立する前に、どこの供託所に営業保証金を供託しているか（**供託所とその所在地**）を説明しなければならない（前半は○）。保証協会に加入している業者は、取引の相手方（業者を除く）に契約が成立する前に、どの保証協会に加入しているか（保証協会の**社員である旨**）等を説明しなければならない（後半も○）。　　　　　　　　　　　　　　　　　　　　　　 📙381頁上の ① ②

(2) 正。業者が、営業保証金を供託する場合は、金銭で供託しても OK だし、国債証券等の一定の有価証券で供託しても OK だ（前半は○）。業者が、保証協会に**弁済業務保証金分担金**を納付する場合は、**金銭だけで納付しなければならない**（後半も○）。　　　　　　　　　　　　　 📙309頁(2)、318頁(3)

(3) 正。業者が、一部の事務所を廃止した場合に、営業保証金を取り戻すときは、「債権者出てこい」公告が必要だ（前半は○）。業者が、一部の事務所を廃止した場合に、保証協会が、弁済業務保証金を取り戻して、取り戻した金額に相当する**弁済業務保証金分担金**を業者に返還するときは、「債権者出てこい」公告は**不要**だ（後半も○）。　　　　　　　　 📙315頁 **原則**、323頁(3) 注!

(4) 誤。営業保証金の場合、主たる事務所については、1,000万円、その他の事務所については、1カ所につき500万円の合計額を供託しなければならない。だから、Aは3,500万円供託している（1,000万円＋500万円×5＝3,500万円）。したがって、Aのお客さんは3,500万円を上限として還付を受けられる（前半は○）。保証協会の社員Bのお客さんが還付を受けられる限度は、「Bが保証協会の社員でないとした場合の**営業保証金の額**」だ。だから、Bのお客さんも3,500万円を上限として還付を受けられる（後半が×）。　　　 📙308頁 2.、320頁(3)

（ **正 解** ）(4)

Point!

有価証券で供託・納付できるか？

① 営業保証金の供託　　　　　　　 ➡ 有価証券でも OK（肢(2)）。
② 弁済業務保証金**分担金**の納付　 ➡ 有価証券では**ダメ**（肢(2)）。
③ 弁済業務保証金の供託　　　　　 ➡ 有価証券でも OK。

［問題127］ 保証協会

　宅地建物取引業者Aは、本店及び支店2カ所を設置し営業保証金を供託して営業していたが、令和6年2月2日に、甲宅地建物取引業保証協会（以下この間において「甲保証協会」という。）の社員となって弁済業務保証金分担金を納付した。この場合に関する次の記述のうち、宅地建物取引業法の規定によれば、正しいものはどれか。なお、Bは宅地建物取引業者ではないものとする。

⑴　甲保証協会は、Aから弁済業務保証金分担金の納付を受けた場合、その日から2週間以内に、120万円の弁済業務保証金を供託しなければならない。

⑵　Aから令和6年1月15日に宅地を購入したBが、当該宅地の取引について同年1月20日に発生した損害賠償債権に関し、同年2月15日に甲保証協会に認証を申し出たとしても、甲保証協会は当該債権については認証義務を負わない。

⑶　Aが令和6年3月1日に支店を1カ所設置する場合、その支店で業務を開始する日の2週間前までに、弁済業務保証金分担金を30万円納付しなければならない。

⑷　Aから令和6年2月10日に宅地を購入したBが、当該売買契約について同年2月15日に発生した損害賠償債権に関し、同年2月20日に甲保証協会に認証を申し出た場合、Bが認証を受けることのできる限度額は2,000万円である。

　3つの親切その②。

講 義

(1) 誤。保証協会は、弁済業務保証金分担金の納付を受けたときは、その日から**1週間以内**に弁済業務保証金を供託しなければならない。2週間以内ではない。　📙319頁(5)

(2) 誤。業者が**社員になる前**に取引したお客さん（業者を除く）も還付を受けることができる。　📙320頁(2)

(3) 誤。保証協会に加入後に事務所を新設した場合、新事務所設置後**2週間以内**に納付しなければならない。業務を開始する日の2週間前までにではない。　📙318頁②

(4) 正。認証を受けることができる限度額は、その業者が保証協会の社員でないとした場合の**営業保証金の額**だ。Aは、本店と支店2カ所を設置しているから、

　　1,000万円（本店分）＋500万円×2（支店分）＝2,000万円

だ。だから、Bは、2,000万円を限度として認証を受けられる。3つの親切その②だ。　📙320頁(3)

（**正　解**）(4)

👓 **保証協会の3つの親切**

その① ➡ 業者が**社員になる前**に取引したお客さん（業者を除く）も還付を受けられる。

その② ➡ 還付の限度額は、**営業保証金の額**（肢(4)）。

その③ ➡ 宅建業に**これから**従事しようとする者にも研修をしてくれる。

[問題128] 保証協会

　宅地建物取引業者A（甲県知事免許）が、宅地建物取引業保証協会（以下この問において「保証協会」という。）に加入しようとし、又は加入した場合に関する次の記述のうち、宅地建物取引業法の規定によれば、正しいものはどれか。

(1)　保証協会にAが新たに社員として加入した場合、保証協会は、その日から2週間以内にその旨を、甲県知事に報告しなければならない。

(2)　Aが、保証協会に加入した後、新たに従たる事務所を設置した場合において、Aが、その日から2週間以内に、弁済業務保証金分担金を納付しなかったときは、Aは、保証協会の社員たる地位を失う。

(3)　Aが、保証協会に加入するため弁済業務保証金分担金を納付する場合、Aは、国債証券、地方債証券その他一定の有価証券をもってこれに充てることができる。

(4)　Aがその一部の事務所を廃止したため、保証協会がAに対して、弁済業務保証金分担金を返還しようとする場合、保証協会は、弁済業務保証金の還付請求権者に対し、一定期間内に保証協会の認証を受けるため申し出るべき旨の公告をしなければならない。

Hint!　期間に注目。

講義

(1) 誤。保証協会は、新たに社員が加入した場合、**直ちに**、その旨を業者の免許権者に報告しなければならない。「2週間以内」ではない。
318頁 注2

(2) 正。業者が加入後に事務所を新設した場合は、新事務所設置後**2週間以内**に弁済業務保証金分担金を納付しなければならない。そして、2週間以内に納付しなかったら、社員の地位を失うことになる。
318頁 注1

(3) 誤。弁済業務保証金分担金は**必ず金銭**で納付しなければならない。営業保証金と違って、有価証券で納付することはできない。　318頁(1)

(4) 誤。業者が保証協会の社員でなくなった場合は、「債権者出てこい公告」は必要だ。しかし、業者が**一部の事務所を廃止**した場合は、債権者出てこい公告は**不要**だ。
323頁(3) 注!

正　解(2)

Point!

弁済業務保証金分担金をいつまでに納付するのか？
① 業者が保証協会に**加入**する場合 ➡ **加入しようとする日までに納付**しなければならない。
② 加入後に事務所を**新設**した場合 ➡ **新事務所設置後2週間以内**に納付しなければならない。

注意! ②の場合において、2週間以内に納付しなかったときは、業者は、社員の地位を失うことになる（肢(2)）。

[問題129] 広　　　　告

　宅地建物取引業者Aが、その業務に関し広告を行った場合に関する次の記述のうち、宅地建物取引業法（以下この問いにおいて「法」という。）の規定によれば、誤っているものはどれか。

(1)　Aが宅地の売買の媒介をするにあたり、売主の依頼により、Aが自ら売主になる旨の広告をすると、Aは、業務停止処分を受けることがある。

(2)　将来、地下鉄の駅が近くにできて、交通の利便が良くなる旨の誤解を与えるような広告をしても、広告中に、Aの予想にすぎない旨を注記してあれば、Aは、法に違反しない。

(3)　宅地の貸借の媒介をする場合であっても、Aは、宅地造成等工事規制区域内における宅地造成等に関する工事の許可が必要とされる場合において、宅地造成及び特定盛土等規制法第12条第1項の許可があるまでは、当該宅地に関する広告をすることができない。

(4)　Aが業務停止処分を受けた場合、その期間中に広告をすると、たとえ広告の内容が適正であっても、Aは、免許取消処分を受ける。

　お客さんをまどわせる原因になることはダメ。

講　義

(1)　正。業者は、広告をする時は、**取引態様**を明示しなければならない。
そこで、ウソの取引態様を明示したＡは、取引態様の明示義務に違反し、
業務停止処分を受けることがある。　　　　　　　　　　　　328頁 **1**

(2)　誤。業者は、現在または将来の交通その他の利便に関し、著しく事実
に相違する表示等をしてはならない。たとえ、業者の**予想**にすぎない旨
の注記をしても、違反だ。　　　　　　　　　　　　327頁 ②、③

(3)　正。盛土規制法（宅地造成及び特定盛土等規制法）の**許可**がなければ、
造成工事ができないので、許可があるまでは、広告をすることができない。
たとえ、貸借の代理、または貸借の媒介に関する広告でも、ダメだ。

331頁 (2)

(4)　正。業務停止処分を受けた場合は、取引だけでなく、**広告も禁止**される。
そして、業務停止処分に違反すると、免許を取り消される。

386頁 (3) ②

（**正　解**）(2)

Point!

たとえ、「**予想**」だとしてもお客さんをまどわせる原因になりかねないから、
誇大広告として宅建業法に違反する（肢(2)）。

［問題130］ 取引態様明示義務

　宅地建物取引業者が宅地の売買の注文を受けたときの取引態様の明示に関する次の記述のうち、宅地建物取引業法の規定によれば、正しいものはどれか。

(1)　宅地建物取引業者は、顧客から宅地の売買の注文を受けたときは、その売買契約成立後遅滞なく、取引態様の明示をする必要がある。

(2)　宅地建物取引業者は、他の宅地建物取引業者から宅地の売買の注文を受けたときは、取引態様の明示をする必要はない。

(3)　宅地建物取引業者は、取引態様の明示がある広告を見た顧客から宅地の売買の注文を受けたときは、取引態様の問合せがなくても、取引態様の明示をする必要がある。

(4)　宅地建物取引業者は、顧客から宅地の購入の注文を受けた場合において、自己所有の物件を提供しようとするときは、取引態様の明示をする必要はない。

　お客さんにとって、一番有利な肢はどれか？

講義

(1) 誤。契約成立後遅滞なく、ではなくて、**注文を受けたら遅滞なく**だ。契約するかどうかの判断材料として不可欠だから、契約後に明示したのでは、遅すぎる。　　　　　　　　　　　　　　　　　　328頁 Ⓑ

(2) 誤。取引態様明示義務は、**業者間の**取引の場合にも適用がある。お客さんが業者でも、注文に際して、遅滞なく取引態様を明示しなければならない。　　　　　　　　　　　　　　　　　　　　　　329頁 **5**

(3) 正。たとえ広告に取引態様を明示しても、さらに念のため、**注文を受けたときにも**、取引態様を重ねて明示しなければならない。また、お客さんから尋ねられなくとも、注文を受けたら**自主的に**明示しなければならない。　　　　　　　　　　　　　　　　329頁 **2**、**3**

(4) 誤。①売買を自ら行う、②交換を自ら行う、ということも、8種類ある**取引態様**の中に含まれている。だから、当然明示しなければならない。　　　　　　　　　　　　　　　　　　　　　　　328頁 (1)

（**正　解**）(3)

業者は、取引態様を
①「**広告**をするときに」明示しなければならない。
かつ、
②「**注文を受けたら遅滞なく**」明示しなければならない（肢(1)）。

［問題131］ 業務上の規制

　宅地建物取引業者Aが行う業務に関する次の記述のうち、宅地建物取引業法（以下この問において「法」という。）の規定に違反しないものはどれか。

(1)　Aは、宅地の売却を希望するBと専任媒介契約を締結した。Aは、Bの要望を踏まえ、当該媒介契約に指定流通機構に登録しない旨の特約を付したため、その登録をしなかった。

(2)　Aの従業者Cは、投資用マンションの販売において、勧誘に先立ち勧誘をする目的である旨を告げず、Aの名称及び自己の氏名を告げたうえで勧誘を行ったが、相手方から関心がない旨の意思表示があったので、勧誘の継続を断念した。

(3)　Aは、法第49条に規定されている業務に関する帳簿について、業務上知り得た秘密が含まれているため、当該帳簿の閉鎖後、速やかに、専門業者に委託して廃棄した。

(4)　Aは、法第49条に規定されている業務に関する帳簿について、取引の関係者から閲覧の請求を受けたが、閲覧に供さなかった。

　従業者名簿とは違う。

講　義

(1)　違反する。専任媒介契約の場合、業者は、媒介契約締結の日から7日（休業日数は算入しない）以内に指定流通機構に**登録しなければならない**。だから、登録しなかったら、業法違反だ。　　　　📖 333頁 ⑤ **2**

(2)　違反する。勧誘に先立って、① 業者名（商号または名称）、② 勧誘を行う者の氏名、③ 契約の締結について**勧誘をする目的**である旨を**告げ**ずに、勧誘を行ってはダメだ。Cは、① と ② については告げているが、③ を告げていないので、業法違反だ（告げずに勧誘したら、それだけでアウトであり、勧誘の継続を断念しても、業法違反だ）。　　📖 325頁 ④

(3)　違反する。帳簿の保存期間は、閉鎖後**5年間**（業者が自ら売主となる新築住宅に係るものは 10 年間）だ。だから、すみやかに廃棄したら（つまり、5年間または 10 年間保存していないから）業法違反だ。

　　　　　　　　　　　　　　　　　　　　　　　　　　📖 292頁 (4)

(4)　違反しない。**帳簿**は、取引の関係者から閲覧の請求があっても、閲覧させる必要はない。　　　　　　　　　　　　　　　　📖 292頁 (4)

（**正　解**）(4)

Point!

請求があったときに、見せる（閲覧させる・提示する）必要があるか？
① 従業者名簿　　　　　➡　○（閲覧必要）
② 従業者証明書　　　　➡　○（提示必要）
③ 宅地建物取引士証　　➡　○（提示必要）注意！
④ **帳簿**　　　　　　　➡　×（閲覧不要）（肢(4)）

注意！　**重要事項の説明**をするときは、請求がなくても、宅地建物取引士証の提示が必要。

[問題132] 業務上の規制

　宅地建物取引業者が行う業務に関する次の記述のうち、宅地建物取引業法の規定に違反するものはいくつあるか。

ア　宅地建物取引業者が、自ら売主として、宅地の売買の契約をするに当たり、買主が手付金を支払えなかったので、手付金に関し銀行との間の金銭の貸借のあっせんをすることにより、買主に対して契約の締結を誘引した。

イ　宅地建物取引業者が、宅地の媒介を行うに当たり、媒介報酬について、買主の要望を受けて、複数回に分けて受領することに応じることにより、買主に対して契約の締結を誘引した。

ウ　宅地建物取引業者の従業者は、宅地の販売の勧誘に際し、買主に対して、「近所に新駅の新設計画があるため、この宅地は将来的には確実に値上がりする」と説明し、契約を誘引したが、実際には当該新設計画は存在せず、当該従業者の思い込みであったことが判明した。

エ　宅地建物取引業者の従業者は、投資用マンションの販売において、相手方に事前の連絡をしないまま自宅を訪問し、その際、勧誘に先立って、業者名、自己の氏名及び契約締結の勧誘が目的である旨を告げた上で勧誘を行った。

(1)　一つ

(2)　二つ

(3)　三つ

(4)　四つ

　ダメなのは手付金の分割。

講　義

ア　違反しない。業者は、手付金をお客さんに貸し付けて、契約を勧誘してはならない。ただし、手付金に関し銀行などを**あっせん**することはOK。　　　　　　　　　　　　　　　　　　　　327頁 ちなみに

イ　違反しない。「**手付金は分割払いでOK ですよ**」と言って、契約を勧誘したら違反だ。しかし、本肢は「**媒介報酬は分割払いでOK ですよ**」と言っているだけだから、違反しない（**手付金**の分割払いはアウトだが、**媒介報酬**の分割払いはセーフ）。　　　　　　　　　　　326頁 5.

ウ　違反する。「確実に（必ず）値上がりしますよ」というような**断定的判断**を提供したら違反だ。たとえ思い込みであったとしても許されない。
　　　　　　　　　　　　　　　　　　　　　　　　　325頁 3.

エ　違反しない。勧誘に先立って、[1] 業者名、[2] 勧誘を行う者の氏名、[3] 契約の締結について勧誘する目的である旨を**告げず**に、勧誘を行ったら違反だ。本肢の従業者は、[1]～[3]を告げた上で勧誘を行っているのでセーフだ。　　　　　　　　　　　　　　　　　　　325頁 [4]

以上により、違反するものはウだけなので、正解は肢(1)となる。

（正　解）(1)

Point!

[1]　**手付金の分割払いによる契約の誘引**　➡　**違法**
[2]　媒介報酬の分割払いによる契約の誘引　➡　適法（肢イ）

［問題133］ 業務上の規制

　宅地建物取引業者Ａが行う建物の売買又は売買の媒介に関する次の記述のうち、宅地建物取引業法の規定に違反しないものはいくつあるか。なお、買主は宅地建物取引業者ではないものとする。

ア　Ａは、建物の売買の媒介に際し、売買契約の締結後、買主に対して不当に高額の報酬を要求したが、買主がこれを拒んだため、その要求を取り下げ、国土交通大臣が定める額を超えない報酬を受け取った。

イ　Ａは、建物の売買の媒介に際し、媒介報酬について、買主の要望を受けて分割受領に応じることにより、契約の締結を誘引した。

ウ　Ａは、自ら売主として行う建物の売買に際し、手付金について、当初提示した金額を減額することにより、契約の締結を誘引した。

エ　Ａは、自ら売主として行う中古建物の売買に際し、当該建物の契約不適合担保責任の通知期間を引渡しの日から１年間とする特約をした。

(1)　一つ

(2)　二つ

(3)　三つ

(4)　四つ

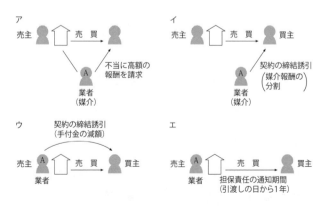

手付金の分割払いによる勧誘は業法違反となるが……。

講　義

ア　違反する。**不当に高額**な報酬を請求したら、それだけで、業法違反だ（請求しただけでアウトだから、実際には国土交通大臣が定める額を超えない報酬しか受け取っていなくても、業法違反だ）。　　　349頁(2)

イ　違反しない。業者は、**手付金を分割払い**にして、契約を勧誘してはならない。しかし、媒介報酬の分割払いは単なるサービスだから OK だ。

326頁 5.

ウ　違反しない。業者は、手付金を**貸し付けて**、契約の勧誘をしてはならない。しかし、手付金の減額は単なるサービスだから OK だ。

327頁 ちなみに

エ　違反する。業者が自ら売主となって、シロートの買主と契約する場合には、原則として、民法の規定より買主に不利な特約をしても無効だ。しかし、例外として、契約不適合担保責任の通知期間を「引渡しの日から**2年以上の期間内**」とする特約だけは、民法の規定より買主に不利だが、有効だ。本肢は「引渡しの日から1年間」とする特約だから、無効だ（業法違反だ）。　　　369頁 **原則**

以上により、違反しないものはイとウなので、正解は肢(2)となる。

（**正　解**）(2)

Point!

分割払いにして、契約を勧誘した場合、違反となるか？

1　**手付金**　　➡　なる。
2　代金　　　➡　ならない。
3　媒介報酬　➡　ならない（肢イ）。

［問題134］ 業務上の規制

　宅地建物取引業者Ａが行う業務に関する次の記述のうち、宅地建物取引業法（以下この問において「法」という。）の規定によれば、誤っているものはどれか。

(1)　Ａは、法第31条の3に規定する専任の宅地建物取引士の設置要件を欠くこととなった場合、2週間以内に当該要件を満たす是正措置を執らないと、監督処分の対象となるほか、罰則の適用を受けることがある。

(2)　Ａは、建物の売買の媒介に際して、売買契約の締結後、買主に対して不当に高額の報酬を要求したが、買主がこれを拒んだため、その要求を取り下げた。この場合、Ａは、監督処分の対象となるほか、罰則の適用を受けることがある。

(3)　Ａは、自ら売主として、宅地建物取引業者でないＢとの間で建築工事完了前の建物を3,000万円で販売する契約を締結し、法第41条に規定する手付金等の保全措置を講じずに、300万円を手付金として受領した。この場合、Ａは、監督処分の対象となるが、罰則の適用を受けることはない。

(4)　Ａは、その主たる事務所に、宅地建物取引業者免許証を掲げなかった場合、監督処分の対象となるが、罰則の適用を受けることはない。

違反が3つ、違反でないものが1つ。

講義

(1)　正。「法第31条の3に規定する専任の宅地建物取引士の設置要件を欠く」というのは、要するに、専任の宅建士の数に欠員が生じたということだ（**例** 専任の宅建士が退職したため、その事務所に専任の宅建士がいなくなってしまった）。この場合、業者は**2週間以内**に補充しなければいけない。2週間以内に補充しなかったら、監督処分の対象になるし（**業務停止処分**）、罰則の適用を受けることがある（100万円以下の**罰金**）。
　　　　　　　　　　　　　　　　　🐾 291頁 よく出るポイント②、388頁 ⑨

(2)　正。不当に高額な報酬を請求すると（請求しただけでアウト。実際に受け取っていなくても違反だ）、監督処分の対象になるし（**業務停止処分**）、罰則の適用を受けることがある（1年以下の**懲役**もしくは100万円以下の**罰金**または両者の併科）。　　　　　🐾 349頁 (2)、388頁 ⑧

(3)　正。未完成物件の場合、手付金等の額が代金の5%以下、かつ、1,000万円以下の場合には、業者は、保全措置をとらずに手付金等を受け取ることができる。Aが受け取った額は300万円（代金の10%）なので、代金の5%を超えている。だから、保全措置をとらなかったAは違反だ。手付金等保全措置の義務に違反した場合は、監督処分の対象にはなるが（**業務停止処分**）、罰則の適用を受けることは**ない**。　　　🐾 363頁 (2) ①

(4)　誤。業者は、免許証を掲示する義務は**ない**。だから、免許証を掲示しなかったとしても、業法**違反ではない**。違反していないのだから、監督処分や罰則を受けることはない。

　　　　　　　　　　　　　　　　　　　　　　　　　(**正　解**) (4)

8つの制限に違反しても　➡　罰則なし（肢(3)）。

注意！　8つの制限（手付金等保全措置だけではなく、8つの制限全部）については、違反しても罰則はない。

[問題135] 媒介契約

　宅地建物取引業者Aが、B所有の宅地の売却の媒介依頼を受け、Bと媒介契約を締結した場合に関する次の記述のうち、宅地建物取引業法の規定によれば、誤っているものはどれか。

(1) AB間で契約の有効期間を6月と定めた専任媒介契約を締結した場合、当該契約の有効期間は3月となる。

(2) AB間で専任媒介契約を締結した場合、Aは当該契約の締結の日から7日以内(休業日を除く。)に、所定の事項を当該宅地の所在地を含む地域を対象として登録業務を現に行っている指定流通機構に登録しなければならない。

(3) AB間で専属専任媒介契約を締結した場合、AはBに対し、当該契約の業務の処理状況を1週間に1回以上報告しなければならない。

(4) AB間で専属専任媒介契約を締結した場合において、AがBに対して、所定の事項を指定流通機構に登録したことを証する書面を引き渡さなかったときは、Aはそのことを理由として50万円以下の罰金に処せられることがある。

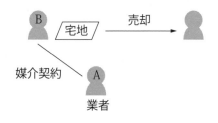

Hint! 　監督処分を受けることはあるが……。

講義

(1)　正。専任媒介契約の有効期間は3カ月以内だ。もし、3カ月を超える期間を約定したら、その期間は**3カ月に短縮**される。　📖333頁 表③**2**

(2)　正。業者は、専任媒介契約を締結した場合、媒介契約の締結の日から7日以内(休業日は算入しない)に、指定流通機構に登録しなければならない。　📖333頁 表⑤**2**

(3)　正。専属専任媒介契約を締結した場合は、業者はお客さんに対して、業務の処理状況を1週間に1回以上報告しなければならない。　📖333頁 表④**3**

(4)　誤。指定流通機構に登録したことを証する書面を引き渡さなかったときは、監督処分として**指示処分**を受けることはある。しかし、そのことを理由として、罰金に処せられることはない。　📖385頁(1)①

(正　解)(4)

> なお、登録を証する書面の引渡しに代えて、依頼者の承諾を得て、登録を証する書面を電磁的方法(電子メール等)で提供できる。

Point!

登録を証する書面を依頼者に引き渡さなかった場合(肢(4))
① 監督処分 ➡ 指示処分
② 罰　則 ➡ なし

[問題136] 媒介契約

　宅地建物取引業者Aが、Bからその宅地の売却の依頼を受け、Bと媒介契約を締結した場合に関する次の記述のうち、宅地建物取引業法の規定によれば、正しいものはどれか。

(1)　当該媒介契約が専任媒介契約以外の一般媒介契約である場合、Aは、媒介契約を締結したときにBに対し交付すべき書面に当該宅地の指定流通機構への登録に関する事項を記載する必要はない。

(2)　当該媒介契約が専任媒介契約である場合、Bは、宅地建物取引業者Cに当該宅地の売却の代理を依頼することができる。

(3)　当該媒介契約が専属専任媒介契約である場合、ＡＢ間の合意により、当該契約に係る業務の処理状況の報告日を5日に1回以上とする旨の特約をすることができる。

(4)　当該媒介契約が専属専任媒介契約である場合に、「媒介契約の有効期間内に宅地の売買契約が成立しないときは、同一の期間で契約を更新する」旨の特約を定めた場合、ＡＢ間の媒介契約全体が無効となる。

　Bにとって有利な特約は有効だ！

講 義

(1) 誤。一般媒介契約である場合、指定流通機構に登録する義務は**ない**。しかし、媒介契約を締結したときに交付すべき書面（媒介契約書のこと）に、指定流通機構への登録に関する事項を記載する必要は**ある**。

337頁 **4** 注!

(2) 誤。専任媒介契約と専属専任媒介契約では、他の業者に二股をかけることはできない。それは、他の業者に、媒介を依頼してはならない、というだけではなく、**代理**も依頼してはならないという意味だ。

334頁(2)

(3) 正。専属専任媒介契約である場合、宅地建物取引業者Aは依頼者Bに対し、業務の処理状況を**1週間に1回以上**報告しなければならない。5日に1回以上とする特約はBに有利な特約であり有効だ。

333頁 表 **4** **3**

(4) 誤。専任媒介契約と専属専任媒介契約である場合、依頼者の申出がなければ更新することができない。これに違反する特約をしたときは、**特約のみ**が無効となる。契約全体が無効となるわけではない。

334頁(3)

正 解 (3)

> なお、媒介契約書（法第34条の2第1項の規定に基づき交付すべき書面）の交付に代えて、依頼者の承諾を得て、媒介契約書に記載すべき事項を電磁的方法（電子メール等）であって宅地建物取引業者の記名押印に代わる措置を講じたものにより提供できる。

肢(1)をもうひと押し！

指定流通機構への登録義務はあるか？

① 一般媒介契約　　　➡　×
② 専任媒介契約　　　➡　○
③ 専属専任媒介契約　➡　○

□□□□□□

[問題137] 媒介契約

　宅地建物取引業者Ａが、Ｂの所有する宅地の売却の依頼を受け、Ｂと媒介契約を締結した場合に関する次の記述のうち、宅地建物取引業法（以下この問において「法」という。）の規定によれば、誤っているものはいくつあるか。

ア　ＡがＢと一般媒介契約（専任媒介契約でない媒介契約）を締結した場合、当該宅地の売買の申込みがあったときは、Ａは、遅滞なく、その旨をＢに報告しなければならない。

イ　ＡがＢと専任媒介契約を締結した場合、当該宅地の売買の契約が成立したときは、Ａは、遅滞なく、登録番号、宅地の取引価格及び売買の契約の成立した年月日を指定流通機構に通知しなければならない。

ウ　ＡがＢと専任媒介契約を締結した場合、Ａは、Ｂに当該媒介業務の処理状況の報告を電子メールで行うことができる。

エ　ＡがＢと専属専任媒介契約を締結した場合、Ｂが宅地建物取引業者であるときは、Ａは、Ｂに対して法第34条の2第1項の規定に基づく書面を交付する必要はない。

(1)　一つ

(2)　二つ

(3)　三つ

(4)　四つ

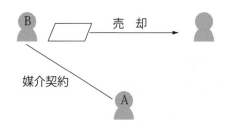

業者間であっても、ルールは同じ。

講義

ア　正。売買契約を締結した業者は、その売買契約の目的物である宅地建物の売買・交換の申込みがあったときは、遅滞なく、その旨を依頼者に**報告**しなければならない（この報告は、一般媒介契約の場合もする必要がある）。　　　　　　　　　　　　　　　　　　　　　　335頁⑹

イ　正。依頼者Ｂの宅地がめでたく売れた暁には、Ａは「どれが・いくらで・いつ」（①登録番号、②取引**価格**、③売買契約成立**年月日**）を遅滞なく指定流通機構に通知しなければならない。　　335頁 よく出るポイント③

ウ　正。業務の処理状況は書面で行わなくてもよい。だから、**電子メール**でも **OK** だ。　　　　　　　　　　　　　　　　　　333頁 ④❷

エ　誤。法第34条の２第１項の規定に基づく書面とは媒介契約書のことだ。依頼者が業者の場合にも、媒介契約書を交付しなければならない（**業者間でも、省略できない**）。　　　　　　　　　　336頁 ポイント④

以上により、誤っているものはエだけなので、正解は肢⑴となる。

　　　　　　　　　　　　　　　　　　　　　　正　解 ⑴

> なお、媒介契約書（法第34条の２第１項の規定に基づき交付すべき書面）の交付に代えて、依頼者の承諾を得て、媒介契約書に記載すべき事項を電磁的方法（電子メール等）であって宅地建物取引業者の記名押印に代わる措置を講じたものにより提供できる。

Point!

一般媒介契約の場合でも報告の義務があるか？

① 業務処理状況の報告義務　➡　ない

② 申込みの報告義務　　　　➡　**ある**（肢ア）

［問題138］ 建物状況調査

　宅地建物取引業法（以下この問において「法」という。）第34条の2第1項第4号に規定する建物状況調査（以下この問において「建物状況調査」という。）に関する次の記述のうち、正しいものはいくつあるか。

ア　宅地建物取引業者が建物状況調査を実施する者のあっせんを行う場合、建物状況調査を実施する者は建築士法第2条第1項に規定する建築士であって国土交通大臣が定める講習を修了した者でなければならない。

イ　既存住宅の売買の媒介を行う宅地建物取引業者が売主に対して建物状況調査を実施する者のあっせんを行った場合、宅地建物取引業者は売主から報酬とは別にあっせんに係る料金を受領することができる。

ウ　宅地建物取引業者が既存住宅の貸借の媒介をする場合、建物状況調査を過去1年以内に実施しているかどうか、及びこれを実施している場合におけるその結果の概要を法第35条に規定にする重要事項として説明しなければならない。

エ　宅地建物取引業者が既存住宅の貸借の媒介を行う場合、法第37条の規定により交付すべき書面に建物の構造耐力上主要な部分等の状況について当事者の双方が確認した事項を記載しなければならない。

(1)　一つ

(2)　二つ

(3)　三つ

(4)　四つ

 建築士＋国土交通大臣が定める講習を修了した者。

講　義

ア　正。建物状況調査を実施する者は**建築士**であって**国土交通大臣**が定める講習を修了した者でなければならない。　　　　　　　　　　❷337頁 **1** 注！

イ　誤。報酬とは別に受領することができるのは、①依頼者から頼まれてやった**広告**の料金、②依頼者から特別に頼まれてやった支出を要する**特別の費用**で、事前に依頼者の承諾があるものだ。だから、建物状況調査を実施する者のあっせんを行った場合でも、あっせんに係る料金を報酬とは別に受領することはできない。　　　　　　　　　　❷349頁(1)

ウ　正。既存（中古）の建物の場合は、**建物状況調査**（調査後１年を経過してないものに限る）を①実施しているかどうか、及び②実施している場合は、結果の概要を重要事項として説明しなければならない。

　　　　　　　　　　　　　　　　　　　　　　　　　　　　❷377頁 [14] ③ a)

エ　誤。「建物の構造耐力上主要な部分等の状況について当事者の双方が確認した事項」は、既存（中古）建物の**売買・交換**の場合の必要的記載事項だ。だから、貸借の媒介の場合は記載不要だ。　　　　　　　　　　❷383頁 [6]

以上により、正しいものはアとウなので、正解は肢(2)となる。

（正　解）(2)

Point!

建物状況調査を実施する者は
➡　①**建築士**であって、②**国土交通大臣**が定める講習を修了した者でなければならない（肢ア）。

[問題139] 報酬額の制限

　宅地建物取引業者A（消費税課税事業者）が売主B（消費税課税事業者）からB所有の土地付建物の売却の代理の依頼を受け、買主Cとの間で売買契約を成立させた場合、AがBから受領できる報酬の上限額（消費税額及び地方消費税額を含む。）は、次のうちどれか。なお、土地付建物の代金は3,300万円（うち、土地の代金は2,200万円）で消費税額及び地方消費税額を含むものとする。また、AはBからのみ報酬を受け取るものとする。

(1)　1,056,000円

(2)　1,122,000円

(3)　2,112,000円

(4)　2,244,000円

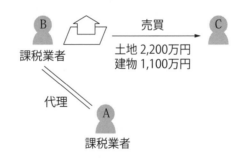

　土地の売買には課税されない。

講義

　計算の元になる売買価額には、消費税抜きの価額を用いる。そして、消費税は「**土地**」の売買・交換には**課税されない**が、「建物」の売買・交換には課税される。だから、問題文に「消費税込みの物件価額が宅地 2,200万円、建物 1,100万円」とあったら、まず、消費税**抜き**の価額、つまり、「宅地 2,200万円、建物 1,000万円（合計3,200万円）」に直してから、3％＋6万円の計算に入る（注意！　宅地は 2,000万円（2,200万円－200万円）に直してはダメ。直すのは建物についてだけ。宅地は非課税なのだから、直す必要はないのだ）。

　そして、計算の結果出てきた報酬額に**消費税分を上乗せ**して（上乗せ額は、課税業者の場合は 10％、免税業者の場合は 4％）依頼者に請求できる。本問の業者Ａは、課税業者なので 10％上乗せして請求して OK だ。

注意！　**代理**の場合、依頼者の一方からもらえる限度額は、媒介の場合の限度額の **2倍**となる。本問の場合、ＡはＢからだけ報酬を受け取るので（Ｃから受け取らないので）、媒介の限度額の 2倍までＢから受け取って OK だ（「× 2」を忘れないように）。

　以上のことに基づいて計算すると、

　（3,200万円×3％＋6万円＝102万円）×2×1.1＝224万4,000円となる。

注意！　①　代理なので「× 2」になっている。
　　　　②　Ａが課税業者なので「× 1.1（10％上乗せ）」になっている。

　以上により肢(4)が正解となる。

340頁 2.、342頁 ポイント①、ポイント②

（**正　解**）(4)

Point!

計算の元になる売買価額には、消費税**抜き**の価額を用いる。そして、

消費税は、{ 「**土地**」の売買・交換には　➡　**課税されない**。
　　　　　{ 「建物」の売買・交換には　➡　課税される。

➡　だから、たとえば、問題文に「消費税**込み**の物件価額が、宅地 2,200万円、建物 1,100万円」とあったら、消費税**抜き**の価額、つまり、「宅地 2,200万円、建物 1,000万円」に**直してから、3％＋6万円の計算に入る**ことが必要だ。

［問題140］ 報酬額の制限

　宅地建物取引業者A（消費税課税業者）及び宅地建物取引業者B（消費税課税業者）が、宅地建物取引業に関して報酬を受領した場合に関する次の記述のうち、宅地建物取引業法の規定に違反しないものは、いくつあるか。なお、本問においては、依頼者の承諾はないものとする。

ア　甲から交換の媒介の依頼を受けたAと、乙から交換の媒介の依頼を受けたBとが共同して、甲と乙との間に、甲所有の宅地（価額3,000万円）と乙所有の宅地（2,000万円）の交換契約を成立させ、その報酬としてAが甲から105万6,000円、Bが乙から105万6,000円を受領した。

イ　甲所有の居住用建物の賃貸借について、貸主甲から媒介の依頼を受けたAと、借主乙から媒介の依頼を受けたBとが共同して、甲と乙との間に、借賃月額30万円の賃貸借契約を成立させ、その報酬としてAが甲から11万円、Bが乙から22万円を受領した。

ウ　甲所有の宅地の賃貸借について、貸主甲から代理の依頼を受けたAが、甲と借主乙との間に、賃貸借契約（借賃月額50万円。保証金1,000万円、ただし、この保証金は、乙の退去時に乙に返還するものとする。）を成立させ、その報酬として、Aは甲から79万2,000円を受領した。

(1)　一つ　　　(2)　二つ　　　(3)　三つ　　　(4)　なし

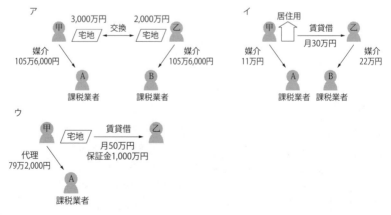

　権利金とは、返還されないもののこと。

講義

ア　違反しない。交換の場合は、**高い方**の価額を基準とする。だから、A
もBも 105 万 6,000 円を受け取ることができる（3,000万円×3％＋6万
円＝96万円。96万円＋消費税9万6,000円＝105 万 6,000 円）。

340 頁 3.、342 頁 ポイント②

イ　違反する。**居住用建物**の賃貸借の場合は、双方から借賃の**半月分ず
つ**もらうことになっている。この内訳の比率は、依頼者の承諾があれば
変更できるが、本問の場合は、依頼者の承諾はない。だから、Bが乙か
ら受け取ることのできる限度額は 16万5,000円（**半月分**の借賃 15万円＋
消費税 1万5,000円）なので、本肢は業法に違反する。

342 頁 ポイント②、345 頁 注！

ウ　違反する。保証金は、権利金ではない（権利金とは、賃貸借設定の
対価として支払われるお金で、**返還されないもの**のことだ）。だから、保
証金の額を売買価額とみなして、売買の計算方法で計算することはでき
ない。だから、Aが甲から受け取れる報酬の限度額は、55万円だ（1 カ
月の賃料 50万円＋消費税 5万円＝55万円）。

342 頁 ポイント②、346 頁 (2)、(3)

以上により、違反しないものはアだけなので、正解は肢(1)となる。

（正　解）(1)

Point!

居住用建物**以外**（つまり、非居住用建物または宅地）の賃貸借で、権利金
が支払われる場合には、**権利金の額を売買価額**とみなして、売買の計算方
法で計算してよい。

注意！　保証金の額を売買価額とみなして、売買の計算方法で計算すること
はできない（肢ウ）。

［問題141］ 報酬額の制限

　宅地建物取引業者Ａ（消費税課税事業者）が受け取ることのできる報酬の上限額に関する次の記述のうち、宅地建物取引業法の規定によれば、正しいものはいくつあるか。

ア　中古住宅（１か月分の借賃13万円。消費税等相当額を含まない。）の貸借について、Ａが貸主Ｂから媒介を依頼され、現地調査等の費用が通常の貸借の媒介に比べ５万円（消費税等相当額を含まない。）多く要する場合、その旨をＢに対し説明した上で、ＡがＢから受け取ることができる報酬の上限額は198,000円である。

イ　中古住宅（代金250万円。消費税等相当額を含まない。）の売買について、Ａが買主Ｃから媒介を依頼され、現地調査等の費用が通常の売買の媒介に比べ６万円（消費税等相当額を含まない。）多く要する場合、その旨をＣに対し説明した上で、ＡがＣから受け取ることができる報酬の上限額は198,000円である。

ウ　宅地（代金300万円。消費税等相当額を含まない。）の売買について、Ａが売主Ｄから媒介を依頼され、現地調査等の費用が通常の売買の媒介に比べ４万円（消費税等相当額を含まない。）多く要する場合、その旨をＤに対し説明した上で、ＡがＤから受け取ることができる報酬の上限額は198,000円である。

エ　宅地（代金500万円。消費税等相当額を含まない。）の売買について、Ａが売主Ｅから媒介を依頼され、現地調査等の費用が通常の売買の媒介に比べ３万円（消費税等相当額を含まない。）多く要する場合、その旨をＥに対し説明した上で、ＡがＥから受け取ることができる報酬の上限額は264,000円である。

(1)　一つ
(2)　二つ
(3)　三つ
(4)　四つ

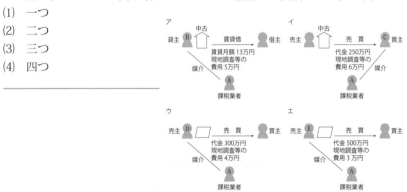

 買主から受け取ることはできない。

講義

　空家等の特例とは？

　物件の値段が安いと、当然、媒介の報酬も安くなる。苦労して契約までこぎつけても、儲けはスズメの涙だ。それではあんまりだ。そこで、**400万円以下の物件（宅地・建物）の場合、業者は、売主から、現地調査等の費用を含めて18万円**（消費税分の10%を上乗せすると19万8,000円）まで受け取ることができることになっている。

ア　誤。貸借の場合は、特例を適用できない（現地調査等の費用を受け取ることはできない）。だから、AがBから受け取ることができる限度額は、**1カ月分**の借賃額である13万円に消費税分の10%を上乗せした14万3,000円（13万円×1.1）だ。　　　　　　　　　　　　　　　　　　　　　　　図341頁4.

イ　誤。現地調査等の費用は**売主**から受け取ることができる（買主から受け取ってはダメ）。Cは買主なので、Cから現地調査等の費用を受け取ることはできない。

　　250万円×4%＋2万円＝12万円

　この12万円に、消費税分の10%を上乗せした13万2,000円（12万円×1.1）が、AがCから受け取ることができる限度額だ。　　　　　　　　図341頁④

ウ　正。**400万円**以下だから、特例を適用できる（現地調査等の費用を受け取ることができる）。

　　300万円×4%＋2万円＝14万円

　　14万円＋4万円（現地調査等の費用）＝18万円

　この18万円に、消費税分の10%を上乗せした19万8,000円（19万円×1.1）が、AがDから受け取ることができる限度額だ。　　　　　　図341頁①②

エ　誤。特例を適用できるのは、**400万円**以下の物件の場合だ。本肢は500万円なので、適用できない。

　　500万×3%＋6万＝21万円。

　　この21万円に、消費税分の10%を上乗せした23万1,000円（21万円×1.1）が、AがEから受け取ることができる限度額だ。　　　　図341頁①②

以上により、正しいものはウだけなので、正解は肢(1)となる。

正 解 (1)

Point!

空家等の売買の媒介

① **400万円以下**の宅地・建物が対象だ（肢エ）。
② 合計で **18万円**が限度額となる。注意！
③ **あらかじめ説明**し、合意する必要がある。
④ 現地調査等の費用は**売主**から受け取る（買主から受け取ってはダメ）（肢イ）。
注意！　消費税分の10%を上乗せすると19万8,000円になる（肢ウ）。

☐☐☐☐☐

[問題142] クーリング・オフ

　宅地建物取引業者である売主Aが、宅地建物取引業者Bの媒介により宅地建物取引業者ではない買主Cとの間で締結した宅地の売買契約について、Aが宅地建物取引業法第37条の2の規定に基づき、いわゆるクーリング・オフによる契約の解除をする場合における次の記述のうち、正しいものはいくつあるか。

ア　Cは、Cが指定した喫茶店で買受けの申込みを行ったが、クーリング・オフについては告げられず、その10日後に、Bの事務所で売買契約を締結した場合、契約の解除をすることができない。

イ　Cは、ホテルのロビーにおいて買受けの申込みをし、その際にAからクーリング・オフについて書面で告げられ、契約を締結した。この場合、Cは、当該宅地の引渡しを受け、かつ、その代金の全部を支払っているときでも、当該契約の締結の日から8日を経過するまでは、契約の解除をすることができる。

ウ　AとCの間で、クーリング・オフによる契約の解除に関し、Cは、契約の解除の書面をクーリング・オフの告知の日から起算して8日以内にAに到達させなければ契約を解除することができない旨の特約を定めた場合、当該特約は有効である。

エ　Cから契約の解除があった場合でも、Aが契約の履行に着手していれば、Aは、Cに対して、それに伴う損害賠償を請求することができる。

(1)　一つ

(2)　二つ

(3)　三つ

(4)　なし

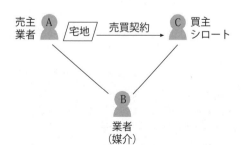

　クーリング・オフの結果、契約はなかったことになる。

講 義

ア　誤。申込みの場所が、Cが自ら申し出た場合の**自宅・勤務先**なら、クーリング・オフできない。しかし、本肢の場合は、Cが自ら申し出てはいるが、その場所は喫茶店だ。また、クーリング・オフができることを、**書面**で告げられてから8日間経過すると、クーリング・オフができなくなるが、Cは告げられてはいない。したがって、Cはクーリング・オフできる。　　　　　　　　　　　　　📖352頁⑤ 注! 、354頁3.

イ　誤。① 宅地建物の**引渡し**を受け、かつ、② 代金**全額**を支払うと、クーリング・オフができなくなる。　　　　　　　　　　　　　　📖355頁

ウ　誤。クーリング・オフの効力は、買主が解除の書面を**発した時**に生じる（発信主義）。だから、Cは解除の書面を告知の日から起算して8日以内に発信すれば契約を解除できる。したがって、本肢の「8日以内に到達させなければ解除できない」旨の特約は、Cにとって不利だから無効だ。　　　　　　　　　　　　　　　📖355頁4.、356頁5. 注!

エ　誤。クーリング・オフの結果、たとえ、業者が損害を受けたとしても、業者は、**損害賠償**や違約金の支払いを請求できない。　　📖356頁5.

以上により、正しいものはないので、正解は肢(4)となる。

（正　解）(4)

Point!

クーリング・オフの後始末
①　業者は、すみやかに、受け取っていた手付金等の金銭を返還しなければならない。
②　業者は、**損害賠償**や違約金の支払いを請求できない（肢エ）。

[問題143] クーリング・オフ

　宅地建物取引業者A社は、自ら売主として宅地建物取引業者でない買主Bとの間で締結した宅地の売買契約について、Bが宅地建物取引業法第37条の2の規定に基づき、いわゆるクーリング・オフによる契約の解除をする場合における次の記述のうち、正しいものの組合せはどれか。

ア　Bが、A社が当該物件の売却の媒介を依頼していた宅地建物取引業者C社の申し出により、C社の事務所において買受けの申込みをし、契約を締結した場合、Bは、売買契約を解除することができる。

イ　Bの申し出により、Bの行きつけの喫茶店で買受けの申込みをし、その3日後に、A社の事務所で契約を締結した場合、Bは、売買契約を解除することができる。

ウ　Bの申し出により、A社が現地案内所として宅地建物取引業法第50条第2項の規定に基づく届出をしたテント張りの案内所で買受けの申込みをし、契約を締結した場合、Bは、売買契約を解除することができる。

(1)　ア、イ
(2)　ア、ウ
(3)　イ、ウ
(4)　ア、イ、ウ

Hint!　「冷静に判断できないような場所」→クーリング・オフができる。

ア　誤。他の業者に媒介を依頼した場合、その**依頼した業者の事務所**で買受けの申込みをした場合には、クーリング・オフができない。

📖352頁④

イ　正。申込みをした場所と契約を締結した場所が異なる場合、クーリング・オフができるかどうかは、**買主の申込みの場所**で決まる。Bは、喫茶店で申込みをしているからクーリング・オフができる。たとえ、買主の申し出によって喫茶店で買受けの申込みした場合でもクーリング・オフができる。

📖352頁⑤、353頁2.

ウ　正。テント張りの案内所は、**土地に定着していない**から、クーリング・オフができる。たとえ、買主が自ら申し出た場合でもクーリング・オフができる。

📖352頁③ 注！

以上により、正しいものはイとウなので、肢(3)が正解となる。

（正　解）(3)

クーリング・オフできなくなる場所

① 事務所

② 事務所以外の場所で、継続的に業務を行うことができる施設があり、専任の 宅地建物取引士の設置義務がある場所

注意！　買主が意思表示をした時に、たまたま宅地建物取引士が**不在**だったとしても、クーリング・オフできない。

③ 一団（10以上）の宅地建物の分譲を行う**土地に定着**する案内所で、専任の宅地建物取引士の設置義務がある場所

注意！　**テント張りの案内所**…土地に定着していないからクーリング・オフできる（肢ウ）。

モデルルーム…土地に定着しているからクーリング・オフできない。

④ 業者Aが自ら売主となり、他の業者Cに売買の媒介・代理を依頼した場合の、Cの①～③の場所（肢ア）

⑤ 買主が**自ら申し出た**場合の**自宅・勤務先**

注意！　買主が自ら申し出た場合の買主の行きつけの喫茶店…クーリング・オフできる（肢イ）。

[問題144] クーリング・オフ

　宅地建物取引業法第37条の2（事務所等以外の場所においてした買受けの申込みの撤回等）に規定する買受けの申込みの撤回又は売買契約の解除に関する次の記述のうち、誤っているものはどれか。

(1)　売主である宅地建物取引業者の事務所以外の場所で継続的に業務を行うことができる施設を有するものにおいて買受けの申込みが行われ、売買契約が締結された場合、専任の宅地建物取引士がそのとき不在であっても、買主は、当該売買契約を解除することができない。

(2)　売主である宅地建物取引業者が行う一団の建物の分譲のためのモデルルームで買受けの申込みが行われ、売買契約が締結された場合、当該モデルルームについて宅地建物取引業法第50条第2項の届出がされていないときでも、買主は、当該売買契約を解除することができない。

(3)　買受けの申込みが、売主である宅地建物取引業者が行う一団の宅地の分譲のためのテント張りの案内所で行われ、売買契約が、その2日後に当該宅地建物取引業者の事務所で締結された場合、買主は、当該売買契約を解除することができない。

(4)　買受けの申込みが、売主である宅地建物取引業者から媒介の依頼を受けた他の宅地建物取引業者の事務所で行われた場合、買主は、当該申込みの撤回をすることができない。

　冷静に判断できない場所で、買主側の意思表示が行われたら、クーリング・オフができる。

講　義

(1)　正。事務所以外の場所で、継続的に業務を行うことができる施設があり、専任の宅地建物取引士の設置義務がある場所で買受けの申込みをした場合には、クーリング・オフはできない。たとえ、契約時に専任の宅地建物取引士が**不在**だったとしてもだ。　　　　　　　　　　　　📖352頁②

(2)　正。一団の宅地建物の分譲を行う、土地に定着する案内所で、専任の宅地建物取引士の設置義務がある場所で買受けの申込みをした場合には、クーリング・オフはできない。モデルルームは**土地に定着している**から、クーリング・オフはできない。なお、この場合、📖294頁の表②②の届出を欠く案内所であったとしても、やはりクーリング・オフはできない。問題文に出てくる宅建業法第50条第2項の届出というのは、📖294頁の表②②の届出のことだ。　　　　　　　　　　　　📖352頁③

(3)　誤。土地に定着していないテント張りの案内所で申込みをした場合には、クーリング・オフができる。2日後に、事務所で契約を締結しても、それは、売主からの承諾の意思表示を**受けるだけ**のことであり、買主側からは新たな意思表示はなされない。だから、クーリング・オフができる。　　　　　　　　　　　　📖353頁2.

(4)　正。**他の業者**の事務所で、買受けの申込みが行われた場合には、クーリング・オフはできない。　　　　　　　　　　　　📖352頁④

（正　解）(3)

「申込み」の場所	「契約」の場所 （承諾の場所のこと）	クーリング・オフはできるか？
① 事　務　所	事　務　所	×
② 事　務　所	喫　茶　店	×
③ **喫　茶　店**	**事　務　所**	○
④ 喫　茶　店	喫　茶　店	○

［問題145］ クーリング・オフ

宅地建物取引業者Aが、自ら売主となって、自己所有の宅地を宅地建物取引業者でない買主Bに売却した場合における、宅地建物取引業法第37条の2の規定による売買契約の解除に関する次の記述のうち、誤っているものはどれか。

(1) Bが、Aの事務所の近くの喫茶店で買受けの申込みを行い、売買契約を締結した場合、Bが当該宅地の引渡しを受け、又は、代金の全額の支払いをしたときは、Bは、契約を解除することができない。

(2) Bからの申出により、Bの勤務先で買受けの申込みがなされた場合は、その後、売買契約が締結された場所がどこであっても、Bは、契約を解除することができない。

(3) Bが売買契約を解除した場合、AはBに対し、売買代金の2割以下であっても、違約金の請求をすることができない。

(4) 売買契約締結の際に、BがAから、契約の解除についての告知を口頭で受けた場合、契約締結の日から起算して8日を経過しても、Bは、契約を解除することができる。

 クーリング・オフは、いつまでできるのか？

講義

(1) 誤。喫茶店は、事務所等以外の場所だから、原則として、解除できるが、**引渡し**を受け、「**かつ**」代金の**全額**を支払うと、解除できなくなる。引渡しと支払いのどちらか一方だけなら、解除できる。　　　图355頁 ① ②

(2) 正。申込場所と契約場所が異なる場合は、申込場所を基準に、解除できるかどうかを判断する。そして、買主が**自ら申し出た**場合の買主の**勤務先**は、クーリング・オフできなくなる場所だから、解除できない。

图352頁 ⑤

(3) 正。クーリング・オフの結果、たとえ業者が損害を受けたとしても、業者は、**損害賠償**や**違約金**の支払いを請求できない。クーリング・オフは、買主保護のために、特に作られた制度だから、業者は泣き寝入りしろ、というわけだ。　　　图356頁 5.

(4) 正。クーリング・オフの告知は、**書面**でしなければならない。書面で告知された日から起算して8日間経過すると、クーリング・オフできなくなる。口頭で告知をしても、告知が無いと考えればよいから、契約を解除できる。　　　图354頁 3.

（**正　解**）(1)

買主が { ① 宅地建物の**引渡し**を受け、かつ、
② 代金**全額**を支払うと } ➡ クーリング・オフができなくなる (肢(1))。

□□□□□

[問題146] クーリング・オフ

　宅地建物取引業者である売主Ａが宅地建物取引業者でない買主Ｂと宅地の売買契約を締結した場合における、宅地建物取引業法第37条の2の規定による売買契約の解除に関する次の記述のうち、正しいものはどれか。なお、この問いにおいて、該当宅地の買受けの申込みは、当該宅地の売買契約の締結と同時に行われたものとする。

(1)　売買契約がＡの事務所以外の場所で、継続的に業務を行うことができる施設を有するものにおいて締結された場合、専任の宅地建物取引士がたまたま不在であれば、Ｂは、契約を解除することができる。

(2)　ＡとＢが現地近くの料理屋で売買契約を締結し、Ａが売買契約の解除をすることができる旨及びその方法を書面で告げなかった場合でも、Ｂが、宅地の引渡しを受け、かつ、その代金の全部を支払ったときは、Ｂは契約を解除することができない。

(3)　ＢがＡから代理の依頼を受けた宅地建物取引業者Ｃの申出により、Ｃの事務所で売買契約を締結した場合、Ｂは、契約を解除することができる。

(4)　Ａは、Ａの申出により、Ｂの自宅でＢから買受けの申込みを受けた際、以後の取引について、その取引に係る書類に関してＢから電磁的方法で提供をすることについての承諾を得た場合、クーリング・オフについて電磁的方法で告げることができる。

Hint!　よく読まないと本問は間違うゾ。

講　義

(1)　誤。「事務所以外の場所で、**継続的に業務**を行うことができる施設を有する施設があり、専任の宅地建物取引士の設置義務がある場所」はクーリング・オフができなくなる場所だ。この場所で、契約をしたときは、解除できない（契約をしたときに、専任の**宅地建物取引士が不在**であっても解除できない）。　　　　　　　　　　　　　　　　図 352頁 ②

(2)　正。買主が宅地または建物の**引渡し**を受け、かつ、代金の**全額**を支払った場合、たとえ契約の解除をすることができる旨及びその方法を告げられていなかったとしても、もはや契約を解除することができない。

図 355頁 ① ②

(3)　誤。「売主である業者が、**他の業者**に代理を依頼した場合の、他の業者の事務所等」はクーリング・オフができなくなる場所だ。だから、解除できない。　　　　　　　　　　　　　　　　　　　　図 352頁 ④

(4)　誤。クーリング・オフの告知は**書面**でしなければならない。たとえ、買主の承諾があっても、電磁的方法での告知はできない。

図 354頁 3.

（**正　解**）(2)

クーリング・オフできなくなる場所を完全にマスターせよ。

[問題147] 他人の物件の売買

　宅地建物取引業者Ａが自ら売主となってＢ所有の宅地について買主Ｃとの間で売買契約を締結する場合、宅地建物取引業法の規定によれば、次の記述のうち誤っているものはどれか。

(1)　Ｃが宅地建物取引業者でない場合、ＡがＢとの間で当該宅地の売買の予約をしているときは、Ａは、Ｃとの間で当該宅地の売買契約を締結することができる。

(2)　Ｃが宅地建物取引業者でない場合、ＡがＢとの間で当該宅地の売買の予約をしているときは、ＡとＣとの間で当該宅地の停止条件付き売買契約を締結することができる。

(3)　Ｃが宅地建物取引業者である場合、ＡがＢとの間で当該宅地の売買の予約をしているときは、Ａは、Ｃとの間で当該宅地の売買の予約をすることができる。

(4)　Ｃが宅地建物取引業者でない場合、ＡがＢとの間で当該宅地の停止条件付き売買契約を締結しているときは、Ａは、Ｃとの間で当該宅地の売買契約を締結することができる。

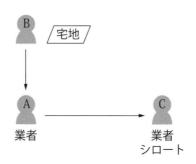

　シロートの買主が、物件を確実に取得できればよい。

講義

(1) 正。ＡＢ間で売買の**予約**がされていれば、ＡがＢの宅地を取得できることは**確実**だ。だから、Ａは、シロートのＣにＢの宅地を売ることができる。　　　　　　　　　　　　　　　　　　　　　　357頁②

(2) 正。ＡＢ間で売買の**予約**がされていれば、ＡがＢの宅地を取得できることは**確実**だ。だから、Ａは、シロートのＣにＢの宅地を売ることができる。なお、ＡＣ間の契約は、予約であろうと条件付契約であろうと一切関係ない。　　　　　　　　　　　　　　　　　　　357頁②

(3) 正。**業者間の取引**の場合には、他人の物件の売買は制限されていない。だから、ＡＢ間に予約があろうがなかろうが、業者のＣにＢの宅地を売ることができる。　　　　　　　　　　　　　　　　　　　351頁②

(4) 誤。ＡＢ間で**停止条件**（ただの条件のこと）付きの売買契約がされても、ＡがＢの宅地を取得できるかどうかは**不確実**だ。だから、Ａは、シロートのＣにＢの宅地を売ることはできない。　　　　　357頁③

（**正　解**）(4)

		物件を取得 できるかど うか？	シロートの 買主に売っ てよいか？
業者がそ の物件を 取得する	①「**契約**」を締結している場合	➡ 確　実 ➡	○
	②「**予約**」を締結している場合	➡ 確　実 ➡	○(肢(1)、(2))
	③「**条件付契約**」を締結している場合	➡ 不確実 ➡	×(肢(4))

[問題148] 手付金等保全措置

宅地建物取引業者Aが、自ら売主として宅地建物取引業者ではない買主Bとの間で、甲住宅の売買契約（所有権の登記は甲住宅の引渡し時に行うものとする。）を締結した。この場合における宅地建物取引業法第41条又は第41条の2の規定に基づく手付金等の保全措置（以下この問において「保全措置」という。）に関する次の記述のうち、正しいものはどれか。

(1) 甲住宅が建築工事の完了前で、AがBから保全措置が必要となる額の手付金を受領する場合、Aは、事前に、国土交通大臣が指定する指定保管機関と手付金等寄託契約を締結し、かつ、当該契約を証する書面をBに交付した後でなければ、Bからその手付金を受領することができない。

(2) 甲住宅が建築工事の完了前で、AがBから保全措置が必要となる額の手付金等を受領する場合においてAが銀行との間で締結する保証委託契約に基づく保証契約は、建築工事の完了までの間を保証期間とするものでなければならない。

(3) 甲住宅が建築工事の完了前で、売買代金が3,000万円であった場合、Aは、甲住宅を引き渡す前にBから保全措置を講じないで手付金300万円を受領することができる。

(4) 甲住宅が建築工事の完了後で、売買代金が5,000万円であった場合、Aは、買主から手付金500万円を受領した後、甲住宅を引き渡す前に中間金300万円を受領するためには、手付金500万円と合わせて保全措置を講じた後でなければ、その中間金を受領することができない。

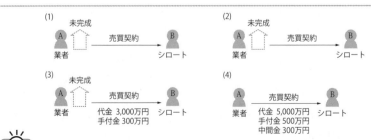

Hint! 　超える部分だけではダメ。

講義

(1)　誤。未完成物件の場合は、**指定保管機関**には手付金等保全措置を依頼**できない**。指定保管機関が面倒を見てくれるのは、完成物件だけだ。

362頁 注!

(2)　誤。保証委託契約に基づく保証契約とは、銀行等に面倒を見てもらう方法のことだ。この保証委託契約に基づく保証契約は、「**引渡し**」までの間を保証期間とするものでなければならない。「工事完了」までの間ではないので、本肢は×だ。

361頁 ①

(3)　誤。3,000万の未完成物件だから、手付金等の額が150万円以下（代金の5％以下）なら、保全措置は不要だ。本肢の手付金は、150万円を超えるので保全措置が必要だ。

363頁 ⑵ ①

(4)　正。5,000万円の完成物件だから、手付金等の額が500万円以下（代金の10％以下）なら、保全措置は不要だ。だから、手付金（500万円）については、保全措置を講じないで受け取ってOKだ。ただし、中間金（300万円）を受け取るためには、手付金500万円＋中間金300万円＝800万円となり、500万円を超えるので保全措置が必要だ。そして、手付金等保全措置は、限度額を超える部分だけに講じるのではなく、全額に講じなければならない。

363頁 ⑵ ②、364頁よく出るポイント②

（**正　解**）(4)

Point!

全額に講じる
　手付金等保全措置は、限度額を超える部分だけに講じるのではなく、**全額**に講じなければならない（肢(4)）。

[問題149] 手付金等保全措置

　宅地建物取引業者Aが自ら売主となって、買主Bと1億円の建物の売買契約（手付金800万円、中間金3,200万円、残代金6,000万円）を締結した場合における宅地建物取引業法第41条及び第41条の2に規定する手付金等の保全措置（以下この問において「保全措置」という。）に関する次の記述のうち、同法の規定によれば、正しいものはどれか。

(1)　Bが宅地建物取引業者でない場合、当該建物の建築工事完了前に契約を締結し、その引渡し及び登記の移転を残代金の支払いと同時に行うときは、Aは、中間金を受け取る前に、保全措置を講じれば足りる。

(2)　Bが宅地建物取引業者である場合、当該建物の建築工事完了前に契約を締結し、その引渡し及び登記の移転を中間金の支払いと同時に行うときは、Aは、手付金を受領する前に、保全措置を講ずる必要がある。

(3)　Bが宅地建物取引業者でない場合、当該建物の建築工事完了後に契約を締結し、中間金を登記移転完了時に、残代金を引渡し時にそれぞれ支払うときは、Aは、保全措置を講じる必要は一切ない。

(4)　Bが宅地建物取引業者でない場合、当該建物の建築工事完了前に契約を締結し、その際「Aが保全措置を講じた後は、Bは、手付放棄による解除はできない」との特約がなされたならば、Bは、Aが保全措置を講じた後は、手付を放棄して当該契約を解除することはできない。

A
業者

売買契約
1億円

B

Hint!　手付金等保全措置をとらなくてもよい場合は2つある。

講義

(1) 誤。**未完成物件をシロートに売る場合には、手付金の額が代金の5%以下かつ1,000万円以下の場合には、保全措置は不要だ。**本肢の場合、5%を超えているから、保全措置の対象だ。したがって、手付金を受け取る前と中間金を受け取る前のそれぞれにおいて保全措置が必要だ。

🔖 363頁 ①

(2) 誤。保全措置が適用されるのは、① 業者が「自ら売主」で、かつ ② 買主がシロートの場合に限られる。だから、**業者間の取引では、保全措置は不要だ。**

🔖 351頁 ②

(3) 正。まず、手付金の800万円は代金の10%以下かつ1,000万円以下だから保全措置は不要だ。次に、中間金も契約の締結の日以後、物件の引渡し前に支払われ代金に充当するお金だから手付金等に含まれるが、買主が登記を得れば保全措置は不要だ。だから中間金を受け取る前において保全措置は不要だ。最後に、残代金は引渡し時に支払われるため手付金等には当たらないから、保全措置は不要だ。結局、本肢のケースでは保全措置は一切不要だ。

🔖 363頁 (1)(2)、364頁 よく出るポイント③

(4) 誤。この特約はシロートの買主Bに**不利な特約**だから無効だ。だから、Bは、Aが保全措置をとった後でも手付放棄による解除ができる。

🔖 366頁 第4節

(**正　解**)(3)

Point!

手付金等保全措置をとらなくてもよい場合は2つある。

① **買主が「登記」を得た場合**（肢(3)）

② **金額が小さい場合**

　　㋐ **未完成物件** ➡ 代金の5%以下、かつ、1,000万円以下（肢(1)）

　　㋑ **完成物件** ➡ 代金の10%以下、かつ、1,000万円以下

□□□□□

［問題150］ 8つの制限

宅地建物取引業者Aが、自ら売主となって、宅地建物取引業者でないB に対し造成工事完了済みの宅地（価額4,000万円）を分譲しようとする場合に関する次の記述のうち、宅地建物取引業法の規定によれば、正しいものはどれか。

(1) 「買主は当該宅地の引渡しまでに売買代金の一部として頭金1,000万円を支払う」旨の割賦販売で売買契約が締結された場合、Aは、Bから1,000万円を受領したときには、土地引渡し及びBへの所有権移転登記を行わなければならない。

(2) 売買契約締結時にAB間の合意で、「売主又は買主に債務不履行があった場合の違約金を1,000万円とする」旨の特約をしても当該特約は無効であり、違約金の額を約定しなかったものとして取り扱われる。

(3) 売買契約締結時にAがBから契約の成立を証する手付として50万円を受領した後に、Bが宅地建物取引業法第37条の2の規定に基づき売買契約を解除した場合でも、Aは既に受領した50万円をBに返還しなければならない。

(4) Aが当該宅地の売買価額を500万円値引きすることを条件に、「売主は買主に物件引渡し後一切の契約不適合担保責任を負わない」旨の特約をしても、当該特約は無効であり、Bは、特約の無効を理由にAに対して直ちに損害賠償の請求及び契約の解除をすることができる。

Hint! シロートの買主は保護される。

(1) 誤。業者が自ら売主となって、シロートに割賦販売を行う場合には、受け取る金額が代金の**30%**（本肢では 1,200 万円）以下なら所有権を留保してもよい（移転登記をしなくてもよい）が、その後はダメだ。なお、業者が 30%を超える支払いを受けても、買主が残代金を担保するための抵当権・先取特権の登記を申請する見込み、または、保証人を立てる見込みがないときは、業者は、所有権を留保してもよい。 **371 頁 第 8 節**

(2) 誤。売主業者、買主シロートの間で、損害賠償額の予定や違約金の約定をする場合、その合計額は代金の**20%**が限度だ。そして、20%を超える特約とした場合、20%を超える部分について無効となる。だから、本肢の場合、違約金の約定額は自動的に 800万円となるのであり、特約が全面的に無効になるのではない。 **367 頁 第 5 節**

(3) 正。そのとおり。法 37 条の 2 に基づく売買契約の解除とは、クーリング・オフのことだ。このクーリング・オフがなされると、業者は、①**手付金は返還しなければならず**、②**損害賠償や違約金は請求できない**。だから、A は受け取った 50 万円をすみやかに B に返還しなければならない。

356 頁 5.

(4) 誤。この特約は、シロートの買主に**不利な特約**だから無効だ。しかし、その場合は特約のない契約、つまり契約不適合担保責任は民法の規定どおりとなるのであって、無効だからといって、買主がすぐに特約の無効を理由に損害賠償を請求したり契約を解除できるわけではない。

369 頁 第 6 節

(正 解)(3)

 肢(3)をもうひと押し！

売主業者、買主シロートの場合、業者が受け取った手付は、すべて**解約手付とみなされる**ことにも注意。

[問題151] 8つの制限

　宅地建物取引業者Aが、自ら売主として宅地建物取引業者でない買主Bとの間で締結する売買契約に関する次の記述のうち、宅地建物取引業法（以下この問において「法」という。）の規定によれば、正しいものはいくつあるか。

ア　Aは、Bとの間で建築工事完了前の建物を3,000万円で販売する契約を締結し、200万円の手付金を受領した。この場合において、Aが保険事業者との間で保証保険契約を締結することにより法第41条第1項の規定による手付金等の保全措置を講じているときは、当該措置内容は、少なくとも保証保険契約が成立したときから建物の所有権の登記がB名義となるまでの期間とするものでなければならない。

イ　Aは、Bとの間で建築工事完了後の建物を4,000万円で割賦販売する契約を締結し、建物の引渡しを終えた。この場合において、Bが1,000万円を支払ったときは、Aは、建物の所有権の登記をA名義のままにしておくことができない。

ウ　Aは、Bとの間で、割賦販売する契約を締結したが、Bが賦払金の支払を遅延した。この場合において、Aが2週間の期間を定めて書面にて支払を催告したが、Bがその期間内に賦払金を支払わなかったときは、Aは、割賦金の支払いの遅滞を理由として、契約を解除することができる。

(1)　一つ

(2)　二つ

(3)　三つ

(4)　なし

　「引渡し？」それとも「登記？」

講義

ア　誤。手付金等保全措置の保険期間は、少なくとも保証保険契約が成立
　　したときから宅地・建物の**引渡し**までの期間であることが必要だ。登記
　　ではないので、本肢は×だ。

イ　誤。業者が自ら売主となって、シロートに割賦販売を行う場合には、
　　受け取る金額が代金の **30%**（本肢の場合は 1,200万円）以下なら所有権
　　留保をしてもよい（移転登記をしなくてもよい）。　　　　**劉 371 頁 第 8 節**

ウ　誤。売主である業者は、買主であるシロートに対して、①30 日以上の
　　相当の期間を定めて、②書面で催告し、それでも支払いがない場合に限っ
　　て、契約の解除や残金の一括請求ができる。2 週間では短すぎるのでダメ
　　だ。　　　　　　　　　　　　　　　　　　　　　　　　**劉 370 頁 ① ②**

　　以上により、正しいものはないので、肢(4)が正解となる。

（正　解）(4)

Point!

手付金等保全措置の保険期間
　　手付金等保全措置として、保険事業者と保証保険契約した場合（保険事
業者に面倒を見てもらう場合）

➡　保証保険契約の保険期間は、少なくとも保証保険契約が成立したとき
　　から宅地・建物の**引渡し**までの期間であることが必要（肢ア）。

[問題152] 8つの制限

　宅地建物取引業者Ａが自ら売主となって、建築工事完了済みの建物（価格6,000万円）を宅地建物取引業者でないＢに売却する契約を締結した場合に関する次の記述のうち、宅地建物取引業法の規定によれば、正しいものはどれか。

(1)　ＡＢ間の売買契約が割賦販売契約であり、Ｂが割賦金の支払いの義務を履行しない場合でも、Ａは、30日以上の相当の期間を定めて書面でＢに支払いを催告し、その期間内になおＢが支払いの義務を履行しなかったときでなければ、当該売買契約を解除することはできない。

(2)　ＡがＢから契約と同時に、手付金600万円を受領し、その後に建物の引渡しと同時に中間金2,000万を受領する場合、手付金を受領するときには手付金等の保全措置は不要だが、中間金を受領するときには、2,600万円について手付金等の保全措置を講じる必要がある。

(3)　ＡがＢに建物を引き渡すのと引換えに、ＡがＢから手付金300万円を受領した場合には、Ｂは手付を放棄して、当該売買契約を解除することができる。

(4)　契約締結時に、Ａが契約不適合担保責任の通知期間を当該建物の引渡しの日から1年とする特約をした場合であっても、その特約は無効とされ、Ａの契約不適合担保責任の通知期間は、引渡しの日から2年となる。

　民法はどう修正されるか？

講義

(1)　正。割賦販売契約の解除は、**30日以上の相当の期間を定めて書面で**催告し、それでも支払いがない場合に限って、契約を解除できる。

　　　　　　　　　　　　　　　　　　　　　　🖎 370頁 ⬜︎、⬜︎

(2)　誤。手付金の600万円は代金の10%以下かつ1,000万円以下だ。だから、手付金を受領する場合に、保全措置を講じる必要はない。また、中間金の受領は建物の**引渡しと同時**なので、中間金を受領する場合も保全措置の必要はない。よって、後半が×だ。　　　🖎 364頁 よく出るポイント③

(3)　誤。業者が自ら売主となりシロートの買主から手付を受け取る場合には、その手付は解約手付とみなされ、相手方が契約の履行に着手するまでは、買主は手付を放棄して、業者は手付の倍額を現実に提供して契約を解除できる。AはBに建物を引き渡している。だから、**Aが履行に着手した後**だ。したがって、Bは手付による解除はできない。

　　　　　　　　　　　　　　　　　　　　　　🖎 366頁 第4節

(4)　誤。契約不適合担保責任の通知期間を引渡しの日から1年とする特約は、買主に不利な特約だから、無効だ。そして、無効となった場合は、民法の規定通り買主が不適合を**知った時**から1年となる。　　🖎 369頁

（**正　解**）(1)

割賦販売契約の解除の制限
売主である業者は、シロートの買主に対して、
⬜︎　**30日以上の相当の期間を定めて、**
⬜︎　**書面で**催告し、
それでも支払いがない場合に限って、契約の解除や残金の一括返済請求ができる（肢(1)）。

□□□□□□

[問題153] 8つの制限

　宅地建物取引業者Aが自ら売主として、宅地建物取引業者ではない買主Bとの間で締結した売買契約に関して行う次に記述する行為のうち、宅地建物取引業法（以下この問において「法」という。）の規定に違反しないものはいくつあるか。

ア　Aは、Bとの間で建築工事完了前の建物を3,000万円で売却する契約を締結し、法第41条に規定する手付金等の保全措置を講じた上で、1,000万円を手付金として受領した。

イ　Aは、建築工事完了後の建物を、その所有者Cから停止条件付きで取得する契約を締結し、当該条件が未成就のまま、その建物をBに売却した。

ウ　Aは、Bとの間で宅地を2,000万円で売却する契約を締結するに際して、債務不履行を理由とする契約の解除に伴う損害賠償の予定額を200万円、それとは別に違約金を200万円とする特約を定めた。

エ　Aは、Bとの宅地の割賦販売契約において、「Bが賦払金の支払いの義務を履行しないときは、AはBに対して50日以上の相当の期間を定めてその支払いを書面で催告し、その期間内にBがその義務を履行しなかった場合、Aは契約を解除することができる」旨の特約を定めた。

⑴　一つ

⑵　二つ

⑶　三つ

⑷　四つ

Hint!　30日、20%。

講義

ア　**違反する。**業者がシロートの買主から受け取れる手付の額は、代金の20%が限度だ。手付金等保全措置を講じても、代金の20%を超える手付金を受け取ることはできない。　　　　　　　　　　　　📖366頁 第4節

イ　**違反する。**業者が他人の物件を取得する「**停止条件付契約**」を締結していても、他人の物件を確実に取得できるわけではない。だから、業者は「停止条件付契約」を締結していても、シロートの買主に売ることはできない。　　　　　　　　　　　　　　　　　　　📖357頁 ③

ウ　**違反しない。**業者が自ら売主となり、シロートの買主との間で、債務不履行による契約解除について、①損害賠償額の予定、②違約金の約定をする場合、①②の**合計額**は、代金の20%が限度だ。本肢は、①損害賠償額の予定と②違約金の約定を合わせて代金20%（400万円）とする特約だから業法違反にならない。　　　　　　　　　📖367頁第5節

エ　**違反しない。**割賦販売契約とは、代金を分割払い（ローン）にする契約のことだ。この場合、売主である業者は、シロートの買主に対して①30日以上の相当の期間を定めて、②書面で催告し、それでも支払いがない場合に限って、契約の解除や残金の一括返済請求をすることができる。　　　　　　　　　　　　　　　📖370頁 ① ②

以上により、違反しないものはウとエなので、正解は肢(2)となる。

（**正　解**）(2)

Point!

　割賦販売とは、代金について、目的物の引渡し後**1年**以上の期間にわたり、かつ、**2回**以上に分割して受領することを条件として販売すること。

[問題154] 8つの制限その他

宅地建物取引業者Aが、自ら売主として、宅地建物取引業者でない買主Bと宅地（価格1億円）の売買契約を締結した場合に関する次の記述のうち、宅地建物取引業法（以下この問において「法」という。）の規定によれば、正しいものはどれか。

⑴　AはBから手付金として2,000万円を受領し、その際、AB間の合意の上、当事者の一方が契約の履行に着手するまでの間は、Bは1,000万円を放棄し、Aは2,000万円を現実に提供して契約を解除することができると定めた場合、Aが、契約を解除するには、4,000万円を現実に提供することが必要である。

⑵　Aは、Bに、法第41条に規定する手付金等保全措置の概要について、法第35条に規定する重要事項として説明し、かつ、法第37条に規定する書面に記載しなければならない。

⑶　Aは、手付金等の保全措置を講じれば、手付金を2,000万円とし、500万円ずつの分割受領に応じることにより、契約の締結を誘引することができる。

⑷　Aが、引渡し期日を過ぎても当該宅地をBに引き渡さない場合、Bは30日以上の相当の期間を定めて引渡しを書面で催告し、その期間内にAが引渡しを履行しない場合でなければ、Bは当該契約を解除することはできない。

Bに不利な契約は無効！

講義

⑴　正。売主業者・買主シロートのパターンでは、手付は、自動的に放棄、倍返しによる**解約手付**となる。それよりも買主に不利な特約は無効だ。だから、買主Bが1,000万円を放棄すれば解除できるという特約はBに有利だから有効だが、Aが、2,000万円を現実に提供して解除できるという特約は、**Bに不利だから無効**だ。だから、倍額の4,000万円を現実に提供しなければ解除できない。　🔖 366頁 第4節

⑵　誤。手付金等保全措置の概要は、重要事項として説明しなければならないが、**37条書面の記載事項ではない**。　🔖 376頁 ⑧ 、383頁 2.

⑶　誤。手付の分割払いに応じるということは、業者Aが、買主Bに手付金を貸与したのと同じことになってしまう。手付の貸与は禁止されている。たとえ**手付金等保全措置**をとったとしても、ダメだ。

🔖 327頁 ちなみに

⑷　誤。① 30日以上の相当の期間を定めて、②書面で催告しなければならないのは、割賦販売契約でシロートの買主がローンの返済を遅滞した場合の話だ。シロートの買主Bから契約を解除する場合には、その必要はない。つまり、**民法の原則どおり**、相当の期間を定めて催告すればいい（口頭でOK）。　🔖 370頁 第7節

（**正　解**）⑴

> なお、37条書面の交付に代えて、相手方の承諾を得て、37条書面に記載すべき事項を電磁的方法（電子メール等）であって宅地建物取引士の記名に代わる措置を講じたものにより提供できる。

Point!

業者が自ら売主となり、シロートの買主から手付を受け取る場合には、➡ その手付は**解約手付**とみなされ、買主に不利な特約は**無効**となる（肢⑴）。

［問題155］ 8つの制限その他

　次の記述のうち、宅地建物取引業法（以下この問において「法」という。）の規定によれば、正しいものはどれか。

(1)　代金が1億円の宅地の売買契約において、売主の宅地建物取引業者Aは、買主の宅地建物取引業者Bと双方の債務不履行による契約解除に関して違約金2,000万円、別に損害賠償の予定額を2,000万円と定めた場合でも、Aは法に違反しない。

(2)　契約の締結に際して、買主である宅地建物取引業者Cが手付金の持ち合わせがないと言うので、売主である宅地建物取引業者Dが手付金を貸し付けて契約の締結を誘引した場合でも、Dは法に違反しない。

(3)　代金が1,000万円の建物売買契約について、宅地建物取引業者でない売主Eから代理の依頼を受けた宅地建物取引業者Fが、宅地建物取引業者でない買主Gから契約締結に際して、契約成立を証するものとして500万円の手付金を受領すれば、法に違反する。

(4)　宅地建物取引業者Hが中古マンションの売却について、宅地建物取引業者Iに代理を依頼し、Iが宅地建物取引業者でないJと売買契約を締結した場合、IはJから受領する金銭の額が代金の10％又は1,000万円を超えるときは、原則としてその全額について保全措置を講じなければ法に違反する。

　8つの制限は誰と誰の間に適用されるのか？

講義

(1)　正。契約違反があったことによって契約解除をする場合の損害賠償額の予定と違約金の約定との合計額は、代金の 20％が限度という制限は、**業者間**の取引には**適用されない**。だから、代金 1 億円に対して、損害賠償と違約金の合計を 4,000 万円と決めても、A は宅建業法に違反しない。

📖 367 頁 第 5 節

(2)　誤。手付の貸与等による契約の締結の誘引は、**業者間**の取引でも**適用される**から、D は宅建業法に違反する。

📖 326 頁 5.

(3)　誤。受け取る手付金の額は代金の 20％が限度だ！という制限は、業者が**自ら売主**となって、シロートが買主になる場合に限って適用されるから、シロート同士の契約を代理した業者 F が E に代わって手付金 500 万円を受け取っても宅建業法に違反しない。

📖 366 頁 第 4 節

(4)　誤。受け取る手付金等を保全しなければならないのは、**売主である業者 H** だ。だから、H から代理の依頼を受けた I が保全しなかったとしても、I は宅建業法に違反しない。

📖 365 頁 4. (1)

（正　解）(1)

Point!

8 つの制限が適用されるのは、➡ ①売主業者　②買主シロート の場合だけ（肢(1)）。

［問題156］ 重要事項の説明

　宅地建物取引業者Aが、自ら売主となり、造成工事完了前の別荘地の売買契約を宅地建物取引業者でないBと締結する場合において、宅地建物取引業法第35条の規定に基づく重要事項の説明に関する次の記述のうち、同法の規定に違反しないものはいくつあるか。

ア　Aの事務所に勤務する専任の宅地建物取引士Cが、宅地建物取引士証を紛失し現在再交付を申請中であったので、Cは再交付申請書の写しをBに提示して、重要事項の説明を行った。

イ　Aの事務所に勤務する専任の宅地建物取引士Cが接客中であったので、アルバイトの宅地建物取引士Dが、近くの喫茶店でBに対して重要事項の説明を行った。

ウ　Aの事務所に勤務する専任の宅地建物取引士Cは、造成工事完了時の当該宅地の形状については説明したが、接する道路の幅員については、特に説明しなかった。

エ　Aの事務所に勤務する専任の宅地建物取引士Cは、売買契約に関する違約金については、ＡＢ間でその額等について合意に達していなかったので、契約締結時に別途定めることとし、説明を省略した。

(1)　一つ

(2)　二つ

(3)　三つ

(4)　四つ

宅地建物取引士ならOK。

講　義

ア　違反する。宅地建物取引士が宅地建物取引士証を紛失した場合、**再交付を受けるまでは**、重要事項の説明ができなくなる。たとえ、申請書のコピーを提示したとしてもダメだ。　　　　　　　　　　　　　🔢373頁(4)

イ　違反しない。まず、重要事項の説明は専任の宅地建物取引士に限られず、パートでもアルバイトでも**宅地建物取引士**でありさえすれば行っていい。そして、説明する場所だが、これも特に制限はなく、どこで行ってもいいことになっている。クーリング・オフと混同しやすいが、重要事項の説明は、相手方に契約するかしないかの判断材料を提供するためのものだから、自宅であろうが喫茶店であろうが、きちんと説明すればいいということだ。　　　　　　　　　　　　　　　　　　　🔢372頁(1)

ウ　違反する。未完成物件の場合、**工事完了後時の形状・構造**は、重要事項として説明しなければならない。そして、この他にも、宅地の場合なら接する道路の構造や幅員、また建物なら建物の主要構造部・内装及び外装の構造や仕上げ等についても説明しなければならないことになっている。　　　　　　　　　　　　　　　　　　　　　　　🔢375頁①

エ　違反する。損害賠償額の予定、**違約金**は重要事項として説明しなければならない。定めがないなら、「**定めがない**」と**説明**しなければならない。　　　　　　　　　　　　　　　　　　　　　　　　　　　🔢377頁⑯

以上により、違反しないものはイだけなので、正解は肢(1)となる。

（**正　解**）(1)

Point!

重要事項の説明は、
➡　**宅地建物取引士**でありさえすれば、パートでもアルバイトでもできる。

［問題157］ 重要事項の説明

　宅地建物取引業法第35条に規定する重要事項の説明に関する次の記述のうち、正しいものはいくつあるか。なお、説明の相手方は宅地建物取引業者でないものとする。

ア　宅地建物取引業者は、宅地の割賦販売の媒介を行う場合、割賦販売価格については説明しなければならないが、現金販売価格については説明する必要はない。

イ　宅地建物取引業者は、建物の貸借の媒介を行う場合、当該建物が、水防法施行規則第11条第1号の規定により市町村（特別区を含む。）の長が提供する図面に当該建物の位置が表示されているときは、当該図面における当該建物の所在地を説明しなければならない。

ウ　宅地建物取引業者は、建物の売買の媒介を行う場合、飲用水、電気及びガスの供給並びに排水のための施設が整備されていないときは、その整備の見通しについては説明しなければならないが、その整備についての特別の負担に関する事項については説明する必要はない。

エ　宅地建物取引業者は、建物の貸借の媒介を行う場合、借賃以外に授受される金銭の定めがあるときは、その金銭の額及び授受の目的を説明しなければならないが、授受の時期については説明する必要はない。

⑴　一つ
⑵　二つ
⑶　三つ
⑷　四つ

　額と目的は説明する必要があるが……。

講　義

ア　誤。売主自身が割賦販売（ローン）を行う場合は、**現金販売価格**（即金ならいくらか）、割賦販売価格（ローンの合計額はいくらか）等を説明しなければならない。　　　　　　　　　　　　　　　　　　　378頁 ⑰

イ　正。すべての取引において、水防法施行規則の規定により当該宅地または建物が所在する市町村の長が提供する図面（水害ハザードマップのこと）に当該宅地または建物の位置が表示されているときは、当該図面における当該宅地または建物の所在地を説明しなければならない。だから、貸借の媒介を行う場合においても説明しなければならない。

375頁 ④ 例4

ウ　誤。上下水道、電気、ガスの整備が未整備のときは、整備の見通しと整備についての**特別の負担**を説明しなければならない。　　　　376頁 ⑥

エ　正。「代金・交換差金・借賃」以外に授受される金銭の**額**と授受の**目的**については、説明しなければならない。しかし、授受の時期については、説明不要だ。　　　　　　　　　　　　　　　　　　　　　376頁 ⑩

以上により、正しいものはイとエなので、正解は肢⑵となる。

（正　解）⑵

Point!

	重要事項の説明（重要事項説明書）	37条書面
額	○	○
授受の時期	×（肢エ）	○
授受の目的	○	○

コメント　「代金・交換差金・借賃」以外に授受される金銭の「授受の時期」は、重要事項として説明する必要はない（重要事項説明書に記載する必要はない）。しかし、37条書面の任意的記載事項ではある。違いに注意しよう！

［問題158］ 重要事項の説明

　次の事項のうち、宅地建物取引業法（以下この問いにおいて「法」という。）第35条の規定による重要事項の説明を義務づけられているものは、どれか。

⑴　取引の対象となる宅地又は建物に関し50万円の預り金を受領しようとする場合において、法第64条の3第2項の規定による保証の措置等を講ずるかどうか。

⑵　取引の対象となる建物の売買について、その建物の引渡し時期。

⑶　移転登記の申請の時期。

⑷　天災その他不可抗力による損害の負担に関する定めがある場合において、その内容。

　このテの問題は、ゴロ合せで解く！

講義

(1)　義務づけられている。**50万円以上の預り金を受領しようとする場合**は、保証の措置等の保全措置を**講ずるかどうか**、及びその措置を講ずる場合における措置の概要が重要事項説明書の記載事項だ。だから、重要事項として説明する必要がある。　　　　　　　　　　　　376頁 9

(2)　義務づけられていない。物件の引渡し時期は、**37条書面の記載事項**であり、重要事項説明書の記載事項ではない（重要事項として説明する必要はない）。　　　　　　　　　　　　　　378頁 ㋐、383頁 4

(3)　義務づけられていない。これも、**37条書面の記載事項**であって、重要事項説明書の記載事項ではない（重要事項として説明する必要はない）。　　　　　　　　　　　　　　　　378頁 ㋑、383頁 5

(4)　義務づけられていない。危険負担の特約も、**37条書面の記載事項**であって、重要事項説明書の記載事項ではない（重要事項として説明する必要はない）。　　　　　　　　　　　　　　378頁 ㋒、383頁 13

（正解）(1)

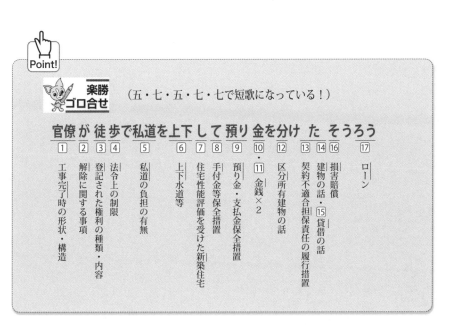

Point!

楽勝ゴロ合せ　（五・七・五・七・七で短歌になっている！）

官僚が 徒歩で私道を上下して 預り金を分け た そうろう

1　工事完了時の形状・構造
2　解除に関する事項
3　登記された権利の種類・内容
4　法令上の制限
5　私道の負担の有無
6　上下水道等
7　住宅性能評価を受けた新築住宅
8　手付金等保全措置
9　預り金・支払金保全措置
10・11　金銭×2
12　区分所有建物の話
13　契約不適合担保責任の履行措置
14　建物の話・15 貸借の話
16　損害賠償
17　ローン

☐☐☐☐☐

［問題159］ 重要事項の説明（区分所有建物）

　宅地建物取引業者が区分所有建物（建物の区分所有等に関する法律第2条第1項に規定する区分所有権の目的である建物をいう。）の一室の売買の媒介を行う場合、宅地建物取引業法第35条の規定に基づく重要事項の説明に関する次の記述のうち、誤っているものはどれか。なお、説明の相手方は宅地建物取引業者ではないものとする。

(1)　当該建物の管理が委託されているときは、その委託されている管理の内容を説明すれば足り、受託者の氏名及び住所を説明する必要はない。

(2)　通常の管理費用の額については、区分所有者が月々負担する経常的経費を説明すれば足り、計画的修繕積立金等については、規約等に定めがなく、その案も定まっていないときは、その説明の必要はない。

(3)　共用部分に関する規約の定めについては、その定めがまだ案であるときは、その案を説明すれば足り、規約の定めを待つ必要はない。

(4)　建物の一部を特定の者にのみ使用を許す旨の規約の定めがあるときは、その規約の内容を説明すれば足り、使用者の氏名及び住所を説明する必要はない。

Hint!　どこにいるか知らないと困る。

講　義

(1)　誤。区分所有建物の場合、管理人の**住所氏名**は、説明が必要だ。管理人がどこにいるか知らないと困る。しかし、管理の内容までは説明不要。

🈴379頁 ⑧

(2)　正。**管理費用**の額は、説明が必要だ（月1万円等と説明する）。修繕積立金等は、規約に定めがあるとき、またはその案があるときは説明が必要だ。だから、規約の定めも案もないときは、説明は不要だ。

🈴379頁 ⑦⑨

(3)　正。**共用規約**は、規約に定めがあるとき、またはその案があるときは説明が必要だ。案しかない段階では、その案の説明が必要だ（つまり、案しかない場合は、その案を説明すれば足りる）。

🈴378頁 ③

(4)　正。**専用規約**は、規約に定めがあるとき、またはその案があるときは、その**内容**の説明が必要だ。しかし、使用者の住所氏名は、説明は不要だ（使用者の住所氏名は、説明事項ではない）。

🈴378頁 ①

(正　解) (1)

 区分所有建物独自の9つの重要事項

 楽勝ゴロ合せ　（♪でんでんむしむしかたつむりの替歌だ！）

専々、	共 減、	敷	修繕、	ダブル管理に	積立金、	貸借専	管だけでいい
①② 専用規約｜利用制限規約｜専有部分の	③④ 共用規約｜減免規約	⑤ 敷地利用権	⑥ 修繕記録	⑦ 管理費用の額｜管理人の｜住所氏名	⑨ そのまんま	ニッ② 専有部分の｜利用制限規約	パチ⑧ 管理人の｜住所氏名

[問題160] 重要事項の説明と37条書面

　宅地建物取引業者Aは、BからB所有の既存住宅である甲住宅の売却の媒介を依頼され、媒介契約を締結した。Bは、Aの媒介により、甲住宅の売買契約（以下この問において「本件契約」という。）をCと締結した。この場合における次の記述のうち、宅地建物取引業法（以下この問において「法」という。）の規定によれば、正しいものはどれか。なお、この問において「建物状況調査」とは、法第34条の2第1項第4号に規定する調査をいい、特に断りのない限り、Cは宅地建物取引業者ではないものとする。

(1)　甲住宅について、建物状況調査が実施されていないときは、Aは、自ら建物状況調査を行った上で、その結果の概要を説明しなければならない。

(2)　AがBとの間で媒介契約を締結する2年前に、甲住宅は既に建物状況調査を受けていた。この場合において、Aは、Cに対し、建物状況調査を実施している旨及びその結果の概要について説明しなければならない。

(3)　Aは、本件契約が成立するまでの間に、Cに対し、甲住宅について、設計図書、点検記録その他の建物の建築及び維持保全の状況に関する書類で国土交通省令で定めるものの保存の状況について説明しなければならないが、それぞれの書類に記載されている内容については説明する必要はない。

(4)　Aは、Cが宅地建物取引業者である場合は、法第37条に基づき交付すべき書面において、甲住宅の構造耐力上主要な部分等の状況について当事者の双方が確認した事項があるときに、その記載を省略することができる。

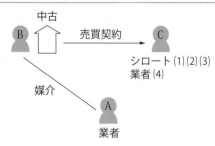

保存の状況を説明する必要はあるが……。

講　義

(1)　誤。業者は、建物状況調査（調査実施後１年を経過していないものに限る）を実施しているかどうか、及び実施しているならその結果の概要を重要事項として説明しなければならない。ただし、業者は、建物状況調査を実施する**義務はない**（説明をする義務はあるが、調査をする義務はない）。
图 377 頁 ⑭ 注2

(2)　誤。業者は、建物状況調査（調査実施後**1年**を経過していないものに限る）を実施しているかどうか、及び実施しているならその結果の概要を重要事項として説明しなければならない。本肢の甲住宅が建物状況調査を受けたのは２年前だ（１年を経過している）。だから、説明する必要はない。
图 377 頁 ⑭ ③a)

(3)　正。Aは、Cに対し、設計図書、点検記録等の建物の建築・維持保全の状況に関する書類の**保存の状況**を重要事項として説明しなければならない。しかし、書類の記載内容については説明する必要はない（説明が必要なのは保存の状況だ。記載内容ではない）。
图 377 頁 ⑭ ③b)

(4)　誤。建物の構造耐力上主要な部分等の状況について当事者の双方が確認した事項は、**売買・交換**の場合の 37 条書面の必要的記載事項だ。たとえ、相手方が業者であっても省略することは**できない**。
图 383 頁 ⑥

正　解 (3)

> なお、37 条書面の交付に代えて、相手方の承諾を得て、37 条書面に記載すべき事項を電磁的方法（電子メール等）であって宅地建物取引士の記名に代わる措置を講じたものにより提供できる。

Point!

中古（既存）の建物の売買の場合、重要事項として説明する必要はあるか？

① 設計図書、点検記録等の建物の建築・維持保全の状況に関する書類の**保存の状況**（肢(3))	○
② 設計図書、点検記録等の建物の建築・維持保全の状況に関する書類の記載内容（肢(3))	×

[問題 161] 重要事項の説明

　宅地建物取引業者が行う宅地建物取引業法第35条に規定する重要事項の説明に関する次の記述のうち、正しいものどれか。なお、説明の相手方は宅地建物取引業者でないものとする。

(1)　建物の貸借の媒介を行う場合、建築基準法に規定する建蔽率及び容積率に関する制限があるときはその概要を説明しなければならない。

(2)　宅地の売買の媒介を行う場合、登記された権利の種類及び内容については説明しなければならないが、移転登記の申請の時期については説明する必要はない。

(3)　中古住宅の売買の媒介を行う場合、当該住宅について建物状況調査が実施されていないときは、宅地建物取引業者は自ら当該住宅について建物状況調査を実施した上で、その概要を説明しなければならない。

(4)　中古マンションの売買の媒介を行う場合、維持修繕積立金に関する規約の定めがあるときは、当該マンション一棟の建物に係る計画的な維持修繕のための修繕積立金積立総額及び売買の対象となる専有部分に係る修繕積立金額を説明しなければならないが、滞納があることについては説明する必要はない。

　移転登記の申請時期は、重要事項説明の段階では未定だ。

講義

(1) 誤。建蔽率・容積率は、**建物の貸借**の場合だけは説明不要。それ以外の場合（宅地の売買・交換・貸借と建物の売買・交換）に説明が必要だ。
📖 376頁　一番上の 注!

(2) 正。登記された権利の種類・内容は説明しなければならない。しかし、登記は登記でも、**移転登記の申請時期**は、重要事項説明の段階では未定だから**説明する必要はない**。ちなみに、移転登記の申請時期は 37 条書面の記載事項である。　📖 375頁 ③、378頁 ⑦

(3) 誤。業者は、建物状況調査を実施しているかどうか、及び建物状況調査を実施しているなら、その結果の概要を説明しなければならない。しかし、業者は、建物状況調査を実施する**義務はない**。　📖 377頁 ⑭ 注2

(4) 誤。区分所有建物の売買・交換の場合、積立金の内容と、すでに積み立てられている額・滞納の額を説明しなければならない。　📖 379頁 ⑨

（**正　解**）(2)

Point!

業者に実施する義務はあるか？
① 石綿の使用の有無の調査 ➡ ない
② 耐震診断 ➡ ない
③ 建物状況調査 ➡ ない（肢(3)）

[問題162] 重要事項の説明

　宅地建物取引業者が建物の貸借の媒介を行う場合における宅地建物取引業法（以下この問において「法」という。）第35条に規定する重要事項の説明に関する次の記述のうち、誤っているものはどれか。なお、特に断りのない限り、当該建物を借りようとする者は宅地建物取引業者ではないものとする。

(1)　重要事項の説明にテレビ会議等のＩＴを活用するに当たっては、宅地建物取引士により記名された重要事項説明書及び添付書類を、重要事項の説明を受けようとする者にあらかじめ送付していることが必要である。

(2)　重要事項の説明にテレビ会議等のＩＴを活用するに当たっては、宅地建物取引士が、宅地建物取引士証を提示し、重要事項の説明を受けようとする者が、当該宅地建物取引士証を画面上で視認できたことを確認していることが必要である。

(3)　当該建物が既存の建物であるときでも、設計図書、点検記録その他の建物の建築及び維持保全の状況に関する書類で国土交通省令で定めるものの保存の状況を説明する必要はない。

(4)　当該建物を借りようとする者が宅地建物取引業者であるときでも、宅地建物取引士をして、重要事項説明書を交付して説明をさせなければならない。

　売買・交換なら必要だが……。

講　義

(1)　正。重要事項は、テレビ会議等のＩＴを利用して説明できる。この場合、宅建士により記名された重要事項説明書と添付書類を、**あらかじめ送付**していることが必要だ。　　　　　　　　　　　　　　　　📖373頁(4)注！

(2)　正。重要事項は、テレビ会議等のＩＴを利用して説明できる。ＩＴを利用して説明する場合も、モチロン、**宅建士証**の提示は必要だ（宅建士がカメラに宅建士証をかざして、相手方は画面上で確認するという方法をとる）。　　　　　　　　　　　　　　　　　　　　　📖373頁(4)注！

(3)　正。中古の建物の**売買・交換**の場合は、設計図書、点検記録等の建物の建築・維持保全の状況に関する書類の**保存の状況**を重要事項として説明しなければならない。しかし、貸借の場合は、説明は不要だ。

　　　　　　　　　　　　　　　　　　　　　　　　　　📖377頁 14 注1

(4)　誤。相手方が**業者**の場合は、重要事項の**説明**を省略できる。つまり、相手方が業者の場合は、重要事項説明書の交付だけでいいということだ。

　　　　　　　　　　　　　　　　　　　　　　　　　　　　📖374頁(8)

　　　　　　　　　　　　　　　　　　　　　　　（**正　解**）(4)

> なお、重要事項説明書の交付に代えて、相手方の承諾を得て、重要事項説明書に記載すべき事項を電磁的方法(電子メール等)であって宅地建物取引士の記名に代わる措置を講じたものにより提供できる。

Point!

　設計図書、点検記録等の建物の建築・維持保全の状況に関する書類の
保存の状況は、
➡　貸借の場合は、説明・記載不要（肢(3)）。

[問題163] 重要事項の説明と37条書面等

宅地建物取引業者Aが行う業務に関する次の記述のうち、宅地建物取引業法（以下この問において「法」という。）の規定によれば、正しいものはどれか。

(1) Aが、売主として、宅地建物取引業者Bとの間で宅地の売買契約を締結しようとする場合、Bに対して、宅地建物取引士をして、契約締結時までに重要事項を記載した書面を交付して、その説明をさせなければならない。

(2) Aが、売主として、宅地建物取引業者Cとの間で宅地の売買契約を締結した場合、Cに対して、法第37条の規定により交付すべき書面を交付しなくてよい。

(3) 営業保証金を供託しているAが、売主として、宅地建物取引業者Dとの間で宅地の売買契約を締結しようとする場合、Dに対して、営業保証金を供託した供託所及びその所在地について、説明するようにしなければならない。

(4) Aが、宅地の売却の依頼者Eと専任媒介契約を締結した場合、当該宅地の購入の申込みがあったときは、Eが宅地建物取引業者であっても、遅滞なく、その旨をEに報告しなければならない。

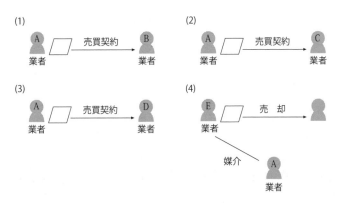

Hint! 媒介契約は、依頼者が業者でもシロートでも同じルール。

講義

(1) 誤。相手方が**業者**の場合は、重要事項の**説明**を省略できる。つまり、相手方が業者の場合は、重要事項説明書の交付だけでいいということだ。
374頁(8)

(2) 誤。37条書面の交付は、たとえ、相手方が業者であっても省略**できない**。
382頁 注1

(3) 誤。業者は、取引の相手方に対して、契約が成立する前に、どこの供託所に営業保証金を供託しているか等を説明するようにしなければならない。ただし、相手方が**業者**である場合は、この説明をする必要はない。
381頁 第2節

(4) 正。媒介契約を締結した業者は、その媒介契約の目的物である宅地建物の売買・交換の申し込みがあったときは、遅滞なく、その旨を依頼者に**報告**しなければならない。媒介契約に関しては、依頼者が業者であっても同じルールが適用される。だから、依頼者が業者であっても、この報告は必要だ。
335頁(6)

（正　解）(4)

> なお、重要事項説明書の交付に代えて、相手方の承諾を得て、重要事項説明書に記載すべき事項を電磁的方法（電子メール等）であって宅地建物取引士の記名に代わる措置を講じたものにより提供できる。また、37条書面の交付に代えて、相手方の承諾を得て、37条書面に記載すべき事項を電磁的方法（電子メール等）であって宅地建物取引士の記名に代わる措置を講じたものにより提供できる。

Point!

相手が業者でも必要か？

① 媒介契約書の交付	○
② 重要事項の説明（肢(1)）	×
③ 重要事項説明書の交付	○
④ 37条書面の交付（肢(2)）	○
⑤ 供託所等の説明（肢(3)）	×

○ ➡ 必要　× ➡ 不要

[問題164] 媒介契約書と重要事項説明書と37条書面

次の記述のうち、宅地建物取引業法（以下この問において「法」という。）の記述によれば、正しいものはどれか。

(1) 宅地建物取引業者が宅地の売買の媒介を行う場合、契約の解除について定めがあるときは、その内容について法第35条に規定する重要事項を記載した書面に記載しているのであれば、法第37条の規定により交付すべき書面（以下この問において「37条書面」という。）に記載する必要はない。

(2) 宅地建物取引業者が宅地の売買の媒介を行う場合、損害賠償額の予定又は違約金に関する特約の内容について、37条書面に記載する必要があるが、貸借の媒介を行う場合は、当該内容について37条書面に記載する必要はない。

(3) 宅地建物取引業者Aが、Bから建物の売却の依頼を受け、AとBとの間で一般媒介契約を締結した場合、Aは、当該一般媒介契約が国土交通大臣が定める標準媒介契約約款に基づくものであるか否かの別を、法第34条の2第1項の規定に基づき交付すべき書面に記載する必要はない。

(4) 宅地建物取引業者Cが、Dから中古建物の売却の依頼を受け、CとDの間で専属専任媒介契約を締結した場合、Cは、Dに対する建物状況調査を実施する者のあっせんに関する事項を、法第34条の2第1項の規定に基づき交付すべき書面に記載しなければならない。

Hint! 法第34条の2第1項の規定に基づき交付すべき書面とは媒介契約書のこと。

講義

(1) 誤。解除に関する事項は、**37条書面の任意的記載事項**（定めがある場合は記載しなければならない事項）だ。だから、契約の解除について定めがあるときは、37条書面に記載する必要がある（モチロン、35条書面に記載されていても、記載を省略することはできない）。　※383頁 [7]

(2) 誤。損害賠償額の予定・違約金は、売買の場合も**貸借**の場合も、37条書面の任意的記載事項だ。だから、業者は宅地の売買の媒介を行う場合も、宅地の貸借の媒介を行う場合も、損害賠償額の予定・違約金に関する特約の内容を37条書面に記載する必要がある。　※383頁 [10]

(3) 誤。書式を統一するために、国土交通大臣が定めた標準媒介契約約款というヒナ型がある。法第34条の2第1項の規定に基づき交付すべき書面（媒介契約書のこと）には、標準媒介契約約款に**基づく契約かどうか**を記載する必要がある。　※337頁 [2] [5]

(4) 正。中古の建物の場合は、媒介契約書に、**建物状況調査を実施する者のあっせんに関する事項**を記載する必要がある。　※337頁 [1] [注!]

（**正　解**）(4)

> なお、媒介契約書の交付に代えて、依頼者の承諾を得て、媒介契約書に記載すべき事項を電磁的方法（電子メール等）であって宅地建物取引業者の記名押印に代わる措置を講じたものにより提供できる。また、重要事項説明書の交付に代えて、相手方の承諾を得て、重要事項説明書に記載すべき事項を電磁的方法（電子メール等）であって宅地建物取引士の記名に代わる措置を講じたものにより提供できる。そして、37条書面の交付に代えて、相手方の承諾を得て、37条書面に記載すべき事項を電磁的方法（電子メール等）であって宅地建物取引士の記名に代わる措置を講じたものにより提供できる。

Point!

媒介契約書の記載事項
物件については、

① 所在と、

② 売買価額を記載しなければならない。

[注意!] 中古（既存）の建物の場合は、**建物状況調査を実施する者のあっせん**に関する事項を記載しなければならない（肢(4)）。

［問題165］ 37条書面

　宅地建物取引業者Aが交付する宅地建物取引業法第37条の規定による書面（以下この問において「37条書面」という。）に関する次の記述のうち、正しいものはどれか。

(1)　Aが媒介により宅地の賃貸借契約を成立させた場合、Aは当該土地賃貸借契約が借地借家法第22条に規定する定期借地権に該当する場合は、その旨を37条書面に記載して、宅地建物取引士をして説明させなければならない。

(2)　Aが媒介により宅地の売買契約を成立させた場合、Aは当該宅地に係る租税等の公課の負担に関する定めの有無について、37条書面に記載しなければならない。

(3)　Aが代理として建物の賃貸借契約を成立させた場合、当該建物が種類又は品質に関して契約の内容に適合しない場合におけるその不適合を担保すべき責任の内容については、37条書面に記載する必要はない。

(4)　Aが自ら売主として建物の売買契約を締結した場合、Aは当該建物について買主への移転登記の申請時期については、それが未定の場合、37条書面に記載する必要はない。

　貸借なら記載不要。

(1) 誤。まず、**定期借地権**について説明や記載が義務付けられているのは**重要事項説明**の場合だ。37書面の記載事項には入っていない。それに、書面には宅地建物取引士の記名は必要だが、説明は不要だ。二重に×だ。

380頁 ②、382頁 ③、383頁

(2) 誤。37条書面の記載事項のうち、税金の負担については、**定めがある場合**は記載しなければならない。定めがない場合は省略してかまわない。「なし」と記載する必要はない。

383頁 ⑭

(3) 正。売買交換の場合は、**契約不適合担保責任**の内容については、定めがある場合は記載しなければならないが、貸借の場合には不要だ。

383頁 ⑫

(4) 誤。物件を入手するお客さんにとって大切な移転登記の申請時期は、**必ず記載**しなければならない。定めがないのなら、「なし」と記載することが必要だ。

383頁 ⑤

(正 解)(3)

なお、37条書面の交付に代えて、相手方の承諾を得て、37条書面に記載すべき事項を電磁的方法（電子メール等）であって宅地建物取引士の記名に代わる措置を講じたものにより提供できる。

Point!

37書面の記載事項（383頁 ①〜⑭）のうち、「貸借」なら記載不要なのは、次の6つだ。

⑤ 移転登記の申請時期

⑥ 建物の構造耐力上主要な部分等の状況について当事者の双方が確認した事項（中古の建物の場合）

⑨ 代金、交換差金の金銭貸借のあっせんを定めた場合には、貸借不成立の場合の措置

⑪ 契約不適合担保責任履行措置

⑫ 契約不適合担保責任の内容

⑭ 税金の負担

[問題166] 37条書面

　宅地建物取引業者Aが交付する宅地建物取引業法第37条の規定により交付すべき書面（以下この問において「37条書面」という。）に関する次の記述のうち、誤っているものはどれか。

(1)　Aが自ら貸主として宅地の定期賃貸借契約を締結した場合において、借賃以外の金銭の授受に関する定めがあるときは、その額並びに当該金銭の授受の時期及び目的を37条書面に記載しなければならず、当該書面を借主に交付しなければならない。

(2)　Aがその媒介により、区分所有建物の売買契約を成立させた場合において、買主が金融機関から住宅ローンの承認を得られなかったときは契約を無条件で解除できるという取り決めがあるときは、37条書面にその取り決めの内容を記載しなければならず、当該書面を売主及び買主に交付しなければならない。

(3)　Aが自ら売主として締結する売買契約において、買主から宅地建物取引業法施行令第3条の4第1項に規定する承諾を得なければ、37条書面の電磁的方法による提供をすることができない。

(4)　Aが自ら売主として締結する売買契約において、買主から宅地建物取引業法施行令第3条の4第1項に規定する承諾を得た場合であっても、その後買主から書面等で電磁的方法による提供を受けない旨の申出があったときは、電磁的方法による提供をすることができない。

　取引でないものが一つある。

講　義

(1)　誤。「**自ら貸借**」は「取引」には当たらない。だから、Aは、37条書面を交付する必要はない。　273頁3.

(2)　正。**解除に関する事項の定めがあるとき**は、その内容を37条書面に記載しなければならない。本肢の「金融機関から住宅ローンの承認を得られなかったときは契約を無条件で**解除できる**」という取り決めは、解除に関する事項だ。だから、Aは、その取り決めの内容を37条書面に記載しなければならない。また、37条書面は**両当事者**に対して交付しなければならないので、「売主及び買主に交付しなければならない」という部分も○だ。　382頁 表②、383頁　⑦

(3)　正。業者は、37条書面の交付に代えて、相手方の**承諾**を得て、電磁的方法による提供をすることができる。つまり、業者が電磁的方法による提供をするには相手方の承諾が必要ということ。　382頁 1.

(4)　正。相手方の承諾を得た場合であっても、相手方から書面等で電磁的方法による**提供を受けない旨の申出**があったときには、電磁的方法による提供をしてはならない。

（**正　解**）(1)

Point!

電磁的方法による提供の場合の承諾

①　書面等で**承諾**を得れば、電磁的方法による提供をすることができる（肢(3)）。

②　①の承諾を得た場合でも、相手方から書面等で電磁的方法による**提供を受けない旨の申出**があった場合には、電磁的方法による提供をしてはならない（肢(4)）。

③　②の**提供を受けない旨の申出**があった場合でも、相手方から再び書面等で承諾を得た場合には、電磁的方法による提供をすることができる。

［問題167］ 37条書面

　宅地建物取引業者が媒介により中古の建物の貸借の契約を成立させた場合、宅地建物取引業法第37条の規定により当該貸借の契約当事者に対して交付すべき書面に必ず記載しなければならない事項の組合せとして、正しいものはどれか。

ア　建物の引渡の時期

イ　建物の構造耐力上主要な部分等の状況について当事者の双方が確認した事項

ウ　損害賠償額の予定又は違約金に関する定めがあるときは、その内容

エ　借賃以外の金銭の授受に関する定めがあるときは、当該金銭の授受の方法

オ　建物に係る租税その他の公課の負担に関する定めがあるときは、その内容

⑴　ア、イ

⑵　ア、ウ

⑶　イ、エ、オ

⑷　ウ、エ、オ

Hint!　貸借なら記載不要を探そう。

講 義

ア　記載しなければならない。建物の**引渡**時期は、必ず記載しなければならない（貸借の場合も記載必要だ）。　　　　　　　　　　　　　📖 383頁 ④

イ　記載する必要はない。中古の建物の**売買・交換**なら、建物の構造耐力上主要な部分等の状況について当事者の双方が確認した事項は、必ず記載しなければならない。本問は、建物の**貸借**だから記載不要だ。　　　　　　　　　　　　　　　　　　　　　　　　　　📖 383頁 ⑥

ウ　記載しなければならない。損害賠償額の予定、違約金に関する定めがあるときは、その内容を記載しなければならない（**貸借**の場合も記載必要だ）。　　　　　　　　　　　　　　　　　　　　　　　　　　　📖 383頁 ⑩

エ　記載する必要はない。借賃以外の金銭の授受に関する定めがあるときは、その「**額・授受の時期・授受の目的**」を記載しなければならない。だから、「授受の方法」は記載不要だ。　　　　　　　　　　　　　📖 383頁 ⑧

オ　記載する必要はない。**売買・交換**なら、税金の負担に関する定めがあるときは、その内容を記載しなければならない。本問は、建物の**貸借**だから記載不要だ。　　　　　　　　　　　　　　　　　📖 383頁 ⑧

以上により、記載しなければならないものは、アとウなので、肢⑵が正解となる。

（**正 解**）⑵

> なお、37条書面の交付に代えて、相手方の承諾を得て、37条書面に記載すべき事項を電磁的方法（電子メール等）であって宅地建物取引士の記名に代わる措置を講じたものにより提供できる。

Point!

売買・交換の場合は記載事項であるが、**貸借**の場合は**記載事項ではないもの**
① 移転登記の申請時期
② 建物の構造耐力上主要な部分等の状況について当事者の双方が確認した事項（中古の建物の場合）（肢イ）
③ 代金、交換差金についての金銭の貸借のあっせんを定めた場合には、貸借不成立の場合の措置
④ 契約不適合担保責任履行措置
⑤ 契約不適合担保責任の内容
⑥ 税金の負担（肢オ）

［問題168］ 監督処分（業者）

　宅地建物取引業法の規定に基づく監督処分に関する次の記述のうち、誤っているものはどれか。

(1)　甲県知事免許を受けている宅地建物取引業者Ａが、乙県の区域内における業務に関し、乙県知事から指示処分を受けたときでも、Ａはその旨を甲県の公報により公告されることはない。

(2)　甲県知事免許を受けている宅地建物取引業者Ａに勤務する宅地建物取引士のＢ（甲県知事登録）が、甲県知事から登録消除処分を受けたときでも、Ｂはその旨を甲県の公報により公告されることはない。

(3)　国土交通大臣は、甲県知事免許を受けている宅地建物取引業者Ａに対しては、宅地建物取引業の適正な運営を確保するため必要な勧告をすることはできない。

(4)　甲県知事免許を受けている宅地建物取引業者Ａが、乙県の区域内における業務に関し、乙県知事から１年間の業務停止処分を受けた場合、甲県に備えられている宅地建物取引業者名簿に、当該業務停止処分の年月日及び内容が記載されることになる。

 大臣は偉い。

講義

(1) 正。業者に対して、**業務停止処分**または**免許取消処分**をした場合は、公告が必要だ。しかし、指示処分の場合は、公告は不要だ。だから、A が公告されることはない。 389頁5. (1)

(2) 正。**宅地建物取引士**は、監督処分（指示処分・事務禁止処分・登録消除処分）を受けても、**公告されることはない**。だから、Bは、公告されることはない。 389頁5. (1)

(3) 誤。大臣は、**すべての**業者に対して、宅建業の適正な運営を確保し、または宅建業の健全な発達を図るため必要な指導・助言・**勧告**をすることができる。だから、大臣は、甲県知事免許の業者Aに対しても必要な勧告をすることができる。 386頁 指導など

(4) 正。業者Aは、甲県に備えられている業者名簿に記載されている。だから、Aが業務停止処分を受けた場合、甲県に備えられている業者名簿に、処分を受けた**年月日**と**内容**が記載されることになる。 385頁 注!

（ 正 解 ）(3)

Point!

公告のまとめ

			公告は必要か？
業者に対する 監督処分	①	指示処分	×（肢 (1)）
	②	業務停止処分	○
	③	免許取消処分	○
宅建士に対する 監督処分	①	指示処分	×
	②	事務禁止処分	×
	③	登録消除処分	×（肢 (2)）

[問題169] 監督処分

　宅地建物取引業法（以下この問において「法」という。）の規定に基づく監督処分に関する次の記述のうち、正しいものはいくつあるか。

ア　宅地建物取引業者A（甲県知事免許）の所在を確知できないため、甲県知事は確知できない旨を甲県の公報で公告した。この場合、その公告の日から30日以内にAから申出がなければ、甲県知事はAの免許を取り消すことができる。

イ　宅地建物取引業者B（甲県知事免許）が、乙県の区域内における業務に関し乙県知事から業務停止処分を受けたときは、甲県に備えられる宅地建物取引業者名簿には、当該業務停止処分の年月日及び内容が記載される。

ウ　国土交通大臣は、宅地建物取引業者C（国土交通大臣免許）に対し、必要な指示をしようとするときは、行政手続法に規定する弁明の機会を付与しなければならない。

エ　国土交通大臣は、宅地建物取引業者D（国土交通大臣免許）に対し、法37条に規定する書面の交付をしていなかったことを理由に業務停止を命じた場合は、遅滞なく、その旨を内閣総理大臣に通知しなければならない。

　(1)　一つ
　(2)　二つ
　(3)　三つ
　(4)　四つ

Hint!　弁明の機会の付与は簡易な手続き、聴聞は慎重な手続き。

ア　正。免許権者が、業者の所在・事務所の所在地を確知できないので、公告をしたが、公告の日から**30日**経過しても業者から申出がない場合、免許権者は、免許を取り消すことが**できる**。　🔖386頁 ⑧、下の注!

イ　正。業者が、指示処分・業務停止処分を受けたときは、業者名簿に、その**年月日**と**内容**が記載される。　🔖385頁 注!

ウ　誤。**監督処分**をするには、事前に公開の場で**聴聞**（言い分を聞いてやる手続き）をしなければならない。「弁明の機会の付与」ではダメだ（簡易な手続きである「弁明の機会の付与」ではダメで、慎重な手続きである「聴聞」をしなければないということ）。　🔖384頁 1.

エ　誤。国土交通大臣が業者に対して、監督処分をしようとするときに、あらかじめ、内閣総理大臣と**協議**しなければならない場合がある。どういう場合かというと、一般消費者の利益の保護に関する義務違反（例 37条書面を交付しなかった）の場合だ。必要なのは、「内閣総理大臣との**協議**」であって、「内閣総理大臣への通知」ではないので、本肢は×だ。　🔖389頁 6. ⑴

　　以上により、正しいものはアとイなので、正解は肢⑵となる。

（**正 解**）⑵

Point!

業者が行方不明の場合の話

免許権者が、① 業者の所在（業者が法人の場合は、役員の所在）または、② 業者の事務所の所在地を確知できない場合、

➡　公告をしたが、公告の日から**30日**経過しても業者から申出がないときは、免許を取り消すことが**できる**（肢ア）。

[問題170] 監督処分（宅地建物取引士）

　甲県知事の登録を受けている宅地建物取引士Aに関する次の記述のうち、宅地建物取引業法（以下この問において「法」という。）の規定によれば、誤っているものはどれか。なお、法第35条の規定に基づく重要事項説明書を電磁的方法より提供する場合については考慮しないものとする。

(1)　国土交通大臣は、Aが甲県の区域外で宅地建物取引士として行った事務について、Aに対して必要な報告を求めることができる。

(2)　Aが心身の故障により宅地建物取引士の事務を適正に行うことができない者として国土交通省令で定めるものに該当することになったときは、甲県知事は、1年以内の期間を定めて、宅地建物取引士としてすべき事務を行うことを禁止しなければならない。

(3)　Aが宅地建物取引士としてすべき事務を1年間禁止する処分を受け、その期間中であったにもかかわらず、法第35条の規定に基づく重要事項説明書に記名して重要事項の説明をしたことが判明した場合、甲県知事はAの登録を消除しなければならない。

(4)　甲県知事が、Aが宅地建物取引士として行う事務に関して不正があったとして、指示処分を行った場合でも、その処分の内容が公告されることはない。

欠格事由に当たれば、登録消除処分。

(1)　正。国土交通大臣はすべての宅建士に対して、また知事は、その登録を受けている宅建士とその都道府県の区域内で事務を行う宅建士に対して、**必要な報告**を求めることができることになっている。

(2)　誤。知事は、その登録を受けている宅建士が**心身の故障**により宅建士の事務を適正に行うことができない者になったときは、**登録を消除**しなければならない。事務禁止処分ではないので、本肢は×だ。

387頁 ④

(3)　正。そのとおり。これは、事務禁止処分違反だ。知事は、**登録を消除**しなければならない。　　　　　　　　　　　　　　　387頁 ⑵ ②

(4)　正。宅建士が監督処分（指示処分・事務禁止処分・登録消除処分）を受けても**公告されることはない**。公告されるのは、業者が業務停止処分・免許取消処分を受けた場合だ。　　　　　　　　　389頁 5. ⑴

（**正　解**）⑵

> なお、重要事項説明書の交付に代えて、相手方の承諾を得て、重要事項説明書に記載すべき事項を電磁的方法（電子メール等）であって宅地建物取引士の記名に代わる措置を講じたものにより提供できる。

Point!

登録消除処分は、次の場合には**必ず**しなければならない。
① 不正手段で宅建士登録または宅建士証の交付を受けた場合
② 事務禁止処分に違反した場合（肢⑶）
③ 指示処分事由・事務禁止処分事由に当たり情状が特に重い場合
④ 登録の欠格事由が生じた場合（肢⑵）

[問題171] 罰　　則

　個人である宅地建物取引業者Ａ（甲県知事免許）に関する次の記述のうち、宅地建物取引業法（以下この問において「法」という。）の規定によれば、誤っているものはどれか。

(1)　Ａは、その事務所に備える従業者名簿に、従業者の主たる職務内容を記載しなかった。この場合、Ａは、50万円以下の罰金に処せられることがある。

(2)　Ａは、甲県知事から、法72条1項に基づいて、その業務について必要な報告を求められたが、報告をしなかった。この場合、Ａは、50万円以下の罰金に処せられることがある。

(3)　Ａは、正当な理由なく、その業務上取り扱ったことについて知り得た秘密を他人に漏らした。この場合、Ａは、6月以下の懲役に処せられることがある。

(4)　Ａは、営業保証金を供託した旨を甲県知事に届け出る前にその事業を開始した。この場合、Ａは、6月以下の懲役に処せられることがある。

守秘義務違反はお金で済む。

(1)　正。業者は事務所ごとに、従業者名簿を置いて、従業者1人1人について一定の事項（宅地建物取引士か否か、**主たる職務内容**など）を記載しなければならない。この一定の事項を記載しなかったら50万円以下の**罰金**だ。　292頁(3)

(2)　正。国土交通大臣は宅建業を営むすべての者に対して、知事はその都道府県の区域内で宅建業を営む者に対して、宅建業の適正な運営を確保するため必要があるときは、**報告**を求めることができる。この報告が求められたのに、報告しなかったら50万円以下の**罰金**だ。

(3)　誤。守秘義務に違反すると、50万円以下の**罰金**だ。だから、守秘義務に違反しても懲役に処せられることはない（罰金に処せられることはあるが、懲役に処せられることはない）。　324頁1.、388頁④

(4)　正。業者は、営業保証金を供託し、供託した旨を免許権者に届け出た後でなければ、営業（事業）を開始できない。この届出をする前に営業を開始したら、6月以下の**懲役**もしくは100万円以下の罰金または両者の併科だ。だから、6月以下の懲役に処せられることがある。

　309頁(3)

（**正　解**）(3)

次の①〜④は、6月以下の**懲役**もしくは100万円以下の罰金または両者の併科。
①　手付貸与をした。
②　誇大広告をした。
③　営業保証金を供託した旨の届出をする前に営業を開始した（肢(4)）。
④　宅地建物の登記・引渡し・代金（対価）の支払を不当に遅延した。

［問題172］ 住宅瑕疵担保履行法

宅地建物取引業者Ａが自ら売主として、宅地建物取引業者でない買主Ｂに新築住宅を販売する場合における次の記述のうち、特定住宅瑕疵担保責任の履行の確保等に関する法律の規定によれば、正しいものはどれか。

(1) Ａは、住宅販売瑕疵担保保証金の供託をする場合、Ｂに対し、当該住宅を引き渡すまでに、供託所の所在地等について記載した書面を交付して説明しなければならない。

(2) Ａは、住宅販売瑕疵担保保証金を供託する場合、当該住宅の床面積が55㎡以下であるときは、新築住宅の合計戸数の算定に当たって、２戸をもって１戸と数えることになる。

(3) Ａは、住宅販売瑕疵担保責任保険契約の締結をした場合、当該住宅を引き渡した時から10年間、住宅の構造耐力上主要な部分の瑕疵によって生じた損害についてのみ保険金を請求することができる。

(4) Ａは、基準日に係る住宅販売瑕疵担保保証金の供託及び住宅販売瑕疵担保責任保険契約の締結の状況についての届出をしなければ、当該基準日の翌日から３週間を経過した日以後においては、新たに自ら売主となる新築住宅の売買契約を締結してはならない。

 小さい住宅ならオマケあり。

(1)　誤。業者は、①**契約成立前に**②書面を交付して説明しなければならない。「引き渡すまでに」ではないので、本肢は×だ。　　　　　📖392頁⑷⑤

(2)　正。住宅の床面積が**55㎡以下**の場合は、2戸をもって1戸と数えることになる。供託する保証金の額は、住宅の戸数で決まる（住宅の戸数が多いほど保証金の額が増える）。要するに、小さい住宅（55㎡以下）の場合は、オマケして、2戸で1戸と数えますよという話。　　📖391頁⑶①

(3)　誤。①構造耐力上主要な部分の瑕疵だけでなく、②**雨水の侵入を防止する部分**の瑕疵についても、保険の対象となる。だから、雨水の侵入を防止する部分の瑕疵によって生じた損害についても保険金を請求することができるので、本肢は×だ。　　　　　　　　📖391頁⑵②注!

(4)　誤。免許権者に供託状況等の届出をしなかった場合、基準日の翌日から**50日**を経過すると、自ら売主となる新築住宅の売買契約は締結禁止となる。「3週間」ではないので、本肢は×だ。　　　　　📖391頁⑶③

（　正　解　）⑵

> なお、住宅販売瑕疵担保保証金の供託をしている供託所の
> 所在地等について記載した書面の交付に代えて、買主の承
> 諾を得て、電磁的方法(電子メール等)より提供できる。

Point!

新築住宅の主要部分とは次の2つだ。
①　構造耐力上主要な部分
②　**雨水の侵入を防止する部分**
注意!　だから、①だけでなく、②も保険の対象だ（肢(3)）。

[問題173] 住宅瑕疵担保履行法

特定住宅瑕疵担保責任の履行の確保等に関する法律に基づく住宅販売瑕疵担保保証金の供託又は住宅販売瑕疵担保責任保険契約の締結に関する次の記述のうち、正しいものはどれか。

(1) 宅地建物取引業者は、自ら売主として宅地建物取引業者である買主との間で新築住宅の売買契約を締結し、その住宅を引き渡す場合、住宅販売瑕疵担保保証金の供託又は住宅販売瑕疵担保責任保険契約の締結を行う義務を負う。

(2) 自ら売主として新築住宅を宅地建物取引業者でない買主に引き渡した宅地建物取引業者は、その住宅を引き渡した日から3週間以内に、住宅販売瑕疵担保保証金の供託又は住宅販売瑕疵担保責任保険契約の締結の状況について、宅地建物取引業の免許を受けた国土交通大臣又は都道府県知事に届け出なければならない。

(3) 住宅販売瑕疵担保責任保険契約は、新築住宅の買主が保険料を支払うことを約し、住宅瑕疵担保責任保険法人と締結する保険契約であり、当該住宅の引渡しを受けた時から10年間、当該住宅の瑕疵によって生じた損害について保険金が支払われる。

(4) 自ら売主として新築住宅を販売する宅地建物取引業者が住宅販売瑕疵担保責任保険契約を締結する場合、保険金額は2,000万円以上でなければならない。

 締結するのは業者で、期間は10年以上で、金額は2,000万円以上。

講 義

(1) 誤。売主が保証金の供託または保険契約の締結を行う義務を負うのは、売主が業者で買主が**非業者**（シロート）の場合だ（8つの制限と同じだ）。だから、買主が業者の場合は、売主はこの義務を負わない。

391 頁 (2) ①

(2) 誤。業者は、基準日ごとに、「**基準日**から 3 週間以内」に免許権者に供託状況等を届け出なければならない。「引き渡した日から 3 週間以内」ではないので、本肢は×だ。

391 頁 (3) ②

(3) 誤。保険契約は、**売主**（業者）が保険料を支払うことを約し、保険法人（保険会社）と締結する契約だ。買主（シロート）が保険料を支払うのではない。

391 頁 (3) 下の 注!

(4) 正。保険契約を締結する場合、保険金額は **2,000 万円**以上でなければならない。

正 解 (4)

Point!

住宅販売瑕疵担保責任保険契約

① 保険契約を締結するのは ➡ **売主**である**業者**（肢(3)）。

② 保険の対象は ➡ ①構造耐力上主要な部分または②雨水の浸入を防止する部分の瑕疵。

③ 有効期間は ➡ 買主が引渡しを受けた時から **10 年**以上。

④ 保険金額は ➡ **2,000 万円**以上（肢(4)）。

3

第3編

法令上の制限

問題数
55問

[問題174] 市街化区域と市街化調整区域（都市計画法）

都市計画法に関する次の記述のうち、正しいものはどれか。

(1) 市街化区域はすでに市街地を形成している区域であり、市街化調整区域は市街化を禁止すべき区域である。

(2) 市街化区域はすでに市街地を形成している区域であり、市街化調整区域はおおむね10年以内に優先的かつ計画的に市街化を図るべき区域である。

(3) 市街化区域はすでに市街地を形成している区域及びおおむね10年以内に優先的かつ計画的に市街化を図るべき区域であり、市街化調整区域は市街化を抑制すべき区域である。

(4) 市街化区域はおおむね10年以内に優先的かつ計画的に市街化を図るべき区域であり、市街化調整区域はすでに市街地を形成している区域である。

Hint!　基本中の基本。当然ノーヒント。

講　義

　市街化区域と市街化調整区域の定義が、正確に暗記できていなければ、全くお話にならない。市街化区域とは、①すでに市街地を形成している区域、および②おおむね 10 年以内に優先的かつ計画的に市街化を図るべき区域であり、市街化調整区域とは、市街化を抑制すべき区域のことだ。

以上全体につき、📖 398 頁 3.

（　正　解　）(3)

 コツ

市街化区域　　　➡　　しっかり市街化する場所
市街化調整区域　➡　　市街化をおさえる場所
というイメージをまず頭に入れ、その上で「10 年」、「抑制」というキーワードを覚え、最後に、正確な暗記にこぎつける。

[問題175] 都市計画全般（都市計画法）

都市計画法に関する次の記述のうち、正しいものはどれか。

(1) 都市計画区域及び準都市計画区域については、その無秩序な市街化を防止し計画的な市街化を図る目的で、都市計画に市街化区域と市街化調整区域の区分を定めることができる。

(2) 都市施設は、市街化区域及び区域区分が定められていない都市計画区域については、少なくとも道路、公園及び下水道を定めるものとし、さらに良好な住居の生活環境保護のため、第一種低層住居専用地域、第二種低層住居専用地域及び田園住居地域については、学校及び社会福祉施設をも定めるものとされている。

(3) 市街地開発事業は、市街化区域及び区域区分が定められていない都市計画区域内において、一体的に開発し、又は整備する必要がある土地の区域について定められるものであり、市街化調整区域内において定められることはない。

(4) 高度利用地区は、用途地域内において、市街地の環境を維持し、かつ、土地の高度利用の増進を図るため、建築物の高さの最高限度又は最低限度を定める地区である。

Hint! 市街地開発事業は、文字通り市街化を促進するものだ。

講 義

(1) 誤。市街化区域と市街化調整区域の区分（区域区分）を定めることができるのは、**都市計画区域内**だ。準都市計画区域内では定めることはできない。　　　　　　　　　　　　　　　　　　　　　　※398頁 3.

(2) 誤。ヒッカケだ。都市施設のうち、①市街化区域と非線引区域（区域区分が定められていない都市計画区域）には、道路・公園・下水道を必ず定め、②**住居系用途地域**には、さらに**義務教育施設**を必ず定める。社会福祉施設を必ず定める必要はない。後半が×だ。　　※407頁 ① ②

(3) 正。そのとおり。市街地開発事業は、市街地を一体的に開発・整備する都市計画だ。市街地開発事業は、**市街化調整区域**と準都市計画区域ではできない。市街化をどんどん促進するのはマズイからだ。

※400頁 注2

(4) 誤。**建築物の高さ**（最高限・最低限）を定めるのは、**高度地区**だ。高度利用地区では、土地を高度に利用するために、建蔽率（最高限）や容積率（最高限・最低限）等を定める。　　　　　　　　※405頁 表

（**正 解**）(3)

Point!

① **市街化区域と非線引区域には** ➡ Ⓐ（道路・公園・下水道）を**必ず**定めなければならない（肢(2)）。

② **住居系用途地域には** ➡ Ⓑ（義務教育施設）を**必ず**定めなければならない（子供がいっぱいいるから）（肢(2)）。

③ 都市計画区域外（**準**都市計画区域と両区域**外**）にも ➡ 都市施設（Ⓐ、Ⓑ、その他（社会福祉施設等））は定めることが**できる**（山奥や無人島にも道路等が必要なことはあるから）。

[問題176] 都市計画全般（都市計画法）

都市計画法に関する次の記述のうち、正しいものはどれか。

(1) 高度利用地区は、市街地における土地の合理的かつ健全な高度利用と都市機能の更新とを図るため、建築物の延べ面積の敷地面積に対する割合の最高限度及び最低限度、建築物の建築面積の敷地面積に対する割合の最高限度、建築物の建築面積の最低限度並びに壁面の位置の制限を定める地区であり、準都市計画区域内にも定めることができる。

(2) 都市計画区域については、当該都市計画区域の整備、開発又は保全の方針を都市計画に定めるものとされている。

(3) 都市施設は、都市計画区域及び準都市計画区域外にも定めることができるが、市街化区域においては、少なくとも道路、公園、下水道及び義務教育施設を定めなければならない。

(4) 市町村が定める都市計画は、都道府県が定めた都市計画に適合することを要し、市町村が定めた都市計画が、都道府県が定めた都市計画に抵触するときは、市町村の利害に重大な関係がある場合を除いて、都道府県が定めた都市計画が優先する。

Hint! アラがないのが正しい。

講　義

(1)　誤。高度利用地区は、都市計画区域の**用途地域**内に定められる。準都市計画区域に定めることはできない。なお、それ以外の記述は正しい。

🦴405頁

(2)　正。都市計画区域で、都市計画を決定するときには、「都市計画区域の**整備・開発・保全**」の方針を定めることになっている。こういう常識的な表現の肢はヒッカケではなく、正しい記述であることが多い。

🦴402頁 3.⑴

(3)　誤。**義務教育施設**を定めなければならないのは、**住居系**用途地域だ。なお、それ以外の記述は正しい。　　　　　　🦴407頁 ① ② ③

(4)　誤。市町村が決定した都市計画が、都道府県または大臣が決定した都市計画と矛盾することもたまにはある。そういう場合には、都道府県や大臣が定めた都市計画が、**例外なく優先**することになっている。たとえ、市町村の利害に重大な関係があったとしてもだ。　　🦴401頁 2.

（正　解）(2)

Point!

用途地域内だけに定められる補助的地域地区 ⎰ 特別用途地区
　　　　　　　　　　　　　　　　　　　　　⎱ 高度地区
　　　　　　　　　　　　　　　　　　　　　　 高度利用地区（肢(1)）

[問題177] 都市計画全般（都市計画法）

　都市計画法に関する次の記述のうち、誤っているものはどれか。

(1)　田園住居地域は、農業の利便の増進を図りつつ、これと調和した低層住宅に係る良好な住居の環境を保護するために定める地域である。

(2)　準都市計画区域においては、用途地域が定められている土地の区域であっても、市街地開発事業を定めることができない。

(3)　工業地域における地区計画については、一定の条件に該当する場合、開発整備促進区を都市計画に定めることができる。

(4)　特定用途制限地域は、良好な環境の形成又は保持のため当該地域の特性に応じて合理的な土地利用が行われるよう、制限すべき特定の建築物等の用途の概要を定める地域であり、用途地域が定められている土地の区域内において定められるものである。

　用途規制だけで十分だ。

講義

(1)　正。田園住居地域は、**農業の利便と調和した低層住宅の良好な環境を**保護するために定める地域だ。　　　　　　　　　　　403頁 表 ①−3

(2)　正。準都市計画区域は、都市計画区域ほどガンガン都市化する場所じゃない。だから、**準都市計画区域**では、市街地開発事業ができない。

　　　　　　　　　　　　　　　　　　　　　　　　400頁 注2

(3)　正。①第二種住居地域、②準住居地域、③**工業地域**、④用途地域が定められていない土地（市街化調整区域を除く）における地区計画については、一定の条件に該当する場合、開発整備促進区を都市計画に定めることができる。　　　　　　　　　　　　　　411頁 5

(4)　誤。特定用途制限地域とは、建築物等の特定の用途を制限する地域だ（前半は○）。用途地域内は用途規制だけで十分だから、特定用途制限地域は、**用途地域内には定めることができない**。（後半が×）。

　　　　　　　　　　　　　　　　　　　　　　404頁 表 ①

　　　　　　　　　　　　　　　　　　(**正　解**)(4)

Point!

市街地開発事業を定めることができるか？

① 都市計画区域　　　　○　 注意！

② 準都市計画区域　　　×　（肢(2)）

③ 両区域外　　　　　　×

注意！　ただし、都市計画区域であっても、**市街化調整区域**には定めることが**できない**。つまり、市街地開発事業を定めることができるのは、①都市計画区域でかつ市街化区域と②都市計画区域でかつ非線引区域ということだ。

[問題178] 都市計画全般 (都市計画法)

都市計画法に関する次の記述のうち、正しいものはどれか。

(1) 都市計画区域は、市又は人口、就業者数その他の要件に該当する町村の中心の市街地を含み、かつ、自然的及び社会的条件並びに人口、土地利用、交通量その他の現況及び推移を勘案して、一体の都市として総合的に整備し、開発し、及び保全する必要がある区域であり、2以上の都府県にまたがって指定されてもよい。

(2) 準都市計画区域については、無秩序な市街化を防止し、計画的な市街化を図るため必要があるときは、都市計画に、市街化区域と市街化調整区域との区分を定めることができる。

(3) 田園住居地域内の農地の区域内においては、非常災害のために必要な応急措置として行う建築物の建築であっても、市町村長の許可を受けなければならない。

(4) 地区計画の区域のうち、地区整備計画が定められている区域内において、土地の区画形質の変更を行った者は、当該行為の完了した日から30日以内に、行為の種類、場所及び設計又は施行方法を市町村長に届け出なければならない。

 都市計画の必要性は、世の中の実情に応じて決まる。

講　義

(1) 　正。都市計画区域は都道府県や市町村の**行政区画とは無関係**に指定される。だから、2以上の都府県にまたがって指定してもよい。　🟦398頁

(2) 　誤。準都市計画区域には、市街化区域と市街化調整区域との区分（区域区分）を定めることは**できない**（つまり、準都市計画区域では、線引きをすることはできないということ）。　🟦399頁　日本は5つに分けられる

(3) 　誤。田園住居地域内の農地の区域内では、① 建築物の建築、② 工作物の建設、③ 土地の形質の変更、④ 土石等の物件の堆積をしようとする場合は、原則として、**市町村長**の許可が必要だ。しかし、例外として、**非常災害**の応急措置として行う場合は、許可不要だ。　🟦409頁　例外②

(4) 　誤。地区整備計画が定められている地区計画の区域内で、建築物の建築をしたり土地の造成（土地の区画形質の変更）をしたりする場合は、着手の「**30日前**」までに「**市町村長**」に「**届け出**」なければならない。　🟦411頁②

（　正　解　）(1)

Point!

　準都市計画区域は、都市計画区域ほどガンガン都市化する場所じゃない（ガチガチにしばる必要はない）。だから、準都市計画区域では、次の ① ～ ⑦ を定めることはできない。

① 　**区域区分**（線引き）（肢(2)）
② 　特定街区
③ 　高度利用地区
④ 　高層住居誘導地区
⑤ 　市街地開発事業
⑥ 　防火・準防火地域
⑦ 　地区計画

[問題179] 地域地区（都市計画法）

　都市計画法に規定する用途地域に関する次の記述のうち、正しいものはどれか。

(1)　準住居地域については、都市施設のうち少なくとも義務教育施設を定める。

(2)　第一種住居地域は、低層住宅に係る良好な住居の環境を保護するため定める地域である。

(3)　工業専用地域は、主として工業の利便を増進するため定める地域である。

(4)　市街化区域については、少なくとも用途地域を定めるものとされているが、市街化調整区域では、用途地域を定めることはできない。

　住居系用途地域（8つある）はどういう扱いを受けるか？

(1) 正。住居系用途地域には、子供がいっぱいいる。だから、**義務教育施設**を必ず定めなければならない。 📖407頁 ②

(2) 誤。これは、**第一種低層住居専用**地域の定義だ。「低層」という言葉は、第一種低層住居専用地域と第二種低層住居専用地域の定義に使われる。第一種住居地域の定義には使われない。 📖403頁 表 ①-1、③-1

(3) 誤。これは、工業地域の定義だ。工業専用地域の定義には、「主として」という言葉は使わない。 📖403頁 表 ⑦、⑧

(4) 誤。市街化区域には、用途地域を必ず定めることになっているから、前半は正しい。しかし、市街化調整区域には、用途地域を原則として定めないことになっており、定めることができないわけではない。だから、後半が誤り。 📖404頁⑵

（ 正 解 ）(1)

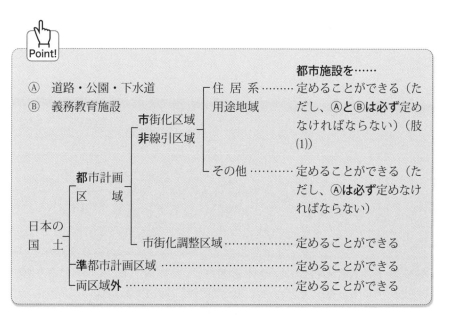

Point!

Ⓐ 道路・公園・下水道 Ⓑ 義務教育施設	都市施設を……
日本の国土 ─ 都市計画区域 ─ 市街化区域／非線引区域 ─ 住居系用途地域	定めることができる（ただし、ⒶとⒷは必ず定めなければならない）（肢(1)）
その他	定めることができる（ただし、Ⓐは必ず定めなければならない）
市街化調整区域	定めることができる
準都市計画区域	定めることができる
両区域外	定めることができる

［問題180］ 地域地区（都市計画法）

　次の都市計画の組合せのうち、原則として同一の土地について重複して定めないこととしているものはどれか。

(1)　第二種住居地域と高度地区。

(2)　特別用途地区と準住居地域。

(3)　準工業地域と高度利用地区。

(4)　特定用途制限地域と第一種住居地域。

補助的地域地区には、①用途地域内だけに定められるものと②用途地域外にも定められるものと③用途地域外だけに定められるものがある。

(1)　高度地区は、**用途地域内だけ**に定められる。そして、第二種住居地域は、用途地域の一種だから、両者は同一の土地に重複して定めることができる。　　　　　　　　　　　　　　　　　　　　　　　　参405頁 表

(2)　特別用途地区は、**用途地域内だけ**に定められる。そして、準住居地域は、用途地域の一種だから、両者は同一の土地に重複して定めることができる。　　　　　　　　　　　　　　　　　　　　　　　　参404頁 表

(3)　高度利用地区は、**用途地域内だけ**に定められる。そして、準工業地域は、用途地域の一種だから、両者は同一の土地に重複して定めることができる。　　　　　　　　　　　　　　　　　　　　　　　　参405頁 表

(4)　特定用途制限地域は、**用途地域外だけ**に定められる。そして、第一種住居地域は、用途地域の一種だから、両者は同一の土地に重複して定めることができない。　　　　　　　　　　　　　　　　　　　参404頁 表 □1

（正　解）(4)

Point!

補助的地域地区	用途地域内だけに定められる	特別用途地区 （肢(2)）（例）文教地区高度地区 （肢(1)）高度利用地区 （肢(3)）
	用途地域外にも定められる	風致地区景観地区特定街区防火・準防火地域
	用途地域外だけに定められる（市街化調整区域を除く）	特定用途制限地域 （肢(4)）

[問題181] 地域地区等（都市計画法）

都市計画法に関する次の記述のうち、正しいものはどれか。

(1) 高度地区は、用途地域内において市街地の環境を維持し、又は土地利用の増進を図るため、容積率の最高限度又は最低限度を定める地区である。

(2) 特別用途地区は、当該地区の特性にふさわしい土地利用の増進、環境の保護等の特別の目的の実現を図るために定める地区で、用途地域外であっても、定めることができる。

(3) 地区計画は、建築物の建築形態、公共施設その他の施設の配置等からみて、一体としてそれぞれの区域の特性にふさわしい態様を備えた良好な環境の各街区を整備し、開発し、及び保全するための計画である。

(4) 高層住居誘導地区は、住居と住居以外の用途とを適正に配分し、利便性の高い高層住宅の建設を誘導するために定められる地区であり、第一種中高層住居専用地域及び第二種中高層住居専用地域おいても定めることができる。

よく出るヒッカケを３つ集めた。残りの１つが正解。

講　義

(1)　誤。これは、高度**利用**地区の話だ。高度地区は、建物の高さを定める地区のことだ。同じ高度という言葉が、別の意味で使われているから、よく出るヒッカケだ。　　　　　　　　　　　　　　　　　405頁 表

(2)　誤。特別用途地区の定義は、肢(2)の前半に書いてあるとおりだ。しかし、特別用途地区は**用途地域内だけ**に定められることになっている。用途地域外に定めることはできないから、後半が誤り。　　　　　　404頁 表

(3)　正。地区計画とは、**小さな街づくり計画**だ。つまり、ミニ開発による環境悪化を防止したりするために実施する。だから、肢(3)に書いてあることは正しい。　　　　　　　　　　　　　　　　　　　　　　　　409頁 1.

(4)　誤。高層住居誘導地区を定めることができるのは、第一種・第二種住居地域、準住居地域、近隣商業地域、準工業地域だ。だから、第一種・第二種**中高層住居専用**地域おいては定めることはできない。　　405頁 表

（**正　解**）(3)

第3編　法令上の制限

 コツ

定義を丸暗記する前に、まずイメージとキーワードをおさえる。

[問題182] 地区計画 (都市計画法)

都市計画法に規定する地区計画に関する次の記述のうち、誤っているものはどれか。

(1) 地区計画に関する都市計画は、用途地域が定められてない土地の区域内においても、一定の場合には、定めることができる。

(2) 地区計画については、都市計画に、当該地区計画の目標を定めるよう努めるものとされている。

(3) 地区計画については、地区整備計画において、建築物の建築面積の最低限度を都市計画に定めることができる。

(4) 地区計画の区域内において建築物の建築を行おうとする者は、市町村長の許可を受けなければならない。

Hint! 「小さな街づくり」は、「ゆるやかな規制」で実現する。

講義

(1) 正。地区計画は、都市計画区域内であれば、用途地域内だけでなく、**用途地域外にも**、一定の場合には、定めることができる。 ▨410頁 **2**

(2) 正。地区計画とは、ひと言で言えば、小さな街づくり計画だ。ひと口に小さな街づくりと言っても、その中身は地域ごとに千差万別だ。そこで、この街をどういう街にするのかという**目標・方針**を定めるよう努めるものとされている。 ▨409頁(1)

(3) 正。地区整備計画で、建築物の**建築面積の最低限度**を定めることになっている。ただし、市街化調整区域では、最低限度を定めることはできない。そんなことを定めたら市街化を促進してしまうからだ。 ▨410頁 上の 2

(4) 誤。建築物の建築を行う場合には、市町村長に**届け出**なければならない。許可を受けなければならないのではない。 ▨411頁 4

(**正 解**)(4)

Point!

地区計画は、「ゆるやかな規制」だ。

➡ ① 「許可」ではなく「**届出**」(肢(4))
　　② 「命令」ではなく「**勧告**」

［問題183］ 開発許可（都市計画法）

次のアからウまでの記述のうち、都市計画法による開発許可を受ける必要のある、又は同法第34条の2の規定に基づき協議する必要のある開発行為の組合せとして、正しいものはどれか。ただし、開発許可を受ける必要のある、又は協議する必要のある開発行為の面積については、条例による定めはないものとする。

ア　市街化調整区域において、農産物の加工に必要な建築物の建築の用に供する目的で行われる1,000㎡の開発行為

イ　市街化区域において、社会教育法に規定する公民館の用に供する施設である建築物の建築の用に供する目的で行われる2,000㎡の開発行為

ウ　区域区分が定められていない都市計画区域において、国が設置する学校教育法に規定する大学の用に供する施設である建築物の建築の用に供する目的で行われる5,000㎡の開発行為

⑴　ア、イ

⑵　ア、ウ

⑶　イ、ウ

⑷　ア、イ、ウ

　生産→○、集荷→○、加工→？

講義

ア　許可が必要。市街化調整区域においては、**農林漁業用建築物を建てる**ための開発行為は、許可を受ける必要はない。しかし、本肢の農産物の**加工に必要な建築物**（例 食品工場など）は、農林漁業用建築物ではないので、許可を受ける必要がある。　　　　　　　　　　　　図413頁 表

イ　許可は不要。公民館は、**世の中のためグループ**だ（公民館は、世の中の役に立つ）。だから、許可を受ける必要はない。　　　　　　図413頁 表 ①

ウ　協議が必要。大学は、世の中のためのグループではないから、許可を受ける必要がある。ただし、国・都道府県等が開発行為を行う場合は、国・都道府県等と**知事の協議**が成立すれば、開発許可があったものとみなされる。本肢の開発行為を行う者は国だ。だから、国と知事の協議が必要だ。　　　　　　　　　　　　　　　　　　　　　　図413頁 注1

以上により、許可または協議が必要なものはアとウなので、肢(2)が正解となる。

（正　解）(2)

Point!

		農林漁業用建築物に含まれるか？
①	農林水産物の**生産**のための建築物	○
②	農林水産物の**集荷**のための建築物	○
③	農林水産物の**加工**のための建築物	×（肢ア）。

コメント　順番としては、①生産→②集荷→③加工だ（イメージ　生産した作物を集荷して、その後加工する）。①の生産と②の集荷までは、農林漁業用建築物だが、③の加工は、農林漁業用建築物ではない、と覚えよう。

［問題184］ 開発許可（都市計画法）

　都市計画法に関する次の記述のうち、正しいものはどれか。ただし、許可を要する開発行為の面積について、条例による定めはないものとし、この問において「都道府県知事」とは、地方自治法に基づく指定都市、中核市及び施行時特例市にあってはその長をいうものとする。

(1)　準都市計画区域内において、工場の建築の用に供する目的で2,000㎡の土地の区画形質の変更を行おうとする者は、あらかじめ、都道府県知事の許可を受けなければならない。

(2)　市街化区域内において、農業を営む者の居住の用に供する建築物の建築の用に供する目的で2,000㎡の土地の区画形質の変更を行おうとする者は、あらかじめ、都道府県知事の許可を受けなければならない。

(3)　区域区分の定めのない都市計画区域内において、庭球場の建設の用に供する目的で5,000㎡の土地の区画形質の変更を行おうとする者は、あらかじめ、都道府県知事の許可を受けなければならない。

(4)　都市計画区域及び準都市計画区域外の区域内において、変電所の建築の用に供する目的で12,000㎡の土地の区画形質の変更を行おうとする者は、あらかじめ、都道府県知事の許可を受けなければならない。

市街化区域外なら許可不要だが……。

(1) 誤。準都市計画区域の場合は、規模が**3,000㎡**未満なら、許可は不要だ。

図413頁 表

第3編 法令上の制限

(2) 正。農林漁業用建築物（農林漁業者の住宅は農林漁業用建築物だ）を建てるための開発行為は、市街化区域外の場合は、許可は不要だ。しかし、市街化区域の場合は、規模が1,000㎡以上なら、許可が必要だ。

図413頁 表

(3) 誤。**1ヘクタール（10,000㎡）**以上の庭球場（テニスコートのこと）なら、第二種特定工作物だ。しかし、本肢の庭球場は5,000㎡なので、第二種特定工作物ではない。だから、庭球場の建設のために行う5,000㎡の土地の造成は、**開発行為ではない**。そもそも、開発行為ではないのだから、許可は不要だ。

図412頁 用語の意味

(4) 誤。**変電所**は、世の中のためグループだ。だから、許可は不要だ。

図413頁 表 ①

（正 解）(2)

Point!

① ゴルフコースは ➡ 第二種特定工作物だ（**規模不問**）。

② 野球場・庭球場・遊園地等のスポーツ・レジャー施設は

➡ **1ヘクタール（10,000㎡）**以上なら、第二種特定工作物だ（肢(3)）。

[問題185] 開発許可（都市計画法）

　都市計画法の開発行為に関する次の記述のうち、正しいものはどれか。なお、この問において「都道府県知事」とは、地方自治法に基づく指定都市、中核市及び施行時特例市にあってはその長をいうものとする。

(1)　市街地再開発事業の施行として行う開発行為については、たとえ都市計画事業の施行として行う場合でなくても、都道府県知事の許可を受ける必要はない。

(2)　開発許可を受けた者が、開発行為に関する計画について、国土交通省令で定める軽微な変更をしようとする場合には、事前に、都道府県知事に届出をしなければならない。

(3)　市街化区域内で開発行為を行った場合、当該開発区域内において、工事完了の公告後に、当該開発許可に係る予定建築物以外の建築物を新築するときは、都道府県知事の許可を受ける必要がある。

(4)　市街化調整区域のうち、開発許可を受けた開発区域以外の区域において、仮設建築物の新築を行う場合には、都道府県知事の許可を受ける必要がある。

Hint!　世の中のために必要な開発行為は許可不要。

(1)　正。市街地再開発事業は、都市計画事業として行ってもよいし、そうでなくてもよい。そして、どちらの場合も、市街地再開発事業の施行として行う開発行為は、**世の中のためグループ**だから、許可不要。

413頁表 [2]

(2)　誤。開発許可を受けた者が、**軽微な変更**をしたときは、遅滞なく都道府県知事に届け出なければならない。**事後の届出でよい。**なお、通常の変更の場合は、再度、知事の許可が必要。

418頁表 [1]

(3)　誤。市街化区域（必ず用途地域が定められている）では、**用途規制に反しない限り**、予定建築物以外の建築であっても、許可不要。

421頁表 [B] [2]

(4)　誤。市街化調整区域では、開発許可を受けた開発区域以外の区域であっても、市街化を抑制するため、建築物を建築するには、原則として、知事の許可が必要だ。しかし、**仮設建築物**は、許可不要。

421頁表 [D] [3] ⑦

(正　解)(1)

世の中のためグループは山ほどあるが、世の中のために必要と思われる行為なら、大体許可なくできると判断すればいい。

世の中のためグループの例

① 　図書館、公民館、鉄道施設、変電所等を建てるための開発行為

② 　非常災害の応急措置、都市計画事業、土地区画整理事業、市街地再開発事業等のための開発行為（肢(1)）

[問題186] 開発許可（都市計画法）

　都市計画法の開発許可に関する次の記述のうち、誤っているものはどれか。なお、この問において「都道府県知事」とは、地方自治法に基づく指定都市、中核市及び施行時特例市にあってはその長をいうものとする。

(1)　市街化調整区域のうち、開発許可を受けた開発区域以外の区域内においては、都道府県知事の許可を受けなければ建築物を新築できないが、都市計画事業の施行として行う建築物の新築は、都道府県知事の許可は不要である。

(2)　市街化調整区域内に存する鉱物資源、観光資源その他の資源の有効な利用上必要な建築物の用に供する目的で行う開発行為について、都道府県知事が許可しようとする場合には、あらかじめ、開発審査会の議を経なければならない。

(3)　開発許可を申請しようとする者は、あらかじめ、開発行為に関係がある公共施設の管理者と協議し同意を得、かつ、当該開発行為又は当該開発行為に関する工事により設置される公共施設を管理することとなる者と協議しなければならない。

(4)　用途地域の定められていない土地の区域における開発行為について都道府県知事が開発許可をする場合には、当該開発区域内の土地について、建築物の敷地面積に対する建築面積の割合、建築物の高さ、壁面の位置その他建築物の敷地、構造及び設備に関する制限が定められることがある。

 知事はどのくらいエライか？

(1)　正。市街化調整区域のうち、開発許可を受けた開発区域以外の区域内では、原則として知事の許可を受けなければ、建築物を新築できないが、例外として**都市計画事業**として行う建築物の新築については許可不要だ。これ以外のケース（農林漁業用建築物や世の中のためグループ）についても、『らくらく宅建塾［基本テキスト］』でもう一度確認していただきたい。　　　　　　　　　　　　　　　　　　　　　　　421頁 表 Ｄ ③ ④

(2)　誤。知事は、市街化調整区域での開発行為を許可する場合には、**開発審査会の議**を経なければならない場合がある（常に議を経るわけではない）。本肢のケースでは、開発審査会の議を経る必要はない。

　　　　　　　　　　　　　　　　　　　　　　　　　　　416頁 ポイント ①

(3)　正。開発許可を申請しようとする者は、**今ある**公共施設の管理者と**協議し同意を得**、かつ、開発行為によって、**これから設置する予定**の公共施設の管理者と**協議**しなければならない。　　　　　419頁 開発行為前は？

(4)　正。知事は、用途地域外での開発行為を許可するときは、**建蔽率**、建築物の**高さ・敷地・構造・設備・壁面の位置**の制限をすることができる。

　　　　　　　　　　　　　　　　　　　　　　　　　　　416頁 ポイント ②

　　　　　　　　　　　　　　　　　　　　　　　（**正　解**）(2)

Point!

知事が市街化調整区域での開発行為を許可する場合には、開発審査会の議を経なければならない場合とそうでない場合がある。
➡　　肢(2)は、そうでない場合の例。

[問題187] 開発許可 (都市計画法)

都市計画法の開発許可に関する次の記述のうち、誤っているものはどれか。なお、この問において「都道府県知事」とは、地方自治法に基づく指定都市、中核市及び施行時特例市にあってはその長をいうものとする。

(1) 開発許可を受けた者が、予定建築物の用途を変更しようとする場合には、都道府県知事の許可を受けなければならないが、開発行為に関する工事施行者を変更した場合でも、都道府県知事への届出は不要である。

(2) 開発許可を受けた開発区域内の土地において、都道府県知事が支障がないと認めたときは、開発行為に関する工事完了の公告があるまでの間であっても、建築物を建築することができる。

(3) 市街化調整区域のうち、開発許可を受けた開発区域以外の区域内における公民館の新築については、都道府県知事の許可を受ける必要はない。

(4) 都道府県知事は、開発行為に関する工事の完了の届出があった場合において、当該工事が開発許可の内容に適合していると認めたときは、検査済証を交付しなければならない。

 知事は、どこまでチェックするか?

講 義

(1)　誤。開発許可を受けた者が、計画を変更する場合、①通常の変更には知事の**許可**、②**軽微**な変更には知事への**届出**が必要だ。本肢の予定建築物の用途の変更は、①の知事の**許可**を要する**通常**の変更に当たる。また、開発行為に関する工事施行者の変更は②の軽微な変更に当たるので、知事への届出が必要だ。だから、前半は○だが、後半が×。　❷418頁 表 ①

(2)　正。開発区域内では、工事完了公告前（つまり造成工事中）は、原則として、建築はできない。しかし、例外として、**知事**が**支障**がないと認めた場合はできる。開発許可の世界では、知事は神様なのだ。

❷421頁 表 Ⓐ①

(3)　正。市街化調整区域のうち、開発許可を受けた開発区域以外の区域とは、要するに、**タダの市街化調整区域**のことだ。タダの市街化調整区域にどんな制限あるかというと、それは、❷421頁の表のⒹ欄に出ている。公民館は、**世の中のためグループ**だから、知事の許可を受けずに新築できる。

❷421頁表 Ⓓ ③⑦

(4)　正。開発行為の工事が終わったら、知事に工事完了の届出をしなければならない。そして、知事は検査のうえ当該工事が開発許可の内容に適合していると認めたときは、**検査済証**を交付しなければならない。その後で、工事完了公告がなされる。　❷417頁

（**正　解**）(1)

Point!

計画を変更　　① 通常の変更 ➡ 知事の「**許可**」が必要（肢(1)）
するには　　　② 軽微な変更 ➡ 遅滞なく知事に「**届け出**」れば OK

［問題188］開発許可（都市計画法）

　都市計画法の開発許可に関する次の記述のうち、誤っているものはどれか。なお、この問において「都道府県知事」とは、地方自治法に基づく指定都市、中核市及び施行時特例市にあってはその長をいうものとする。

(1)　用途地域の定められていない土地の区域内における開発行為を許可する際に、都道府県知事が建築物の構造に関する制限を定めた場合、原則として、その制限に違反して建築してはならないが、当該都道府県知事が当該区域及びその周辺の地域における環境の保全上支障がないと認め、又は公益上やむを得ないと認めて許可したときは、この限りではない。

(2)　国が市街化調整区域内で開発行為を行う場合には、当該開発行為を実施する国の機関と都道府県知事との協議が成立することによって開発行為の許可があったものとみなされる。

(3)　市街化区域で民間事業者が１haの墓園を建設するために行う開発行為には、都道府県知事の許可が必要である。

(4)　都市計画区域及び準都市計画区域外の区域内で民間事業者が8,000㎡のコンクリートプラントを建設するために行う開発行為には、都道府県知事の許可が必要である。

　知事は神様。

講義

(1) 正。知事は、用途地域外での開発行為を許可するときは、建築物の高さや構造等の制限をすることができる。この場合、原則として、制限に違反して建築してはならないが、知事が環境の保全上支障がないと認め、または公益上やむを得ないと認めて許可したときは、**制限を超えて建築できる。**　📖416頁 ポイント ②

(2) 正。国または都道府県等が行う開発行為は、国の機関または都道府県等と都道府県知事との**協議**が成立すれば、開発許可があったとみなされる。　📖413頁 注1

(3) 正。1ha（10,000㎡）以上の墓園は**第二種特定工作物**だ。だから墓園の造成のために行う土地の造成は開発許可が必要だ。
　📖412頁 用語の意味

(4) 誤。**両区域外**（都市計画区域および準都市計画区域外）では、**1ha（10,000㎡）以上**の開発行為の場合に、許可が必要だ。本肢の場合、8,000㎡だから、開発許可が不要だ。　📖413頁 表

（正　解）(4)

コツ

市街化調整区域内にある開発区域内では、**「知事の許可**があれば、予定建築物以外の建築物でも建てられる」ということを思い出せば　➡　肢(1)ぐらい当然○だと推理できる。

[問題189] 開発許可（都市計画法）

都市計画法の開発許可に関する次の記述のうち、正しいものはどれか。なお、この問において「都道府県知事」とは、地方自治法に基づく指定都市、中核市及び施行時特例市にあってはその長をいうものとする。

(1) 開発許可を申請しようとする者は、あらかじめ開発行為に関係がある公共施設の管理者と協議しなければならないが、あらかじめ当該公共施設の管理者の同意を得る必要はない。

(2) 開発許可を受けた者は、開発行為に関する工事を廃止しようとするときは、あらかじめその旨を都道府県知事に届け出なければならない。

(3) 市街化調整区域のうち、開発許可を受けた開発区域以外の区域では、農業に従事する者の居住の用に供する建築物を新築する場合、都道府県知事の許可を受ける必要はない。

(4) 市街化調整区域内における開発行為について、当該開発行為が開発区域の周辺における市街化を促進するおそれがあっても、都道府県知事は、開発審査会の議を経て開発許可をすることができる。

開発区域外とはどこのことか？

講義

(1)　誤。開発許可を申請しようとする者は、あらかじめ開発行為に関係がある公共施設の管理者と**協議し同意**を得なければならない。協議だけではダメだ。　　　　　　　　　　　　　　📖419頁　開発行為前は？

(2)　誤。開発行為を**廃止**したときは、遅滞なく、その旨を知事に届け出なければならない。**事後**の届出でよい。　　　　　　　📖418頁 表②

(3)　正。市街化調整区域のうち、開発許可を受けた開発区域以外の区域（要するに、タダの市街化調整区域のこと）では、建築物を建築する場合、原則として許可が必要だ。しかし、例外として、**農林漁業用建築物**（農林漁業者の住宅は**農林漁業用建築物だ**）を建築する場合、許可は不要だ。

📖421頁 表 D ②

(4)　誤。知事は、市街化調整区域での開発行為については、開発審査会の議を経て、開発区域の周辺における「市街化を促進する**おそれがなく**」、かつ、市街化区域内において行うことが困難または著しく不適当と認めるものである場合は、許可することができる。だから、「市街化を促進するおそれがある」場合は、許可することはできない。　📖416頁 ポイント①

（**正　解**）(3)

Point!

① 開発行為に関係のある今ある公共施設の管理者　➡　**協議し同意**（肢(1)）

② 開発行為によって、これから設置する予定の公共施設の管理者　➡　**協議**

重要度

[問題190] 建築の制限（都市計画法）

　市街化調整区域の開発許可を受けた土地以外の土地における建築等の制限に関する次の記述のうち、都市計画法の規定によれば、正しいものはどれか。ただし、この問において「都道府県知事」とは、地方自治法に基づく指定都市、中核市及び施行時特例市にあってはその長をいうものとする。

(1)　図書館を建築する場合は、都道府県知事の許可を受けなければならない。

(2)　農業を営む者が、自ら居住するための建築物を建築する場合は、都道府県知事の許可を受けなければならない。

(3)　仮設建築物を新築する場合は、都道府県知事の許可を受けなければならない。

(4)　学校教育法による私立大学の校舎を建築する場合は、都道府県知事の許可を受けなければならない。

Hint!　「世の中のためグループ」に当たらないのはどれか？

講 義

市街化調整区域内の開発許可を受けた土地以外の土地とは何か？　それは、要するに、タダの市街化調整区域のことだ。だから、この問題は、🔀421頁の表の D 欄を聞いているのだ。

(1)　誤。**図書館**は、世の中のためグループだから、許可なく建てられる。

(2)　誤。**農林漁業用建築物**は、許可なく建てられる。

(3)　誤。**仮設建築物**は、どうせすぐに取り払うのだから、許可なく建てられる。

(4)　正。**大学**は、世の中のためグループではない。だから、大学の校舎を建てるには、許可が必要だ。

（**正　解**）(4)

👆
Point!

	市街化調整区域以外	市街化調整区域
	Ⓒ	Ⓓ **(タダの市街化調整区域の話)**
開発区域外	用途地域が定められている場合は、用途規制に反しない限り ○	原則として × 例外として○なのは、 ① **知事の許可が** ある場合 注意！ ② **農林漁業**用建築物 （サイロ、温室等の他、農林漁業者 の住宅も含む） ③ 世の中のためグループ ㋐図書館、公民館、仮設建築物、鉄道施設、変電所等 ㋑**非常災害**の応急措置、都市計画事業等として行う場合 注意！お上(国、都道府県等)が行う場合は、お上と知事の協議が成立すれば知事の許可があったものとみなされる。

○：建築物の建築・改築・用途変更、特定工作物の建設を、やってよい。
×：建築物の建築・改築・用途変更、特定工作物の建設を、やってはいけない。

［問題191］ 用途規制（建築基準法）

次の記述のうち、建築基準法の規定によれば、誤っているものはどれか。ただし、特定行政庁の許可については考慮しないものとする。

(1) 田園住居地域内においては、農業の生産資材の貯蔵のための建築物を建築することができる。

(2) 準住居地域内においては、客席の床面積の合計が200㎡のナイトクラブを建築することできる。

(3) 第二種住居地域内においては、ダンスホールを建築することができる。

(4) 準工業地域内においては、店舗の用途に供する建築物で当該用途に供する部分の床面積の合計が20,000㎡であるものを建築することができる。

200㎡以上→200㎡ジャストを含む。

講 義

(1)　正。田園住居地域は、**農業の利便と調和した低層住宅の良好な環境保**護を目的とする地域だ。だから、**農業系の建物**（（例）農業の生産資材の貯蔵のための建物）を建てることができる。

　　　🔖403頁 表 ①−3、425頁 注2 ②

(2)　誤。大規模（**200㎡以上**）の劇場・映画館・ナイトクラブは、④ 近隣商業地域、⑤ 商業地域、⑥ 準工業地域に建てることができる（④⑤⑥だけ○）。だから、準住居地域には、200㎡のナイトクラブを建てることができない。楽勝ゴロ合せは「**大きなシアターは無事故で営業**」。

　　　🔖424頁、425頁 表

(3)　正。カラオケボックスと**ダンスホール**は、③−1（第一種住居地域）までが×（建てることができない）。だから、第二種住居地域には、ダンスホールを建てることができる。楽勝ゴロ合せは「**ミーはカラオケ好きザンス**」。

　　　🔖424頁、425頁 表

(4)　正。特定大規模建築物（**10,000㎡を超える飲食店・店舗**）は、④ 近隣商業地域、⑤ 商業地域、⑥ **準工業地域**に建てることができる（④⑤⑥だけ○）。楽勝ゴロ合せは「**特定のヨゴれはムシ**」。　　　🔖424頁 注1

（　正　解　）(2)

Point!

田園住居地域には、次の ①〜③ を建ててよい。

① 　農産物の生産・集荷・処理・貯蔵のための建物

② 　農業の生産資材の貯蔵のための建物（肢(1)）

③ 　2階以下かつ500㎡以下の農産物の販売店舗等

［問題192］ 総合問題（建築基準法）

　建築基準法（以下この問において「法」という。）に関する次の記述のうち、誤っているものはどれか

(1)　建築物の敷地が準住居地域及び近隣商業地域にわたる場合で、当該敷地の過半が近隣商業地域に存する場合には、客席の部分の床面積の合計が300㎡の映画館は建築することができる。

(2)　建築物が第二種中高層住居専用地域及び準住居地域にわたって存する場合で、当該建築物の過半が準住居地域に存する場合には、当該建築物に対して法第56条第1項第3号の規定（北側斜線制限）は適用されない。

(3)　工業地域にある建築物については、法第56条の2第1項の規定による日影規制は、適用されない。ただし、冬至日において日影規制の対象区域内の土地に日影を生じさせる、高さ10mを超える建築物については、この限りでない。

(4)　鉄筋コンクリート造であって、階数が2の住宅を新築する場合において、法第7条第1項の規定による建築主事の検査の申請が受理された日から7日を経過したときは、検査済証の交付を受ける前においても、仮に、当該建築物を使用することができる。

Hint!　用途規制と斜線制限でルールが違う。

講義

(1)　正。用途規制の場合、建物の敷地が２つの用途地域にわたる（またがっている）ときは、**過半を占める**地域の規制が敷地全体に適用される。だから、本肢の場合、近隣商業地域の規制が適用されることになる。近隣商業地域には、大規模（200㎡以上）の映画館を建築することができるので、本肢は○だ。楽勝ゴロ合せは「**大きなシアターは無事故で営業**」。

🔖423頁 注!、424頁、425頁 表

(2)　誤。斜線制限の場合、建物の敷地が２つの用途地域にわたる（またがっている）ときは、**各地域**の斜線制限が適用される。だから、第二種中高層住居専用地域にある建物（の部分）には、北側斜線制限が適用**される**。

🔖447頁 表 ②、注!

(3)　正。日影規制の対象区域外（工業地域は対象区域外だ）の建物でも、① 高さが 10 m を超えていて、② 冬至の日に対象区域に日影を生じさせる建物は、対象区域内の建物とみなして日影規制が適用される。

🔖445頁 例外②

(4)　正。木造以外で ① ２階以上（地階含む） ② または、200㎡超の建築物の場合、原則として、検査済証の交付を受けなければ使用できない。しかし、例外として、工事完了検査の申請が受理された日から **７日** を経過した場合は、検査済証の交付を受ける前でも使用 OK。　🔖454頁 (3) ③

（ **正　解** ）(2)

Point!

２つの地域にわたる（またがる）場合
用途規制　➡　**過半を占める**用途地域の規制が適用される（肢(1)）。
斜線制限　➡　**各地域**の規制が適用される（肢(2)）。

[問題193] 道路規制（建築基準法）

　建築基準法（以下この問において「法」という。）に関する次の記述のうち、正しいものはどれか。

(1)　土地を住宅の敷地として利用するため築造する道で幅員が4m以上のものは、すべて法上の道路である。

(2)　特定行政庁は、私道の変更又は廃止を禁止し、又は制限することができる。

(3)　都市計画区域及び準都市計画区域外であっても、特定行政庁が指定する区域内にある建築物の敷地は、原則として道路に2m以上接していなければならない。

(4)　地方公共団体は、特殊建築物の敷地が道路に接しなければならない部分の長さについて必要があると認める場合は、条例でその制限を緩和することができる。

Hint!　特定行政庁には、どんな権限があるか？

講　義

(1)　誤。幅4m以上（特定行政庁が指定する区域では6m以上）の道のうち、①都市計画法や道路法等による道路、②私道で特定行政庁の位置指定を受けたもの、③両区域（都市計画区域と準都市計画区域）の指定の際に両区域内に現存する道等が、建築基準法上の道路だ。だから、「4m以上のものは、すべて建築基準法上の道路である」とある本肢は×だ。

426頁(1)

(2)　正。特定行政庁は、私道の変更・廃止を禁止・制限できる。

428頁3.①

(3)　誤。接道義務は、集団規定だ。だから、都市計画区域内と準都市計画区域内だけに適用される。両区域外では、接道義務はない。

422頁①、427頁2.

(4)　誤。地方公共団体は、特殊建築物等の一定の建築物について、条例で接道義務を付加（2mより厳しくすること）できる。しかし、緩和（2mより甘くすること）はできない。

427頁(3)

（正　解）(2)

Point!

特定行政庁は　➡　私道の変更・廃止を禁止・制限できる（肢(2)）。

［問題194］ 道路規制（建築基準法）

建築基準法（以下この問において「法」という。）に関する次の記述のうち、正しいものはどれか。

(1) 接道義務の規定は、敷地の周囲に広い空地を有する建築物であれば適用されない。

(2) 地盤面下に建築するもので、特定行政庁が建築審査会の同意を得て許可したものは道路内又は道路に突き出して建築することができる。

(3) 法の規定が適用された際、現に建築物が立ち並んでいる幅員4ｍ未満の道で、特定行政庁が指定したものは、法上の道路とみなされる。

(4) 私道の所有者が私道を廃止しようとするときは、特定行政庁の許可を受けなければならない。

Hint! 道路とは何か？

講　義

(1)　誤。敷地の周囲に広い空地を有する建築物で**特定行政庁**が交通上、安全上等支障がないと認めて建築審査会の同意を得て**許可**したものについては、接道義務の規定は適用されない。ただ単に、敷地の周囲に広い空地があるだけではダメだ。　　　　　　　　　　　　　　　　🔖427頁(2)②

(2)　誤。地盤面下に建築するものは、特定行政庁の**許可がなくても**道路内または、道路に突き出して建築することができる。　　　　　🔖428頁3.②

(3)　正。建築基準法の規定が適用された際、現に建築物が立ち並んでいる幅員4m未満の道で、**特定行政庁**から**指定**を受けたものは、建築基準法上の道路とみなされる。　　　　　　　　　　　　　　　　　　🔖426頁(2)

(4)　誤。私道の所有者が私道の廃止、または変更をすることによって、接道義務に違反することになるような場合、特定行政庁から、その廃止または変更を禁止、または制限されることがあるが、私道の廃止について**許可を受ける必要はない**。　　　　　　　　　　　　　　🔖428頁3.①

（正　解）(3)

道路内の建築制限の例外（以下の場合は建築できる。）

①　**地盤面下**に建築するもの（（例）地下街）（肢(2)）

②　公衆便所、巡査派出所、　　◀ 特定行政庁が建築審査会の同意を得
　　公共用歩廊（（例）アーケード）　て許可したもの。

[問題195] 総合問題 (建築基準法)

建築基準法に関する次の記述のうち、誤っているものはどれか。

(1) 地方公共団体は、条例で、津波、高潮、出水等による危険の著しい区域を災害危険区域として指定することができ、当該区域内における住居の用に供する建築物の建築の禁止その他建築物の建築に関する制限で災害防止上必要なものは当該条例で定めることとされている。

(2) 準防火地域にある建築物で、外壁が耐火構造のものについては、その外壁を隣地境界線に接して設けることができる。

(3) 準防火地域において、延べ面積が 1,000㎡を超える準耐火建築物は、防火上有効な構造の防火壁又は防火床で有効に区画し、かつ、各区画の床面積の合計をそれぞれ 1,000㎡以内としなければならない。

(4) 建築物の前面道路の幅員により制限される容積率について、前面道路が 2 つ以上ある場合には、これらの前面道路の幅員の最大の数値 (12 m 未満の場合に限る。) を用いて算定する。

 「耐火・準耐火建築物等」なら、不要だ。

講 義

(1) 正。[1]地方公共団体は、**条例**で、津波、高潮、出水等による危険の著しい区域を災害危険区域として指定することができる（前半は○）。そして、[2]災害危険区域内における住居の用に供する建築物の建築の禁止その他建築物の建築に関する制限で災害防止上必要なものは、[1]の**条例**で定めることとされている（後半も○）。

(2) 正。防火地域または準防火地域において、外壁が耐火構造の建物は、**外壁を隣地境界線に接して建ててよい**。　　　　　　　　　　参431頁 表[4]

(3) 誤。「耐火・準耐火建築物等」**以外**の建物で、延面積が 1,000㎡を超える場合は、原則として、内部を防火壁または防火床で区切り、各スペースを 1,000㎡以下にしなければならない。本肢の建物は準耐火建築物なので、その必要はない。　　　　　　　　　　　　　　　　　参450頁(6)

(4) 正。前面道路（前面道路が2つ以上ある場合は**最大**の道路）の幅が **12m未満**の場合、道幅に一定の数値（0.4 または 0.6）を掛けて容積率を算出する。　　　　　　　　　　　　　　　　　　　　　　　参437頁 表 B

（**正 解**）(3)

Point!

「耐火・準耐火建築物等」**以外**の建物で延面積が 1,000㎡を超える場合
➡ 原則として、内部を防火壁または防火床で区切り、各スペースを 1,000㎡以下にしなければならない（肢(3)）。

［問題196］ 総合問題（建築基準法）

建築基準法に関する次の記述のうち、正しいものはいくつあるか。

ア　劇場の用途に供する建築物を映画館（その用途に供する部分の床面積の合計が300㎡）に用途変更する場合、建築確認は不要である。

イ　準防火地域にある建築物で、外壁が耐火構造のものについては、その外壁を隣地境界線に接して設けることができる。

ウ　容積率を算定する上では、エレベーターの昇降路の部分又は共同住宅の共用の廊下若しくは階段の用に供する部分は、当該共同住宅の延べ面積の3分の1を限度として、当該共同住宅の延べ面積に算入しない。

エ　商業地域内で、かつ、防火地域内にある耐火建築物については、建蔽率の限度が10分の9に緩和される。

(1)　一つ

(2)　二つ

(3)　三つ

(4)　四つ

　劇場と映画館は似ている。

講義

ア　正。同じような使い道（**類似の用途**）の建築物に用途変更する場合は、建築確認が**不要**だ。だから、劇場を映画館に用途変更する場合は、建築確認が不要だ。　　　　　　　　　　　　　　　　🔖452頁　表Ⓐ④

イ　正。防火地域または準防火地域にある建築物で、外壁が耐火構造のものについては、外壁を**隣地境界線に接して**建ててよい。　　🔖431頁　表④

ウ　誤。エレベーターの昇降路（シャフト）の部分と、共同住宅や老人ホーム等の共用の廊下・階段の部分は、容積率を計算する上で、その**全部の**面積がノーカウントになる。　　　　　　　🔖436頁　ノーカウント①②

エ　誤。土地が防火地域内にあり、耐火建築物等を建てる場合、もともとの建蔽率が **8/10** のときは、2/10 がプラスされて、建蔽率は 10/10（無制限）になる。商業地域のもともとの建蔽率は **8/10** だ。だから、商業地域内で、かつ、防火地域内にある耐火建築物の建蔽率は 10/10（無制限）になる。　　　　　　　　　　　　　　🔖433頁⑤、**例外❷**

以上により、正しいものはアとイなので、肢(2)が正解となる。

（正　解）(2)

Point!

類似の建築物に用途変更する場合は、
➡　建築確認は不要。
注意！　類似の建築物とは、次の ① ～ ④ 等だ。
① ホテルと旅館
② 下宿と寄宿舎
③ 公会堂と集会場
④ 劇場と映画館と演芸場（肢ア）

重要度 銅

[問題197] 建蔽率・容積率 （建築基準法）

建築物の延べ面積の敷地面積に対する割合（以下この問において「容積率」という。）及び建築物の建築面積の敷地面積に対する割合（以下この問において「建蔽率」という。）に関する次の記述のうち、建築基準法（以下この問において「法」という。）の規定によれば、誤っているものはどれか。ただし、特定行政庁の指定する区域は考慮しないものとする。

(1) 敷地が、幅員6m及び幅員15mの法上の道路にそれぞれ接面する角地である場合、都市計画において定められた容積率の限度で、建物を建築することができる。

(2) 準工業地域内（都市計画において定められた建蔽率：60%）で、かつ防火地域にある特定行政庁の指定する角地でない敷地に建築する準耐火建築物についての建蔽率は、60%である。

(3) 用途地域、防火地域及び準防火地域の指定のない都市計画区域に存し、周囲に広い空地がある特定行政庁の指定する角地でない敷地の建蔽率は、10分の8である。

(4) 商業地域内で、都市計画で指定された容積率（指定容積率）が10分の60である幅員8mの法上の道路に接面する敷地100㎡には、延べ面積500㎡の店舗用建物を建築することはできない。

Hint! よそでみんなが泣いている。

講　義

(1)　正。前面道路（角地なら広い方の道）の幅が **12 m 未満**の場合、道幅の
メートル数に 0.4（住居系用途地域）または 0.6（その他）を掛けて容積
率を算出する。本肢は、広い方の道幅が 15 m だからその必要はなく、都
市計画で指定された数値ぎりぎりまで建物を建築することができる。

437 頁 表Ⓑ

(2)　正。そのとおり。指定建蔽率は $\frac{6}{10}$ だが、その土地が防火地域内にあり、
耐火建築物等を建てる場合には $\frac{7}{10}$ になる。本肢の場合は**準耐火建築物**で、
この例外は適用されないから、建蔽率は $\frac{6}{10}$ だ。　　　433 頁 表 ⑥

(3)　誤。敷地の周囲に広い空地がある場合に緩和されるのは**容積率**だ。建
蔽率の緩和はない。用途地域外で、防火・準防火地域の指定がなく角地
でもない敷地だから、建蔽率は原則通り $\frac{3}{10}$ 〜 $\frac{7}{10}$ となる。

433 頁 表 用途地域外

(4)　正。商業地で前面道路の幅が 8 m だから、この土地の容積率は、
A：指定容積率 $\frac{60}{10}$
B：8(m) × **0.6** = $\frac{48}{10}$
で、A ＞ B となるから、$\frac{48}{10}$ だ。だから、100㎡ × $\frac{48}{10}$ = 480㎡ が限度となり、
延べ面積 500㎡ の建物は建築することができない。　　439 頁 具体例

(正　解)(3)

Point!

		建　蔽　率	容　積　率
①	**壁面の位置の制限**等がある場合の緩和	○	×
②	**角地**の場合の緩和（＋$\frac{1}{10}$）	○	×
③	**防火**地域内の**耐火**建築物等、**準防火**地域内の**耐火**建築物等・**準耐火**建築物等の場合の緩和（＋$\frac{1}{10}$）（肢(2)）	○	×
④	前面**道路の幅**による制限（×0.4 と ×0.6）（肢(1)）	×	○
⑤	敷地内か敷地の周囲に**空地**がある場合の緩和（肢(3)）	✕	○
⑥	**未利用**部分のトレード	×	○

[問題198] 建蔽率・容積率（建築基準法）

次の図のような敷地に建築物を建築する場合に関する次の記述のうち、建築基準法の規定によれば、誤っているものはどれか。ただし、街区の角にある敷地として、特定行政庁の指定を受けているものとし、他の地域地区及び特定道路の影響はないものとする。

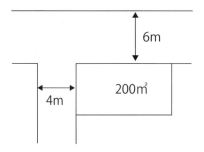

都市計画により定められた
容積率の最高限度

第一種住居地域 $\frac{30}{10}$

準工業地域 $\frac{40}{10}$

(1) この土地が第一種住居地域内にあり居住用の地階を有する建築物を建築する場合、延べ面積が640㎡（地階部分を含む。）までの建築物を建築することができる。

(2) この土地が準工業地域内にあり建築物（地階を有しないものとする。）を建築する場合、延べ面積が720㎡までの建築物を建築することができる。

(3) この土地が商業地域内で、かつ、準防火地域内にあり耐火建築物を建築する場合、建築面積が200㎡までの建築物を建築することができる。

(4) この土地が商業地域内で、かつ、防火地域内にあり耐火建築物を建築する場合、建築面積が200㎡までの建築物を建築することができる。

 $\frac{1}{3}$がポイント。

(1)　誤。前面道路の幅員で容積率を算出すると 6 m× 0.4 = $\frac{24}{10}$ となる。指定容積率（$\frac{30}{10}$）と比較すると前面道路の幅員で算出した方が小さいのでこの土地の容積率 $\frac{24}{10}$ だ。では、200㎡× $\frac{24}{10}$ = 480㎡が限界かというとそうではない。建築物の地階でその天井が地盤面から高さ 1 m以下にあって住宅の用に供する部分の床面積は、その建築物の住宅の用途に供する部分全体（地上と地下を合わせて）の床面積の $\frac{1}{3}$ を限度として、延べ面積に算入されない。つまり、面積の比率でいえば、地上：地下＝ 2：1 までOKだ。本肢の場合、延べ面積の原則数値は480㎡だが、上記の条件に該当する地階を設ける場合には、480㎡ × $\frac{1}{2}$ = 240㎡までは算入されない。だから、延べ面積が 720㎡（その $\frac{1}{3}$ の240㎡が不算入だから）までの建築物を建築できる。

436 頁 1. ノーカウント④、437 頁 表

(2)　正。前面道路の幅員で容積率を算出すると 6 m× 0.6 = $\frac{36}{10}$ となる。指定容積率（$\frac{40}{10}$）と比較すると前面道路の幅員で算出した方が小さいので本肢の土地の容積率は $\frac{36}{10}$ だ。だから、延べ面積が 720㎡までの建築物を建築できる。

437 頁 表

(3)　正。特定行政庁が指定する角地なので建蔽率が $\frac{1}{10}$ プラスされる。そして、準防火地域内に耐火建築物を建築する場合なので、さらに $\frac{1}{10}$ プラスされる（結局、$\frac{2}{10}$ プラスされる）。商業地域の建蔽率は $\frac{8}{10}$ なので、それに $\frac{2}{10}$ プラスした $\frac{10}{10}$ が、本肢の土地の建蔽率だ。だから、建築面積が 200㎡までの建築物を建築できる。

433 頁 表 ⑤ 例外① 例外②

(4)　正。防火地域内に耐火建築物等を建築する場合、もともとの建蔽率が $\frac{8}{10}$ であるときは、$\frac{2}{10}$ プラスされ、建蔽率は $\frac{10}{10}$ となる。商業地域の建蔽率は $\frac{8}{10}$ なので、本肢の土地の建蔽率は $\frac{10}{10}$ だ。だから、建築面積が 200㎡までの建築物を建築できる。

433 頁 表 ⑤ 例外②

（正 解）(1)

Point!

ノーカウント（容積率の計算には算入しない）
①エレベーターの昇降路（シャフト）の部分、②共同住宅や老人ホーム等の共用の廊下・階段等の部分、③住宅や老人ホーム等の機械室その他これに類する建築物（一定の給湯設備）の部分で特定行政庁が認めるものについては全部がノーカウントだ。つまり、容積率の計算には算入しないということ。④住宅用の地下室は住宅用の地上部分との合計面積の $\frac{1}{3}$ まではノーカウント（肢(1)）。また、老人ホーム等の地下室も老人ホーム等の地上部分との合計面積の $\frac{1}{3}$ まではノーカウント。

[問題199] 建蔽率・容積率・高さ制限（建築基準法）

第一種低層住居専用地域に指定されている区域内の土地（以下この問において「区域内の土地」という。）に関する次の記述のうち、建築基準法の規定によれば、正しいものはどれか。ただし、特定行政庁の許可については、考慮しないものとする。

(1) 区域内の土地においては、建築物の延べ面積の敷地面積に対する割合（容積率）として都市計画で定められる値は、$\frac{10}{10}$以下である。

(2) 区域内の土地において、建築物の敷地面積の最低限度に関する制限を都市計画で定める場合、その最低限度は100㎡を超えてはならない。

(3) 区域内の土地の建築物については、建築物の建築面積の敷地面積に対する割合（建蔽率）に係る制限は、適用されない。

(4) 区域内の土地の建築物のうち、地階を除く階数が2以下で、かつ、軒の高さが7m以下のものは、日影による中高層の建築物の高さの制限を受けない。

---

 7 ＋ 3 ＝ 10。

402

講義

(1)　誤。第一種低層住居専用地域において、都市計画で定められる容積率の範囲は、$\frac{5}{10} \sim \frac{20}{10}$ だ。$\frac{10}{10}$ 以下ではない。　　　📖437頁 表 ①

(2)　誤。用途地域に関する都市計画において、建築物の敷地面積の最低限度を定める場合、その最低限度は、**200㎡を超えてはならない**。たとえば、敷地面積の最低限度を 150㎡ と定めることはできる（200㎡を超えてないからセーフ）。しかし、250㎡ と定めることはできない（200㎡を超えているからアウト）ということ。100㎡ではないので、本肢は×だ。

(3)　誤。第一種低層住居専用地域における建蔽率は、$\frac{3}{10} \sim \frac{6}{10}$ の間で、都市計画で定められる。　　　📖433頁 表 ①

(4)　正。第一種低層住居専用地域内の建物で、日影規制の対象となるのは、① 軒（のき）の高さが 7 m を超えるか、 または、② 地階を除いて 3 階以上の建物だ。だから、そのどちらにも当たらない建物は、日影規制の対象とはならない。　　　📖443頁 表 ①

（**正　解**）(4)

Point!

（日影規制の対象となる建物）(肢(4))

7 軒高 7m 超 　 **＋** 　 **3** 3 階以上 　 **＝** 　 **10** 10m 超
↓
それ以外

第一種低層住居専用地域
第二種低層住居専用地域
田園住居地域

[問題200] 総合問題（建築基準法）

　田園住居地域に指定されている区域内の土地（以下この問において「区域内の土地」という。）に関する次の記述のうち、建築基準法（以下この問において「法」という。）の規定によれば、誤っているものはどれか。ただし、特定行政庁の許可については考慮しないものとする。

(1)　区域内の土地においては、高さが13mの建築物を建築することはできない。

(2)　区域内の土地においては、高等学校を建築することはできるが、高等専門学校を建築することはできない。

(3)　区域内の土地においては、建築物を建築しようとする際、当該建築物に対する法第56条第1項第2号の隣地斜線制限の適用がある。

(4)　区域内の土地においては、都市計画において建築物の外壁又はこれに代わる柱の面から敷地境界線までの距離の限度を1.5m又は1mとして定めることができる。

Hint!　北・隣・道は、2・1・0。

講義

(1)　正。第一種・第二種低層住居専用地域、田園住居地域内では、建物の高さは、**10 m**または**12 m**（どちらにするかは都市計画で定める）を超えてはならない。だから、高さが13 mの建物は建築できない。

　442頁1.　**原則**

(2)　正。第一種・第二種低層住居専用地域、田園住居地域内では、高等学校（高校のこと）は建築できるが、**高等専門学校は建築できない**。

　424頁、425頁 表

(3)　誤。第一種・第二種低層住居専用地域、田園住居地域内では、隣地斜線制限は適用されない。楽勝ゴロ合せ「**北・隣・道は、2・1・0**」を覚えていれば解ける問題だ。　447頁 表、448頁 楽勝ゴロ合せ

(4)　正。第一種・第二種低層住居専用地域、田園住居地域内では、都市計画において外壁の後退距離を**1.5 m**または**1 m**と定めることができる。

　442頁1.　**注!**

（正　解）(3)

Point!

第一種・第二種低層住居専用地域、田園住居地域に建てることができるか？

①　小学校　　　　　　　○
②　中学校　　　　　　　○
③　高等学校（高校）　　○（肢(2)）
④　高等専門学校　　　　×（肢(2)）
⑤　大学　　　　　　　　×

［問題201］ 建蔽率・容積率・高さ制限（建築基準法）

建築基準法に関する次の記述のうち、正しいものはどれか。

(1) 建築物の建蔽率は、当該建築物の敷地が接する道路の幅員に応じて制限される。

(2) 建築物の敷地が容積率の制限が異なる地域又は区域の2以上にわたる場合においては、当該制限のうち最も厳しいものが適用される。

(3) 日影による中高層の建築物の高さの制限については、その対象区域外にある建築物であっても、その対象区域内に日影を生じさせる場合には、当該制限の適用を受けることがある。

(4) 居室の天井の高さは、一室で天井の高さの異なる部分がある場合、居室の床面から天井の最も低い部分までの高さを 2.1 m以上としなければならない。

ここまで来たら、ノーヒント！

(1)　誤。前面道路の幅による制限を受けるのは、**容積率**だ。建蔽率ではない。
441 頁 表 [4]

(2)　誤。このような場合には、2 つの用途地域の容積率を、各地域に属する土地の部分の**面積の割合**で**按分**した数値が、その土地の容積率となる。
439 頁 3.

(3)　正。対象区域外の建物でも、①高さが **10 m**を超えていて、②**冬至の日**に対象区域に日影を生じさせる建物は、対象区域内の建物とみなして日影規制が適用される。
445 頁 (4)

(4)　誤。居室の天井の高さは、2.1 m以上でなければならない。なお一室で天井の高さの異なる部分がある場合、その**平均**高さが 2.1 m以上であればよい。

（**正　解**）(3)

日影規制の Point!

対象区域外の建物でも、
①　高さが **10m**を超えていて、
②　冬至の日に対象区域に**日影**を生じさせる建物は、

➡ **対象区域内の建物とみなして**日影規制が適用される（肢(3)）。

[問題202] 日影規制（建築基準法）

　日影による中高層の建築物の高さの制限に関する次の記述のうち、建築基準法の規定によれば、正しいものはどれか。

(1)　地方公共団体が条例で指定する対象区域内にあっては、軒の高さが7mを超える建築物は、すべて制限の適用を受ける。

(2)　敷地が公園に接している場合には、制限の適用の緩和措置が認められている。

(3)　同一の敷地内に二以上の建築物がある場合は、これらの建築物を一の建築物とみなして制限を適用する。

(4)　対象区域外にある建築物で、対象区域内の土地に日影を生じさせるものは、すべて制限の適用を受ける。

日影規制の例外2つを思い出せ！

講義

(1) 誤。軒の高さが**7 m を超える**建築物が、日影規制の対象となるのは、**第一種・第二種低層住居専用地域、田園住居地域**内だけだ。それ以外では、高さが **10 m を超える**建築物が対象となる。　　　　　🔖 443 頁 表 ①

(2) 誤。このような規定は**ない**。

(3) 正。そのとおり。**同一の敷地内**に 2 つ以上の建物がある場合には、それらを **1 つの建物**とみなして日影規制が適用される。　　　🔖 444 頁 (3)

(4) 誤。対象区域外の建物が、対象区域内の建物とみなされて日影規制が適用されることになるのは、①高さが **10 m を超えていて**、②**冬至**の日に対象区域に日影を生じさせる建物に限られる。すべての場合に適用されるのではない。　　　　　　　　　　　　　　　🔖 445 頁 (4)

（**正　解**）(3)

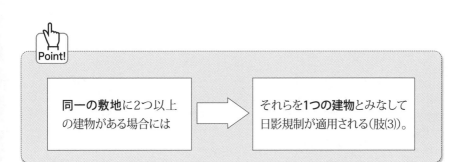

Point!

同一の敷地に2つ以上の建物がある場合には	⟹	それらを1つの建物とみなして日影規制が適用される（肢(3)）。

[問題203] 日影規制その他（建築基準法）

　近隣商業地域の建築物の制限に関する次の記述のうち、建築基準法（以下この問において「法」という。）の規定によれば、正しいものはどれか。

(1)　北側斜線制限（法第 56 条第 1 項第 3 号の制限をいう。）は適用される。

(2)　条例により日影による中高層の建築物の高さの制限が行われている区域内の建築物については、隣地斜線制限（法第 56 条第 1 項第 2 号の制限をいう。）は適用されない。

(3)　客席の床面積の合計が 150 ㎡の劇場は、特定行政庁の許可を得なければ建築することができない。

(4)　店舗の用途に供する建築物で当該用途に供する部分の床面積の合計が 15,000 ㎡であるものは、特定行政庁の許可を得なくても建築することができる。

 3 カ所だけOK。

(1)　誤。**北側斜線制限**が適用されるのは、①（第一種・第二種低層住居専用地域、田園住居地域）と②（第一種・第二種中高層住居専用地域）の2つだけだ。だから、近隣商業地域には北側斜線制限は適用されない。

447頁　表

(2)　誤。**隣地斜線制限**が適用されないのは①（第一種・第二種低層住居専用地域、田園住居地域）の1つだけだ。だから、近隣商業地域には隣地斜線制限は適用される。

447頁　表

(3)　誤。小規模（200㎡未満）の劇場・映画館は③-2（第二種住居地域）までと⑦（工業地域）、⑧（工業専用地域）が×だ。だから、床面積が150㎡の劇場は近隣商業地域に建てることができる。楽勝ゴロ合せは「ミニシアターがナヤミのタネ」。

424頁、425頁　表

(4)　正。**10,000㎡を超える**店舗等（特定大規模建築物）は④（**近隣商業地域**）、⑤（**商業地域**）、⑥（**準工業地域**）に建てることができる。楽勝ゴロ合せは「**特定のヨゴれはムシ**」。

424頁　注1

（正　解）(4)

Point!

10,000㎡を超える店舗等（特定大規模建築物）を建てることができる地域

①　近隣商業地域（肢(4)）

②　商業地域

③　準工業地域

コメント　特定大規模建築物とは、ショッピングモール等のことだ。

[問題204] 単体規定（建築基準法）

建築基準法（以下この問において「法」という。）に関する次の記述のうち、正しいものはどれか。

(1) 高さ20 mを超える建築物には、原則として非常用の昇降機を設けなければならない。

(2) 法の改正により、現に存する建築物が改正後の法の規定に適合しなくなった場合には、当該建築物は違反建築物となり、速やかに改正後の法の規定に適合させなければならない。

(3) 延べ面積が500㎡を超える木造建築物は、その外壁及び軒裏で延焼のおそれがある部分を防火構造としなければならない。

(4) 住宅の居室又は学校の教室等を地階に設ける場合は、壁及び床の防湿の措置その他の事項について衛生上必要な政令で定める技術的基準に適合するものとしなければならない。

 衛生が大切な場所はどこ？

講義

(1)　誤。高さが **31 mを超える**建物には、原則として非常用昇降機（エレベーター）をつけなければならない。20 mではない。なお、高さが 20mを超える建物には、原則として避雷針をつけなければならないから念のため。　　　　　　　　　　　　　　　　　　　　　　　📖449頁(3)

(2)　誤。建築基準法の改正により、現に存する建築物が改正後の法の規定に適合しなくなった場合、建築基準法の規定は適用**されない**。だから、改正後の法の規定に適合させる必要はない（つまり、建築物の建替え等は不要だ。そのままで OK ということ）。

(3)　誤。延べ面積が **1,000㎡を超える**木造建築物は、その外壁および軒裏で延焼のおそれがある部分を防火構造としなければならない。500㎡ではない。

(4)　正。住宅の**居室**・学校の**教室**・病院の病室・寄宿舎の寝室を地階に設ける場合には、壁や床の防湿等について**衛生**上必要な一定の基準に適合しなければダメ。　　　　　　　　　　　　　　　　　　　　　　📖450頁(5)

（正　解）(4)

Point!

居室は衛生注意
住宅の**居室**・学校の**教室**・病院の病室・寄宿舎の寝室を地階に設ける場合には、壁や床の防湿等について**衛生**上必要な一定の基準に適合しなければダメ（肢(4)）。

［問題205］ 建築確認（建築基準法）

次の記述のうち、建築基準法の規定による確認を要しないものはどれか。

⑴ 鉄骨造平屋建で、延べ面積が300㎡の事務所兼住宅の大規模の修繕。

⑵ 木造平屋建で、床面積280㎡の自動車車庫の300㎡への増築。

⑶ 木造3階建(地階含む。)で、延べ面積450㎡、高さ12mの一戸建住宅の30㎡にわたる改築。

⑷ 都市計画区域内に所在する鉄骨造平屋建で、高さ4m、床面積200㎡のコンビニエンスストアの大規模の模様替。

ど（と）っひゃー！最後の木造倒産苦。ニコニコ笑うビルディング。

講義

(1) 必要。木造以外で**200㎡超**だから、大規模建築物だ。だから、大規模な修繕をする場合には、建築確認が必要。

(2) 必要。車庫は特殊建築物だ。だから、**10㎡を超える**増築をする場合には、建築確認が必要。

(3) 必要。木造で**3階以上**（地階を含む）だから、**大規模建築物**だ。だから、10㎡を超える改築をする場合には、建築確認が必要。

(4) 不要。コンビニエンスストアは特殊建築物だ。しかし、本肢の場合、**200㎡ジャスト**だから、大規模な模様替をする場合でも、建築確認不要。また、都市計画区域内では、すべての建築物の、①新築、② 10㎡を超える増改築・移転に建築確認が必要だが、本肢のように大規模な修繕や大規模な模様替えの場合は、都市計画区域内であっても（全国どこでも）200㎡ジャストであれば建築確認は不要だ。

以上全体につき、📖452頁 表

（正　解）(4)

楽勝ゴロ合せ

ど（と）っひゃー！最 後の木造 倒産 苦。ニコニコ笑うビルディング

ど	（と）	※	最	後	の木造	倒	産	苦。	ニコ	ニコ	ビルディング
特殊建築物		200㎡超	①3階以上	②500㎡超	そのまんま	③高さ13m	④軒高9m		①2階以上	②200㎡超	木造以外

※つ→ツー(2)

心 臓 移植で死ぬも よう

心	臓	移植	で死ぬ	も	よう
新築	増改築(10㎡超)	移転	修繕	模様替(大規模な)	用途変更

[問題206] 総合問題（建築基準法）

建築基準法に関する次の記述のうち、正しいものはどれか。

(1) 準防火地域内においては、延べ面積が 2,000㎡ の共同住宅は耐火建築物又は準耐火建築物としなければならない。

(2) 第一種住居地域内においては、ダンスホールで当該用途に供する部分の床面積の合計が 500㎡ であるものは建築することができる。

(3) 第二種住居地域内の土地においては、都市計画において建築物の外壁又はこれに代わる柱の面から敷地境界線までの距離の限度を 1.5 m 又は 1 m として定めることができる。

(4) 建築物の容積率の算定の基礎となる延べ面積には、エレベーターの昇降路の部分又は共同住宅若しくは老人ホームの共用の廊下若しくは階段の用に供する部分の床面積は、算入しない。

 全部ノーカウントだ。

講義

(1) 誤。準防火地域においては、延面積が 1,500㎡を超える建物は耐火建築物または耐火建築物と同等以上の延焼防止性能を有する建築物にしなければならない。準耐火建築物ではダメなので、本肢は×だ。

429 頁 表

(2) 誤。カラオケボックスとダンスホールは、①－1（第一種低層住居専用地域）から③－1（第一種住居地域）まで建築することはできない。楽勝ゴロ合せは、「ミーは、カラオケ（ダンス）好きザンス」

424、425 頁 表

(3) 誤。第一種・第二種低層住居専用地域と田園住居地域では、外壁の後退の距離の限度を 1.5 mまたは 1 mとして定めることができる。このルールを定めることができるのは、第一種・第二種低層住居専用地域と田園住居地域だけだ。第二種住居地域に定めることはできない。

442 頁 1. 注！

(4) 正。容積率を計算する場合、①エレベーターの昇降路（シャフト）の部分、②共同住宅や老人ホーム等の共用の廊下・階段等の部分、③住宅や老人ホーム等の機械室その他これに類する建築物（一定の給湯設備）の部分で特定行政庁が認めるものについてはノーカウントだ。（容積率を計算する場合の基礎となる延べ床面積には算入しないということ）。

436 頁 ノーカウント

（正 解）(4)

Point!

ノーカウント
次の ① ～ ③ の床面積については、容積率の計算に算入しない（肢(4)）
① エレベーターの昇降路（シャフト）の部分
② 共同住宅や老人ホーム等の共用の廊下・階段等の部分
③ 住宅や老人ホーム等の機械室その他これに類する建築物（一定の給湯設備）の部分で特定行政庁が認めるもの

［問題207］ 総合問題（建築基準法）

建築基準法（以下この問において「法」という。）に関する次の記述のうち、正しいものはどれか。

⑴　地方公共団体は、階数が3以上である建築物の敷地が接しなければならない道路の幅員について、条例で、避難又は通行の安全の目的を達するために必要な制限を付加することができる。

⑵　田園住居地域内における建築物については、法第56条第1項第2号の規定による隣地斜線制限が適用される。

⑶　防火地域又は準防火地域内において、共同住宅の用途に供する部分の床面積が200㎡の建築物を増築する場合で、その増築に係る部分の床面積の合計が10㎡以内であるときは、建築確認は不要である。

⑷　準工業地域内で、かつ、防火地域内にある耐火建築物については、建築面積の敷地面積に対する割合の制限を受けない。

緩和はダメだが……。

講　義

(1)　正。地方公共団体は、①特殊建築物②3階以上の建築物③1,000㎡を超える建築物等について、条例で、接道義務を「付加」（2mより厳しくすること）できる。　427頁(3)

(2)　誤。隣地斜線制限は、第一種・第二種低層住居専用地域と田園住居地域にだけ適用されない。楽勝ゴロ合せ「北・隣・道は、2・1・0」を覚えていればカンタンに解ける問題だ。　447頁 表、448頁 楽勝ゴロ合せ

(3)　誤。防火・準防火地域では、増改築・移転をする場合、その床面積が10㎡以内であるときでも、建築確認が必要だ。　452頁 表 © ②

(4)　誤。土地が防火地域内にあり、その土地に耐火建築物等を建てる場合その土地のもともとの建蔽率が8/10のときは、建蔽率は10/10（無制限）となる。準工業地域の建蔽率は、5/10か6/10か8/10だ。もともとの建蔽率が5/10か6/10のときは、防火地域内に耐火建築物等を建てるときでも、建蔽率は10/10（無制限）にならない。だから、「制限を受けない（無制限となる）」と言い切っている本肢は×だ。

433頁 ⑥ 、 原則 、 例外②

（正　解）(1)

Point!

　地方公共団体は、一定の建築物（①特殊建築物②3階以上の建築物③1,000㎡を超える建築物等）について、条例で、接道義務を「付加」（2mより厳しくすること）できる（肢(1)）。

注意!　「緩和」（2mより甘くすること）はできない。

［問題208］ 総合問題（建築基準法）

　建築基準法（以下この問において「法」という。）に関する次の記述のうち、正しいものはどれか。

(1)　用途地域に関する都市計画において建築物の敷地面積の最低限度を定める場合においては、その最低限度は100㎡を超えてはならない。

(2)　工業専用地域内においては、保育所は建築できないが、診療所は建築できる。

(3)　第一種低層住居専用地域内においては、建築物の高さは、10ｍ又は12ｍのうち、当該地域に関する都市計画において定められた建築物の高さの限度を超えてはならない。

(4)　第二種中高層住居専用地域内における建築物については、法第56条第1項第2号の規定による隣地斜線制限は適用されない。

 低層住宅の環境を保護する地域なのだから……。

講義

(1) 誤。用途地域に関する都市計画において建築物の敷地面積の最低限度を定める場合は、その最低限度は 200㎡を超えてはダメ。

(2) 誤。**保育所も診療所も人がいる限り必要な建物だ。だから、この２つは、どこに建てても OK。**したがって、工業専用地域内において、保育所も診療所も建築できるので、本肢は×。　　　　　　　　　424頁、425頁 表

(3) 正。第一種・第二種低層住居専用地域、田園住居地域内では、建築物の高さは、10ｍまたは 12ｍ（どちらにするかは都市計画で定める）を超えてはならない。　　　　　　　　　　　　　　　　　442頁 1.

(4) 誤。隣地斜線制限は、第一種・第二種低層住居専用地域、田園住居地域には、適用されない。これ以外の用途地域および用途地域の指定のない両区域（都市計画区域および準都市計画区域）については、適用されるので、本肢は×。楽勝ゴロ合せ「北・隣・道は、2・1・0」を覚えておけばカンタンに解ける問題だ。　　　　　　448頁 楽勝ゴロ合せ

正　解 (3)

Point!

第一種・第二種低層住居専用地域、田園住居地域内での建物の高さ

原 則　建物の高さは、**10ｍまたは 12ｍ**（どちらにするかは都市計画で定める）を超えてはならない（肢(3)）。

例 外　特定行政庁の許可があれば別。

［問題209］国土利用計画法

Aは、市街化区域内に面積3,000㎡の一団の土地（以下この問において「甲地」という。）を所有している。甲地に係る土地取引について、国土利用計画法第23条の届出（以下この問において「事後届出」という。）に関する次の記述のうち、正しいものはどれか。

(1)　甲地をBが購入する契約を締結した場合には、Bはその契約を締結した日から起算して3週間以内に、事後届出を行わなければならない。

(2)　甲地をBが贈与で取得した場合には、Bは事後届出を行わなければならない。

(3)　AがBから借り入れた金銭債務の担保として、甲地について代物弁済の予約を行った場合には、Bが事後届出を行わなければならない。

(4)　甲地が1,000㎡ずつ3筆に分けて登記されており、それぞれB、C、Dと売買契約を締結した場合には、B、C、Dはそれぞれの契約について事後届出を行わなければならない。

Hint!　届出が必要な「取引」の種類を思い出せ！

講　義

(1) 誤。権利取得者は、契約を締結した日から起算して「**2週間以内**」に、事後届出を行わなければならない。本肢は「3週間以内」となっている点が×だ。　　　　　　　　　　　　　　　　　　458頁 ポイント ②

(2) 誤。贈与とは、タダであげることだから、**対価がない**。対価のない取引の場合には、届出は不要だ。　　　　　　　　　　　　463頁 ⑧

(3) 正。代物弁済の予約は、土地の所有権を、対価を得て移転する**合意**だから、届出が必要だ。　　　　　　　　　　　　　462頁 ③ ④

(4) 誤。分筆登記されている土地を、それぞれ別の人に売却した場合には、届出対象面積以上（本問は市街化区域だから2000㎡以上）の部分を取得した人だけに届出義務がある。本肢の場合、B、C、Dが取得するのは1,000㎡ずつだから届出は不要だ。　　　　　　　　　　　460頁 ①

（**正　解**）(3)

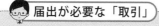

届出が必要な「取引」

所有権・地上権・賃借権を、**対価**を得て、設定・移転する**合意**

↓	↓	↓
売買○	抵当権設定×	予約○
交換○		予約完結権行使×
代物弁済○		条件付売買○
贈与×		条件の成就×
相続×		

[問題210] 国土利用計画法

　Aは、市街化区域内に面積800㎡の一団の土地（以下この問において「甲地」という。）を所有している。また、Bは、市街化区域内に甲地に隣接して面積1,200㎡の一団の土地（以下この問において「乙地」という。）を所有している。甲地及び乙地に係る土地取引について、国土利用計画法第23条の届出（以下この問において「事後届出」という。）に関する次の記述のうち、正しいものはどれか。

(1)　Cは、甲地及び乙地を取得し、両地にまたがってビル建設を行うことを計画したが、資金の関係で乙地は甲地取得の半年後に取得することとした。この場合、CとAが売買契約を締結したときには事後届出は不要だが、CとBが売買契約を締結したときには事後届出が必要である。

(2)　Aから相続により甲地を取得したCは、さらに乙地の所有権をBとの売買により取得し、両地にまたがってビル建設を行おうとしている。この場合、CとBが売買契約を締結したときには事後届出が必要である。

(3)　Cは、甲地及び乙地にまたがってビル建設を行うために、甲地の所有権を売買により取得するとともに、乙地に地上権を設定しようとしている（なお、設定の対価として権利金がある）。この場合、CとAの売買契約及びCとBの地上権設定契約のいずれの契約を行ったときも事後届出が必要である。

(4)　Cは、民事調停法による調停に基づき、甲地及び乙地の所有権を取得したが、この場合、事後届出が必要である。

市街化区域

| A | 甲地 800㎡ | 乙地 1,200㎡ | B |

Hint!　合計面積で判断。

講 義

(1) 誤。隣接する2つの土地を別々の所有者から買い取った場合にも、**合計面積**が届出対象面積以上なら、両方の契約に届出が必要だ。だから、Cは、Aとの契約にも、Bとの契約にも、どちらにも届出が必要だ。

📖460頁②

(2) 誤。相続による土地の取得には、対価も合意もないから、届出は不要だ。そして、Bとの売買契約は、届出対象面積**未満**のものだから、これまた届出は不要だ。

📖463頁⑨

(3) 正。所有権の移転だけでなく、対価のある地上権や賃借権の設定、移転の場合にも、届出が必要だ。そして、隣接する2つの土地について、所有権と地上権を取得した場合、両方の土地の**合計面積**が、届出対象面積以上であれば、両方の契約に届出が必要だ。だから、CとAの売買契約にも、CとBの地上権設定契約にも、どちらにも届出が必要だ。

📖460頁②、461頁4.

(4) 誤。**調停**の場合には、裁判所が当事者の間に入る。天下の裁判所がからんでいるのだからチェック不要。だから、届出は不要だ。　📖463頁②

（**正 解**）(3)

Point!

合計面積が届出対象面積以上なら、両方の契約に届出が必要だ（肢(1)）。

重要度 銀

［問題211］ 国土利用計画法

　国土利用計画法第23条の事後届出（以下この問において「事後届出」という。）に関する次の記述のうち、正しいものはどれか。

(1)　Aが市街化区域内の3,000㎡の土地を時効取得した場合、Aは、その日から起算して2週間以内に事後届出を行わなければならない。

(2)　甲県が所有する都市計画区域外の11,000㎡の土地を買い受けたBは、売買契約を締結した日から起算して2週間以内に事後届出を行わなければならない。

(3)　事後届出に係る土地の利用目的について、乙県知事から勧告を受けたCが勧告に従わなかった場合、乙県知事は、当該届出に係る土地売買の契約を無効にすることができる。

(4)　Dが市街化調整区域内の5,000㎡の土地を購入した場合において、Dが事後届出を行わなかったときは、Dは、6月以下の懲役または100万円以下の罰金に処せられる。

Hint!　届け出ないと、懲役または罰金だ。

講義

(1)　誤。「**所有権・地上権・賃借権を対価を得て移転する合意**」の場合に届出が必要だ。時効は、対価も合意もないから、届出不要だ。

📖463頁 ⑨

(2)　誤。契約当事者の一方または双方が国または地方公共団体（**都道府県と市町村のこと**）の場合は、わざわざ知事がチェックする必要はない。だから、届出不要だ。

📖463頁 ①

(3)　誤。知事の勧告をムシしても契約は**有効**だし罰則（懲役や罰金）もない。ただし、知事は、制裁としてその旨と勧告内容を公表することはできる。

📖459頁 ポイント③

(4)　正。権利取得者となった者が事後届出を行わなかったら、6カ月以下の**懲役**または100万円以下の**罰金**だ。

📖459頁 ポイント⑤

(正　解) (4)

Point!

「**所有権・地上権・賃借権を対価を得て移転する合意**」の場合に届出が必要だ。次の①～⑥は、上記に該当しないから届出不要だ。

① 抵当権の設定
② 贈与
③ 相続
④ 時効（肢(1)）
⑤ 予約完結権行使
⑥ 条件の成就

［問題212］ 国土利用計画法

　Aは、市街化区域内に面積 2,000㎡の土地（以下この問において「甲地」という。）を所有している。甲地に係る土地取引について、国土利用計画法第23条の届出（以下この問において「事後届出」という。）に関する次の記述のうち、誤っているものはどれか。

⑴　ＡＢ間で甲地の所有権を移転する予約をした後、事後届出をして、その後Ｂがその予約完結権を行使した場合、改めて事後届出をする必要はない。

⑵　ＡＢ間で甲地の所有権を移転する予約をした後、事後届出をして、その後Ｂがその予約完結権をＣに売却した場合、改めて事後届出をする必要がある。

⑶　ＡＢ間で買戻しの特約付で甲地の売買契約を締結した後、事後届出をして、その後Ａが買戻期間内に買戻権を行使した場合、事後届出をする必要がある。

⑷　ＡＢ間で買戻しの特約付で甲地の売買契約を締結した後、事後届出をして、その後Ａが買戻権をＤに売却した場合、改めて事後届出をする必要がある。

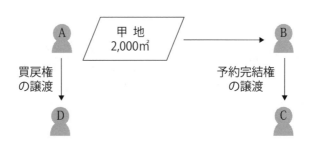

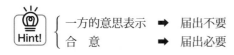

講　義

(1)　正。予約完結権の行使は、買主Ｂが一方的にやることであり、売主と買主の**合意**ではない。だから、届出をする必要はない。　📙462頁④

(2)　正。予約完結権を行使すれば、甲地の所有権を取得できるのだから、予約完結権を売却（譲渡）したということは、甲地を**売却**したに等しい。だから、改めて届出をする必要がある。

(3)　誤。買戻しの特約というのは、売主Ａが代金と契約費用を返せば、買主Ｂから甲地を返してもらえるという特約だ。買戻特約自体はもちろんＡ・Ｂの合意でやるが、その後の買戻権の行使は、解除と同じで、売主Ａが一方的にできる。Ａ・Ｂの**合意**でやるのではない。だから届出をする必要はない。

(4)　正。買戻権を行使すれば、甲地の所有権を取得できるのだから、買戻権を売却（譲渡）したということは、甲地を**売却**したに等しい。だから、改めて届出をする必要がある。肢(2)の予約完結権の売却と同じだ。

正　解(3)

届出は必要か？

予約完結権の	行使 ➡	不要	（肢(1)）
	売却 ➡	**必要**	（肢(2)）
買戻権の	行使 ➡	不要	（肢(3)）
	売却 ➡	**必要**	（肢(4)）

[問題213] 国土利用計画法

市街化区域内の甲地（A所有1,200㎡）、乙地（B所有1,800㎡）、丙地（C所有2,500㎡）についての国土利用計画法第23条による土地に関する権利の移転又は設定後における利用目的等の届出（以下この問において「事後届出」という。）に関する次の記述のうち、正しいものはどれか。

(1) Cが丙地を分割して、500㎡をDと、残りの2,000㎡をEとそれぞれ売買契約を締結した場合、それぞれの契約の締結について事後届出をする必要がある。

(2) Eが甲地及び乙地にまたがってマンションの建設を計画し、甲地についてはAと賃借権設定契約（設定の対価なし）を締結し、乙地についてはBと地上権設定契約（設定の対価8,000万円）を締結した場合、それぞれの契約の締結について事後届出をする必要がある。

(3) FがCに対して有する金銭債権の担保として、丙地の所有権をFに移転する契約を締結した場合（譲渡担保の場合）、事後届出をする必要がある。

(4) Cが甲地及び乙地にまたがってビルの建設を計画し、甲地についてはAと売買予約を締結し、乙地については丙地との交換契約をBと締結した場合、Aとの契約の締結については事後届出をする必要はないが、Bとの契約の締結については事後届出をする必要がある。

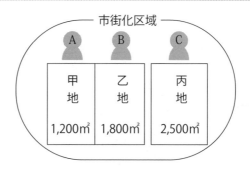

 届出が必要な「取引」とは？

講　義

(1)　誤。一団の土地を、2つに分筆して別々の人に分譲する場合、届出対象面積以上の部分を取得した人だけに届出義務がある。だから、本肢では、Eとの契約の締結についてだけ届出が必要だ。　　　　　📖460頁①

(2)　誤。隣接する2つの土地については、合計面積が届出対象面積以上であれば、両方の契約に届出が必要になる。しかし、本肢では、賃借権を**権利金等の対価なし**に設定しているから、ＡＥ間の賃借権設定契約はそもそも届出が必要な取引に**当たらない**。乙地は地上権を対価を得て設定しているから、届出が必要な取引に当たる。しかし、乙地だけなら、1,800㎡なので届出は不要だ。だから、本肢の取引は、全く届出なしでやっていい。　　　　　📖461頁 下から3行目

(3)　正。譲渡担保というのは、Ｃが丙地の所有権をＦに移転し、その対価としてお金をＦから貸してもらうというものだ。だから、届出が必要な取引に**当たり**、また丙地の面積は 2,500㎡なので届出が必要だ。
📖461頁 下から3行目

(4)　誤。甲地と乙地を合わせると 3,000㎡だから、届出が必要な面積に達している。甲地についての売買**予約**も、乙地についての**交換契約**も届出が必要な取引に当たる。だから、本肢の取引では、売買予約については、甲地について、交換契約については、乙地と丙地について届出が必要だ。
📖462頁②④

正　解　(3)

Point!

届出が必要な「取引」に当たるか？
- 権利金等の設定の対価のない賃貸借　➡　×（肢(2)）
- 譲渡担保　➡　○（肢(3)）

［問題214］ 盛土規制法

　宅地造成及び特定盛土等規制法（以下この問において「法」という。）に関する次の記述のうち、誤っているものはどれか。なお、この問において「都道府県知事」とは、地方自治法に基づく指定都市、中核市及び施行時特例市にあってはその長をいうものとする。

(1)　土地の占有者は、都道府県知事又はその命じた者若しくは委任した者が、基礎調査のために当該土地に立ち入って測量又は調査を行う場合、正当な理由がない限り、立入りを拒み、又は妨げてはならない。

(2)　国土交通大臣は、基本方針に基づき、かつ、基礎調査の結果を踏まえ、宅地造成、特定盛土等又は土石の堆積に伴い災害が生ずるおそれが大きい市街地若しくは市街地となろうとする土地の区域又は集落の区域（これらの区域に隣接し、又は近接する土地の区域を含む。）であって、宅地造成等に関する工事について規制を行う必要があるものを、宅地造成等工事規制区域として指定することができる。

(3)　宅地造成等工事規制区域内において行われる宅地造成等に関する工事について許可をする都道府県知事は、当該許可に、工事の施行に伴う災害を防止するために必要な条件を付することができる。

(4)　都道府県知事は、法第12条第1項の許可の申請をした者に、許可の処分をしたときは許可証を交付し、不許可の処分をしたときは文書をもってその旨を通知しなければならない。

Hint!　登場人物に注目して解こう。

講義

(1) 正。知事は、**基礎調査**のために他人の占有する土地に立ち入って測量または調査を行う必要があるときは、その必要の限度において、他人の占有する土地に、自ら**立ち入り**、または知事が命じた者・知事が委任した者に**立ち入らせる**ことができる。土地の占有者は、正当な理由がない限り、この立入りを拒み、または妨げてはならない。

(2) 誤。宅地造成等工事規制区域の指定権者は**知事**だ。国土交通大臣ではない。なお、指定権者以外の部分は正しい記述だ。

(3) 正。知事は災害防止のために必要な**条件**（**例** 雨の日は工事するな）を付けて許可することができる。ちなみに、知事は条件に違反した者に対して、許可を取り消すことができる。ついでに覚えておこう。

(4) 正。知事は、申請者に、許可の処分をしたときは**許可証**を交付し、不許可の処分をしたときは**文書**でその旨を**通知**しなければならない。

正 解 (2)

Point!

許可証の交付・不許可の通知（肢(4)）

① 許可の場合 　➡　 **許可証を交付**

② 不許可の場合 　➡　 **文書でその旨を通知**

[問題215] 盛土規制法

宅地造成及び特定盛土等規制法（以下この問において「法」という。）に関する次の記述のうち、誤っているものはどれか。なお、この問において「都道府県知事」とは、地方自治法に基づく指定都市、中核市及び施行時特例市にあってはその長をいうものとする。

(1) 宅地造成等工事規制区域内において行われる宅地造成等に関する工事の許可を受けた者が、工事施行者を変更する場合には、遅滞なくその旨を都道府県知事に届け出ればよく、改めて許可を受ける必要はない。

(2) 宅地造成等工事規制区域内において、公共施設用地を農地に転用した者は、一定の場合を除き、その転用した日から14日以内にその旨を都道府県知事に届け出なければならない。

(3) 宅地造成等工事規制区域内において宅地造成等に関する工事を行う場合、宅地造成等に伴う災害を防止するために行う高さ3mの擁壁の設置に係る工事については、政令で定める資格を有する者の設計によらなければならない。

(4) 宅地造成等工事規制区域内の土地（公共施設用地を除く。）において、高さが3mの崖面崩壊防止施設の除却工事を行おうとする者は、一定の場合を除き、その工事に着手する日の14日前までに、その旨を都道府県知事に届け出なければならない。

 有資格者の設計によらなければならないのは、高さが5mを超える場合だ。

講義

(1) 正。工事の許可を受けた者が、工事の計画に**軽微な変更**（工事主・設計者・**工事施行者**の変更、工事の着手予定年月日・工事の完了予定年月日の変更）をした場合は、遅滞なく、その旨を知事に**届け出**なければならない（許可は不要、届出でよい）。

(2) 正。宅地造成等工事規制区域内において、公共施設用地を宅地または**農地**等に転用した者は、一定の場合を除き、その転用した日から **14 日以内**に、知事に届け出なければならない。

(3) 誤。①高さが **5 m** を超える擁壁の設置するとき、②盛土・切土をする土地の面積が **1,500㎡** を超える土地で排水施設の設置をするときは、有資格者（建築学科卒で実務経験が 2 年以上の者等）が設計しなければならない。本肢の擁壁は 3 m なので（5 m を超えていないので）、有資格者でなくても OK だ。

(4) 正。宅地造成等工事規制区域内で、高さが **2 m** を超える擁壁・崖面崩壊防止施設や、排水施設の除却工事を行おうとする者は、一定の場合を除き、工事に着手する日の **14 日前**までに、知事に**届け出**なければならない（許可は不要、届出でよい）。

（正　解）(3)

Point!

次の ① ② は軽微変更に当たる

① 工事主・設計者・**工事施行者**の変更

② 工事の着手**予定年月日**・工事の完了**予定年月日**の変更

➡ ① ②を変更した場合は、遅滞なく、知事に**届け出**なければならない（許可は不要、届出でよい）。

[問題216] 盛土規制法

宅地造成及び特定盛土等規制法（以下この問において「法」という。）に関する次の記述のうち、正しいものはどれか。なお、この問において「都道府県知事」とは、地方自治法に基づく指定都市、中核市及び施行時特例市にあってはその長をいうものとする。

(1) 宅地造成等工事規制区域内において行われる盛土であって、当該盛土をする土地の面積が300㎡であり、かつ、高さ1.5mの崖を生ずることとなるものに関する工事については、工事主は、工事に着手する前に、都道府県知事の許可を受けなければならない。

(2) 特定盛土等規制区域内において行われる盛土であって、当該盛土をする土地の面積が600㎡であり、かつ、高さ1.5mの崖を生ずることとなるものに関する工事については、工事主は、工事に着手する前に、都道府県知事の許可を受けなければならない。

(3) 宅地造成等工事規制区域内において行われる切土であって、当該切土をする土地の面積が600㎡であり、かつ、高さ3mの崖を生ずることとなるものに関する工事については、工事主は、工事が政令で定める工程（以下この問において「特定工程」という。）を含む場合において、当該特定工程に係る工事を終えたときは、その都度、都道府県知事の検査を申請しなければならない。

(4) 特定盛土等規制区域内において行われる切土であって、当該切土をする土地の面積が2,000㎡であり、かつ、高さ4mの崖を生ずることとなるものに関する工事については、工事主は、工事が特定工程を含む場合において、当該特定工程に係る工事を終えたときは、その都度、都道府県知事の検査を申請しなければならない。

 規模に注目！

講義

　宅地造成等工事規制区域と特定盛土等規制区域において行う盛土・切土について、次の①～⑤の規模の工事を行う場合には許可が必要だ。ただし、許可が必要となる規模は、区域によって次のように異なる。

宅地造成等工事規制区域→Ⓐの規模なら許可が必要

特定盛土等規制区域→Ⓑの規模なら許可が必要

①　盛土で高さが〔Ⓐ1m・Ⓑ2m〕を超えるがけを生じるもの

②　切土で高さが〔Ⓐ2m・Ⓑ5m〕を超えるがけを生じるもの

③　盛土と切土を同時に行い、高さが〔Ⓐ2m・Ⓑ5m〕を超えるがけを生じるもの

④　盛土で高さが〔Ⓐ2m・Ⓑ5mを超えるもの（がけを生じない場合だ）

⑤　①から④以外で盛土または切土をする面積が〔Ⓐ500㎡・Ⓑ3,000㎡〕を超えるもの

　また、宅地造成等工事規制区域と特定盛土等規制区域においてⒷの規模の工事を行う場合に、その工事が特定工程（例排水施設を設置する工事）を含む場合には、その**特定工程**に関する工事を終えたときに**中間検査**が必要となる。

(1)　正。宅地造成等工事規制区域内でⒶの規模の工事をする場合には許可が必要だ。本肢はこれに当たるから許可が**必要**だ。

(2)　誤。特定盛土等規制区域内でⒷの規模の工事をする場合には許可が必要だ。本肢はこれに当たらないから許可は**不要**だ。

(3)　誤。宅地造成等工事規制区域内でⒷの規模の工事をする場合で、その工事が**特定工程を含む**場合において、その工事を終えたときは**中間検査**が必要だ。本肢はⒷの規模に当たらないから中間検査は**不要**だ。

(4)　誤。特定盛土等規制区域内でⒷの規模の工事をする場合で、その工事が**特定工程を含む**場合において、その工事を終えたときは**中間検査**が必要だ。本肢はⒷの規模に当たらないから中間検査は**不要**だ。

以上全体につき、🔖475頁 8.

正　解(1)

Point!

土石の堆積についても許可が必要だ。

宅地造成等工事規制区域→Ⓒの規模なら許可が必要

特定盛土等規制区域→Ⓓの規模なら許可が必要

①　堆積の高さが〔Ⓒ2m・Ⓓ5m〕を超え、かつ面積が〔Ⓒ300㎡・Ⓓ1,500㎡〕を超えるもの

②　堆積の面積が〔Ⓒ500㎡・Ⓓ3,000㎡〕を超えるもの

［問題217］ 盛土規制法

　宅地造成及び特定盛土等規制法（以下この問において「法」という。）に
関する次の記述のうち、誤っているものはどれか。なお、この問において「都
道府県知事」とは、地方自治法に基づく指定都市、中核市及び施行時特例
市にあってはその長をいうものとする。

(1)　宅地造成等工事規制区域の指定の際に、当該宅地造成等工事規制区域
　　内において宅地造成等に関する工事を行っている者は、当該工事につい
　　て都道府県知事の許可を受ける必要はない。

(2)　宅地造成等工事規制区域内において行われる盛土であって、当該盛土
　　をする土地の面積が1,000㎡であり、かつ、高さ1.5mの崖を生ずること
　　となるものに関する工事について許可を受けた者は、当該許可に係る宅
　　地造成等に関する工事の実施の状況等を都道府県知事に報告する必要は
　　ない。

(3)　宅地造成等工事規制区域内において行われる土石の堆積であって、土
　　石の堆積を行う土地の面積が500㎡を超えるものに関する工事について
　　は、土石の堆積の高さが2m以下であっても、工事主は、都道府県知事
　　の許可を受けなければならない。

(4)　都道府県知事は、一定の場合には、宅地造成等工事規制区域内で、宅
　　地造成又は特定盛土等（宅地において行うものに限る）に伴う災害で相
　　当数の居住者等に危害を生ずるものの発生のおそれが大きい一団の造成
　　宅地の区域であって一定の基準に該当するものを、造成宅地防災区域と
　　して指定することができる。

Hint!　「内」か？それとも「外」か？

(1)　正。宅地造成等工事規制区域の指定の時に、すでに工事を行っている場合、工事主は指定があった日から**21日以内**に、知事に**届け出**なければならない（許可は不要、届出でよい）。許可は不要なので、本肢は○だ。

(2)　正。工事主は、**3カ月**ごとに、宅地造成等に関する工事の実施の状況等を知事に**報告**しなければならない。この定期報告が必要となるのは、一定規模以上の盛土・切土と一定規模以上の土石の堆積だ。[1]一定規模以上の盛土・切土とは、①盛土で高さが**2m**を超えるがけを生じるもの、②切土で高さが**5m**を超えるがけを生じるもの、③盛土と切土を同時に行い、高さが**5m**を超えるがけを生じるもの、④盛土で高さが**5m**を超えるもの（がけが生じない場合だ）、⑤①から④以外で盛土または切土をする面積が**3,000㎡**を超えるものだ。また、[2]一定規模以上の土石の堆積とは①堆積の高さが**5m**を超え、かつ面積が**1,500㎡**を超えるもの、②堆積する面積が**3,000㎡**を超えるものだ。本肢の場合、どれにも当たらないので報告する必要はない。

(3)　正。宅地造成等工事規制区域内においては、①土石の堆積の高さが**2m**を超え、かつ面積が**300㎡**を超えるもの、②土石の堆積の面積が**500㎡**を超えるものどちらかに当たれば許可が必要だ。本肢は②に当たるから許可が必要だ。

(4)　誤。知事は、宅地造成等工事規制区域「**外**」の造成宅地であって一定の基準に該当するものを、造成宅地防災区域として指定することができる。宅地造成等工事規制区域「**内**」においては、指定することはできないので、本肢は×だ。

（**正　解**）(4)

Point!

宅地造成等工事規制区域において定期報告が必要となるもの（肢(2)）

[1]　盛土・切土については
➡ ①盛土で高さが**2m**を超えるがけを生じるもの
　　②切土で高さが**5m**を超えるがけを生じるもの
　　③盛土と切土を同時に行い、高さが**5m**を超えるがけを生じるもの
　　④盛土で高さが**5m**を超えるもの（がけが生じない場合だ）
　　⑤①から④以外で盛土または切土をする面積が**3,000㎡**を超えるもの

[2]　土石の堆積については
➡ ①堆積の高さが**5m**を超え、かつ面積が**1,500㎡**を超えるもの
　　②堆積する面積が**3,000㎡**を超えるもの

[問題218] 農 地 法

農地法（以下この問において「法」という。）に関する次の記述のうち、正しいものはどれか。

(1) マンションを建設する目的で、市街化調整区域内の農地 45,000㎡を取得する場合は、農林水産大臣の許可を受ける必要がある。

(2) 相続により農地を取得する場合は、法第3条第1項の許可を要しないが、相続人に対する特定遺贈により農地を取得する場合は、同項の許可を受ける必要がある。

(3) 競売により市街化調整区域内の 1,000㎡の農地の買受人となり所有権を取得しようとする場合は、法第3条第1項又は法第5条第1項の許可を受ける必要はない。

(4) 法第4条第1項、第5条第1項の違反について原状回復等の措置に係る命令の対象となる者（違反転用者等）には、当該違反に係る土地について工事を請け負った者が含まれる。

 無許可→無効→登記×。

講義

(1) 誤。転用目的権利移動を行う場合は、面積に関わらず、**知事**等の許可が必要だ。農林水産大臣の許可ではないので、本肢は×だ。

478 頁 表下段

(2) 誤。相続の場合は、3条の許可は不要だ（前半は○）。また、**相続人に対する特定遺贈**の場合も、3条の許可は不要だ（後半が×）。ちなみに、特定遺贈とは、特定の財産を指定して行う遺贈のことだ（例 「東京都○区△丁目×番地□号の農地をAに遺贈する」）。

479 頁 表 **例外①**

(3) 誤。**競売**によって農地を取得する場合も、農地の所有権が移転する。だから、3条または5条の許可が**必要**だ。

478 頁 注1

(4) 正。知事等は、①違反者、②違反者の一般承継人（違反者の相続人のこと）、③許可に付いた条件に違反している者に対してだけでなく、①②③から**工事を請け負った者**に対しても、原状回復（元に戻せ）等を命じることができる。

478 頁 表中段、下段

正　解 (4)

Point!

法第4条、第5条違反について原状回復等の措置に係る命令の対象となる者（知事等から原状回復（元に戻せ）等を命じられる者）

① 違反者
② 違反者の一般承継人（違反者の相続人のこと）
③ 許可に付いた条件に違反している者
④ ①②③から**工事を請け負った者**（肢(4)）
⑤ 偽りその他不正の手段により、許可を受けた者

[問題219] 農　地　法

　農地法（以下この問において「法」という。）に関する次の記述のうち、正しいものはどれか。

⑴　法第2条第3項の農地所有適格法人の要件を満たしていない株式会社は、耕作目的で農地を借り入れることはできない。

⑵　山林を開墾し耕作している土地でも、登記簿上の地目が山林である場合は、法の適用を受ける農地に当たらない。

⑶　相続により農地を取得する場合は、法第3条第1項の許可を受ける必要はないが、遺産分割により農地を取得する場合は、同項の許可を受ける必要がある。

⑷　市街化区域内の農地を宅地とする目的で権利を取得する場合は、あらかじめ農業委員会に届出をすれば、法第5条の許可を受ける必要はない。

　どんどん市街化した方がいいから、手続きを簡略化。

講義

(1)　誤。農地所有適格法人以外の法人でも、一定の要件を満たせば農地を**借りる**ことはできる（所有することはできないが、借りることはできる）。

(2)　誤。農地法上の農地とは、耕作の目的に供される土地のこと。登記記録（登記簿）の**地目は全く無関係**。だから、本肢の土地は、農地法上の農地だ。　　　　　　　　　　　　　　　　　　📖 477頁　キーワード

(3)　誤。相続や**遺産分割**によって農地を取得した場合は、3条の許可は不要だ。ただし、遅滞なく、農業委員会に届出をする必要がある。

📖 479頁　表　**例外①**

(4)　正。農地を宅地にする目的で権利を取得する場合（転用目的権利移動の場合）は、原則として、5条の許可が必要だ。しかし、例外として、農地が**市街化区域内**にあるときは、あらかじめ農業委員会に届出をすれば5条の許可は不要だ。　　　　　　　　　📖 479頁　表　**例外②**

（**正　解**）(4)

Point!

① 権利移動（3条）	➡	**相続・遺産分割**は、許可不要。 注意1
		（肢(3)）
② 転用（4条）	➡	**市街化区域内**なら、許可不要。 注意2
③ 転用目的権利移動（5条）	➡	**市街化区域内**なら、許可不要。 注意2
		（肢(4)）

注意1　遅滞なく、農業委員会に届出をすることが必要。
注意2　あらかじめ、農業委員会に届出をすることが必要。

[問題220] 農　地　法

農地法に関する次の記述のうち、誤っているものはどれか。

(1)　相続により農地の所有権を取得した者は、農地法第3条第1項の許可を受ける必要はないが、農林水産省令で定めるところにより、その農地の存する市町村の農業委員会にその旨を届け出る必要がある。

(2)　市街化区域内の農地を耕作の目的に供するために取得する場合は、農地法第3条第1項の許可を受ける必要はない。

(3)　都道府県が市街化調整区域内の農地を取得して学校を建設する場合には、都道府県知事（法第4条第1項に規定する指定市町村の区域内にあってはその長）との協議が成立すれば、法第5条第1項の許可があったものとみなされる。

(4)　農業者が、自己所有の1アールの農地を自らの農作物の育成・養畜の事業のための農業用施設に供する場合は、農地法第4条第1項の許可を受ける必要はない。

4条と5条の場合は許可不要だが……。

講義

(1) 正。**相続や遺産分割によって農地を取得する場合は、許可は不要だ。**ただし、**農業委員会に届け出る**必要がある。　🐢479頁 表 **例外❶**

(2) 誤。転用（４条）と転用目的権利移動（５条）の場合は、農地が市街化区域にあるときは、あらかじめ農業委員会に届け出れば許可は不要だ。しかし、**権利移動（３条）**の場合は、農地が市街化区域にある場合でも、農業委員会の**許可が必要**だ。　🐢479頁 表 **例外❷**

(3) 正。国・都道府県等が、①道路・農業用用排水施設等のために取得する場合は５条の許可は不要だ。そして、国・都道府県等が、①以外の目的で取得する場合は、国・都道府県等と知事等との**協議**が成立すれば、５条の許可があったものとみなされる。　🐢479頁 表 **例外❸** 注2

(4) 正。農業者が農地を農作物の育成・養畜の事業のための農業用施設（農業倉庫など）に転用する場合において、その転用する面積が**２アール（200㎡）未満**のときは、農地法４条の許可は不要だ。　🐢479頁 表 **例外❸** 注1

（正　解）(2)

Point!

農地法３条の許可が必要か？
① 相　続　➡　不要（肢(1)）
② 遺産分割　➡　不要

注意!　ただし、遅滞なく**農業委員会**に**届出**が必要。

［問題221］ 農 地 法

　Aが、甲県内に所有している市街化調整区域内の4haの農地に関する次の記述のうち、農地法の規定によれば、正しいものはどれか。

(1)　Aが、この農地に賃貸住宅を建てるために農地法の許可を受けた後、工事着工前にこの農地を賃貸住宅用地としてBに売却する場合、改めて農地法の許可を受ける必要はない。

(2)　CがAからこの農地を取得して分譲マンションを建築する場合、Cが農家以外のものである場合には、農地法第5条第1項の許可を受けなければならないが、Cが農家である場合には、農地法第3条第1項の許可を受けなければならない。

(3)　Aが、Dのためにこの農地に抵当権を設定する場合には、農地法の許可を受ける必要はないが、その後、当該抵当権に基づき競売が行われEが当該農地を取得する場合には、農地法の許可を受ける必要がある。

(4)　Fが駐車場の用に供するためにこの農地をAから買い受けようとする場合には、甲県知事の許可を受ける必要があるが、Aが甲県内に所有する5haの採草放牧地も併せて買い受けようとする場合には、農林水産大臣の許可を受ける必要がある。

甲県

　わが国の農業生産力が減る場合には、許可がいる。

講 義

(1)　誤。農地に賃貸住宅を建てることは、転用であり、農地を賃貸住宅用地として売却することは転用目的権利移動だ。この２つは別のものだ。転用には４条の許可が必要であり、転用目的権利移動には５条の許可が必要だ。４条の許可を５条の許可の代わりにすることは**できない**。

📚 477 頁 ②、③

(2)　誤。転用目的権利移動の場合には、５条の許可が必要だ。取得者が、**農家であろうとなかろうと**、５条であることに変わりはない。

📚 478 頁 表下段

(3)　正。農地に**抵当権**を設定しても、耕作は依然としてＡがやるのだから、わが国の農業生産力に影響はないので、許可は**不要**だ。しかし、**競売**によってＥが農地を取得する場合は、権利が移転することになるから、３条（Ｅが農地として買う場合）または５条（Ｅが転用の目的で買う場合）の許可が**必要**だ。

📚 478 頁 注!

(4)　誤。農地・採草放牧地について、転用目的権利移動を行う場合は、その面積に関わらず、**知事等**の許可が必要だ。だから、「農林水産大臣の許可を受ける必要がある」という後半が誤っている。　　📚 478 頁 表の下段

（正 解）(3)

第 3 編　　法令上の制限

Point!

許可は必要か？

1 抵当権の**設定**　➡　**不要**（肢(3)）

2 抵当権に基づく**競売**　➡　**必要**（肢(3)）

[問題222] 農 地 法

　農地法（以下この問において「法」という。）に関する次の記述のうち、正しいものはどれか。

(1)　砂利採取法による認可を受けた砂利採取計画に従って砂利を採取するために農地を一時的に貸し付ける場合には、法第5条第1項の許可を受ける必要がある。

(2)　農業者が、自らの養畜の事業のための畜舎を建設する目的で、市街化調整区域内にある1アールの農地を購入する場合には、法第5条第1項の許可を受ける必要はない。

(3)　農業者が住宅の改築に必要な資金を借りるために、自己所有の農地に不動産質権を設定する場合には、法第3条第1項の許可を受ける必要はない。

(4)　農地の使用貸借は、農地の引渡しがあったときは、これをもってその後にその農地について所有権を取得した第三者に対抗することができる。

　難しい法律名に惑わされてはダメ。

講義

(1)　正。難しく考える必要はない。砂利を採取するために農地を**貸し付ける**と農地が農地でなくなる（＝農業生産力が減ることになる）。つまり、転用目的権利移動だ。だから、５条の許可を受ける必要がある、ということだ。　　　　　　　　　　　　　　　　　　　　　　　　　　📖477頁③

(2)　誤。農地を取得して農地以外のものにするのだから、**転用目的権利移動**だ。だから、５条の許可を受ける必要がある。なお、１アールとは100㎡のことだ。　　　　　　　　　　　　　　　　　　　　　📖477頁③

(3)　誤。権利移動とは、農地を農地として売ること。所有権の移転に限らず、地上権、永小作権、賃借権、使用借権、**質権**の設定・移転も含む。質権を設定することも権利移動なので、３条の許可を受ける必要がある。
　　　　　　　　　　　　　　　　　　　　　　　　　📖477頁①

(4)　誤。農地・採草放牧地の「**賃貸借**」なら引渡しが対抗要件になる。しかし、農地・採草放牧地の「使用貸借」の場合は引渡しは対抗要件にならない。だから、農地の使用貸借は引渡しがあったときでも、その農地の所有権を取得した第三者に対抗することはできない。ちなみに、使用貸借は登記をすることができない。だから、使用貸借は第三者に対抗する手段はないのだ。　　　　　　　　　　　　　　　　　　　　　📖480頁②

（ 正　解 ）(1)

Point!

農地・採草放牧地の賃貸借・使用貸借の対抗要件

	登　記	引渡し
賃 貸 借	対抗要件になる	対抗要件に**なる**
使用貸借	そもそも登記できない	対抗要件に**ならない**(肢(4))

［問題223］ 土地区画整理法

　土地区画整理法（以下この問において「法」という。）に関する次の記述のうち、誤っているものはどれか。

(1)　施行者が個人施行者である場合は、換地計画を定めようとするときにおいては、その換地計画を２週間公衆の縦覧に供しなければならない。

(2)　施行者は、施行地区内の宅地について換地処分を行うため、換地計画を定めなければならないが、施行者が区画整理会社である場合は、その換地計画について都道府県知事の認可を受けなければならない。

(3)　換地計画において換地を定める場合においては、換地及び従前の宅地の位置、地積、土質、水利、利用状況、環境等が照応するように定めなければならない。

(4)　法において、「公共施設」とは、道路、公園、広場、河川その他政令で定める公共の用に供する施設をいう。

 個人施行者以外の場合、公衆に見せなければならない。

(1)　誤。施行者が個人施行者**以外**の場合は、換地計画を2週間公衆の縦覧に供しなければならない。公衆に見せなければならない（公衆の縦覧に供しなければならない）のは、施行者が個人施行者**以外**の場合だ。だから、施行者が個人施行者の場合は、公衆に見せる必要はない。

(2)　正。施行者が個人、組合、**区画整理会社**、市町村、都市再生機構、地方住宅供給公社の場合は、換地計画について知事の認可を受けなければならない。

(3)　正。換地計画において換地を定める場合は、換地及び従前の宅地の位置、地積、土質、水利、利用状況、環境等が**照応**するように定めなければならない（**換地照応の原則**という）。区画整理後の土地（換地）は、区画整理前の土地（従前の宅地）と、位置、地積、土質、水利、利用状況、環境等がほぼ同じようになるように定めなければならないということ。

(4)　正。土地区画整理法において、「公共施設」とは、**道路**、公園、広場、河川その他政令で定める公共の用に供する施設のことをいう。

以上全体につき、图481頁 以下

（**正　解**）(1)

施行者が個人施行者**以外**の場合は、
➡　換地計画を2週間公衆の縦覧に供しなければならない（肢(1)）。

［問題224］ 土地区画整理法

　土地区画整理法に関する次の記述のうち、誤っているものはどれか。なお、この問において「組合」とは、土地区画整理組合をいう。

(1)　組合は、定款で定めた解散事由の発生により解散しようとする場合においては、その解散について都道府県知事の認可を受けなければならない。

(2)　組合が施行する土地区画整理事業に係る施行地区内の宅地について所有権又は借地権を有する者は、すべてその組合の組合員となる。

(3)　組合を設立しようとする者は、7人以上共同して、定款及び事業計画を定め、その組合の設立について都道府県知事の認可を受けなければならない。

(4)　組合は、換地計画において、保留地を定めようとする場合においては、土地区画整理審議会の同意を得なければならない。

　施行者が組合の場合、土地区画整理審議会は設置されない。

講 義

(1) 正。組合は、① 総会の議決、② **定款**で定めた解散事由の発生、③ 事業の完成または完成の不能により解散しようとする場合は、知事の認可を受けなければならない。

(2) 正。施行地区内の宅地の所有者と**借地権者**は、すべて組合員となる。ちなみに、借家権者は組合員にはならない。　　　　📖 482 頁 (5) ポイント②

(3) 正。組合を設立しようとする者は、**7 人以上共同**して、定款と事業計画を定め、組合の設立について知事の認可を受けなければならない。

📖 482 頁 (5) ポイント①

(4) 誤。施行者が**組合**の場合は、保留地を定めようとするときにおいて、土地区画整理審議会の同意は**不要**だ（そもそも、施行者が個人・組合・区画整理会社の場合は、土地区画整理審議会は設置されない）。ちなみに、市町村・都道府県・国土交通大臣・都市再生機構・地方住宅供給公社が保留地を定めようとするときは、土地区画整理審議会の同意が必要だ。

(**正　解**) (4)

Point!

組合が次の ① 〜 ③ の理由によって解散する場合は、知事の認可が必要。

① 総会の議決
② **定款**で定めた解散事由の発生（肢(1)）
③ 事業の完成または完成の不能

[問題225] 土地区画整理法

　土地区画整理法に関する次の記述のうち、正しいものはどれか。なお、この問において「組合」とは、土地区画整理組合をいう。

(1)　組合は、定款に別段の定めがある場合においては、換地計画に係る区域の全部について工事が完了する以前においても換地処分をすることができる。

(2)　組合の設立の認可の公告があった日後、換地処分の公告がある日までは、施行地区内において、土地区画整理事業の施行の障害となるおそれがある建築物の新築を行おうとする者は、その組合の許可を受けなければならない。

(3)　組合施行の土地区画整理事業において、施行地区内の宅地について借地権を有する組合員からその借地権の一部のみを承継した者は、その組合の組合員とはならない。

(4)　土地区画整理事業の施行者は、仮換地を指定した場合において、その仮換地に使用又は収益の障害となる物件が存するときでも、その仮換地について使用又は収益を開始することができる日をその仮換地の効力発生の日と別に定めることはできない。

　別段の定めがあれば、工事が完了する以前でもOK。

講義

(1)　正。換地処分は、換地計画に係る区域の全部について土地区画整理事業の工事が完了した後において、遅滞なく、しなければならない。ただし、規準・規約・定款・施行規程に別段の定めがある場合は、換地計画に係る区域の全部について工事が完了する以前においても換地処分ができる。

(2)　誤。施行地区内で、事業の施行の障害となるおそれがある建物を建築したり、土地の造成（土地の区画形質の変更）をしたりすること等は勝手にはできず、**知事**等の許可が必要だ（必要なのは、知事等の許可であって、組合の許可ではない）。　　　　　　　　　　　　　図485頁⑶上の注!

(3)　誤。施行地区内の宅地の所有者と**借地権者**は、すべて組合員となる。そして、これらの者から所有権・借地権の一部のみを承継した者も組合員となる（一部のみを承継した者も、所有者・借地権者だ。だから、組合員になるということ）。　　　　　　　　　　　　　　図482頁⑸ポイント②

(4)　誤。仮換地の使用収益を開始することができるのは、原則として、仮換地の指定の効力発生の日からだ。しかし、例外として、特別の事情があるときは、使用収益を開始することができる日を仮換地の効力発生の日と別に定めることができる。たとえば、仮換地の指定の効力の発生の日が4月1日なら、4月1日から使用収益を開始することができるのが原則だが、例外として、特別の事情があるときは、使用収益を開始することができる日を5月1日から（4月1日とは別の日から）にすることができるということ。　　　　　　　　　　　　　　　　　　図482頁⑶

（**正　解**）(1)

Point!

換地処分
原則　全部についての工事が完了した後において、遅滞なく、しなければならない。

例外　規準・規約・**定款**・施行規程に別段の定めがある場合は、全部について工事が完了する以前でも換地処分ができる（肢(1)）。

［問題226］ 土地区画整理法

土地区画整理法に関する次の記述のうち、誤っているものはどれか。

(1)　土地区画整理組合は、その事業に要する経費に充てるため、賦課金として参加組合員以外の組合員に対して金銭を賦課徴収することができるが、当該組合に対する債権を有する参加組合員以外の組合員は、賦課金の納付について、相殺をもって組合に対抗することができない。

(2)　施行者は、宅地の所有者の申出又は同意があった場合においては、換地計画において、その宅地の全部又は一部について換地を定めないことができるが、その宅地を使用し、又は収益することができる権利を有する者があるときは、換地を定めないことについてこれらの者の同意を得なければならない。

(3)　施行者は、施行地区内の宅地について換地処分を行うため、換地計画を定めなければならない。この場合において、施行者が個人施行者であるときは、その換地計画について市町村長の認可を受けなければならない。

(4)　換地処分の公告があった場合においては、換地計画において定められた換地は、その公告があった日の翌日から従前の宅地とみなされるため、従前の宅地について存した地上権は、換地の上に存続する。

　知事の出番だ。

(1)　正。賦課金とは、事業費が足りなくなったときに組合員に負担してもらうお金のことだ。賦課金が相殺されてしまったら、組合にお金が入ってこなくなるから、組合は困ってしまう。だから、**相殺できない**ことになっている。

(2)　正。施行者は、宅地の所有者の**申出**または**同意**があった場合は、換地計画において、宅地に換地を定めないことができる。この場合において、換地を定めない宅地に地上権や賃借権等の宅地を使用収益することができる権利を有する者がいるときは、施行者は、これらの者の**同意**を得なければならない。

(3)　誤。施行者（区画整理を実施する主体のこと）が、①個人、②土地区画整理組合、③区画整理会社、④市町村等のときは、換地計画について、**知事の認可**を受けなければならない。

(4)　正。換地処分公告の翌日から、換地が**従前の宅地**とみなされる（換地と従前の宅地が入れ替わるイメージを持てば OK だ）。だから、従前の宅地についていた地上権も換地の上に存することになる。　　🔖486頁⑵ ①

正 解 (3)

Point!

┌───┐

　用　語　　参加組合員以外の組合員とは？

フツーの組合員（施行地区内の宅地の所有者・借地権者）だけで、区画整理をやるのは、心細い場合がある。このような場合は、都市再生機構等のスペシャリストに参加してもらえばよい。このスペシャリストのことを「参加組合員」という。

したがって、「参加組合員以外の組合員」とは、「フツーの組合員」のことだ。

①　参加組合員　➡　都市再生機構等のスペシャリストのこと。

②　参加組合員以外の組合員　➡　フツーの組合員（施行地区内の宅地の所有者・借地権者）のこと（肢(1)）。

└───┘

［問題227］ その他の法令

次の記述のうち、正しいものはどれか。

(1) 宅地造成等工事規制区域内において行われる宅地造成等に関する工事の許可を受けた者が、工事施行者を変更しようとするときは、都道府県知事の許可を受けなければならない。

(2) 道路法によれば、道路に一定の工作物、物件又は施設を設けて継続的に道路を使用しようとする場合には、一定の場合を除き、市町村長の許可を受けなければならない。

(3) 文化財保護法によれば、史跡名勝天然記念物の保存に重大な影響を及ぼす行為をしようとする場合には、一定の場合を除き、文化庁長官の許可を受けなければならない。

(4) 都市緑地法によれば、特別緑地保全地区内で建築物の新築を行おうとする場合には、一定の場合を除き、市町村長に届け出なければならない。

 管轄は誰か？　問題文からスナオに考えてみよう。

講 義

(1)　誤。工事の許可を受けた者が、工事の計画に**軽微**な変更（工事主・設計者・**工事施行者**の変更、工事の着手予定年月日・工事の完了予定年月日の変更）をした場合は、遅滞なく、その旨を知事に**届け出**なければならない（許可は不要、届出でよい）。

(2)　誤。要は、誰の許可（誰への届出）が必要なのかがポイントだ。道路法の場合は**道路管理者の許可**が必要だ。『らくらく宅建塾［基本テキスト]』の表を覚えていれば、即、誤りとわかる典型例。　　　🔖487頁 表 ⑦

(3)　正。これも誰の許可（誰への届出）が必要なのかがポイントだ。文化財保護法の場合は、**文化庁長官**の許可が必要だ。　　　🔖487頁 表 ①

(4)　誤。これも誰の許可（誰への届出）が必要なのかがポイントだ。特別緑地保全地区の場合は、**知事等**の許可が必要だ。　　　🔖488頁 表 ④

（正 解）(3)

とにかく、誰の許可（誰への届出）が必要なのかを、『らくらく宅建塾［基本テキスト]』487頁、488頁を利用して**丸暗記**！

[問題228] その他の法令

次の記述のうち、誤っているものはどれか。

(1) 景観法によれば、景観計画区域内において建築物の新築、増築、改築又は移転をした者は、工事着手後14日以内に、その旨を景観行政団体の長に届け出なければならない。

(2) 自然公園法によれば、環境大臣が締結した風景地保護協定は、当該協定の公告がなされた後に当該協定の区域内の土地の所有者となった者に対しても、その効力が及ぶ。

(3) 国土利用計画法によれば、市街化区域内の2,000㎡の土地を時効取得した者は、事後届出を行う必要はない

(4) 海岸法によれば、海岸保全区域内において土石を採取しようとする者は、一定の場合を除き、海岸管理者の許可を受けなければならない。

 届出には、事前の届出と事後の届出がある。

講義

(1)　誤。景観法によれば、景観計画区域内において建築物の新築等をしようとする者は、**あらかじめ**、景観行政団体の長に届け出なければならない。「あらかじめ（事前に）」届け出る必要があるので、本肢は×だ。

(2)　正。「後から引っ越してきた人は、風景地保護協定を守らなくてもOK（協定の効力が及ばない）」というルールだと、協定を作った意味がない。だから、協定の公告がなされた後に引っ越してきた人（土地の所有者となった者）に対しても、協定の**効力が及ぶ**ことになっている。

(3)　正。届出が必要な取引は、所有権・地上権・賃借権を、**対価**を得て、設定・移転する**合意**だ。時効は、対価も合意もないから届出不要。

📖 463頁 ⑨

(4)　正。海岸保全区域内において土石の採取等をしようとする者は、原則として、**海岸管理者の許可**を受けなければならない。　📖 487頁 ⑥

（**正　解**）⑴

Point!

景観法
景観計画区域において、建築物の新築・増築・改築・移転等をしようとする者は、

➡　**あらかじめ（事前に）景観行政団体の長に届け出**なければならない（肢(1)）。

4

第4編

その他の分野

問題数
26問

［問題229］住宅金融支援機構

独立行政法人住宅金融支援機構（以下この問において「機構」という。）に関する次の記述のうち、誤っているものはどれか。

(1) 機構は、証券化支援事業（買取型）において、賃貸住宅の建設又は購入に必要な資金の貸付けに係る金融機関の貸付債権を譲受けの対象としていない。

(2) 証券化支援業務（買取型）に係る貸付金の利率は、機構が定めるため、どの金融機関においても同一の利率が適用される。

(3) 機構は、民間金融機関が貸し付けた住宅ローンについて、住宅融資保険を引き受けることにより、民間金融機関による住宅資金の供給を支援している。

(4) 機構は、高齢者の家庭に適した良好な居住性能及び居住環境を有する住宅とすることを主たる目的とする住宅の改良（高齢者が自ら居住する住宅について行うものに限る。）に必要な資金の貸付けを業務として行っている。

Hint!　利率は金融機関が独自に決める。

464

(1) 正。**自ら**居住する住宅や**親族**が居住する住宅の建設・購入に必要な資金の貸付けに係る金融機関の貸付債権は譲受けの対象となるが、**賃貸**住宅の建設・購入の場合は対象にならない。

(2) 誤。住宅ローンの金利は、取扱金融機関が独自に決める。だから、金利が**異なる**こともある。　　　　　　　　　　　　　　爨491頁 注!

(3) 正。機構は、民間金融機関が貸し付けた住宅ローンについて、**住宅融資保険**を引き受けることにより、民間金融機関による住宅資金の供給を支援している（住宅融資保険とは、住宅ローンが焦げ付いた場合、機構が、銀行等の民間金融機関に保険金を支払う保険のことだ。この保険を業務として行うことにより、銀行等の民間金融機関が行う住宅資金の供給を支援しているということ）。　　　　　　　　　　爨495頁 4. ①

(4) 正。機構は、原則として、直接融資はしてくれない。しかし、例外として、**高齢者**に適した住宅にリフォームするための改良（高齢者が**自ら居住する**住宅について行うものに限る）に必要な資金は、直接融資をしてくれる。　　　　　　　　　　　　　　　　　　爨494頁 (3) ②

（正　解）(2)

Point!

貸付債権が譲受けの対象となるか？

① **自ら**居住する住宅　➡　○

② **親族**が居住する住宅　➡　○

③ 賃貸住宅　　　　　　➡　×　（肢(1)）

［問題230］ 住宅金融支援機構

　独立行政法人住宅金融支援機構（以下この問において「機構」という。）に関する次の記述のうち、誤っているものはどれか。

(1)　機構は、証券化支援事業（買取型）において、住宅の購入に必要な資金の貸付けに係る金融機関の貸付債権の譲受けを業務として行っているが、当該住宅の購入に付随する改良に必要な資金の貸付けに係る貸付債権については、譲受けの対象としていない。

(2)　機構は、あらかじめ貸付けを受けた者と一定の契約を締結し、その者が死亡した場合又は重度障害の状態となった場合に支払われる生命保険金を当該貸付に係る債務の弁済に充てる団体信用生命保険を業務として行っている。

(3)　機構は、高齢者が自ら居住する住宅に対してバリアフリー工事又は耐震改修工事を行う場合に、債務者本人の死亡時に一括して借入金の元金を返済する制度を設けている。

(4)　機構は、貸付けを受けた者が経済事情の著しい変動に伴い、元利金の支払が著しく困難となった場合には、償還期間の延長等の貸付条件の変更をすることはできるが、元利金の支払の免除をすることはできない。

Hint!　購入に付随するなら OK。

講 義

(1) 誤。改良とはリフォームのことだ。住宅の購入に**付随する**住宅の**改良**（購入とセットで行うリフォーム）は譲受けの対象になる。ちなみに、住宅の購入に付随しない改良（単なるリフォーム）は、譲受けの対象にならない。 📖492頁 注! ③

(2) 正。**団体信用生命保険**とは、住宅ローンを組んだ人が、ローンの返済中に死亡したり、重度障害になった場合に、保険会社が本人の代わりに残ったローンを支払う保険のことだ。機構は、団体信用生命保険を業務として行っている。 📖495頁 4. ②

(3) 正。機構は、高齢者が**自ら居住する**バリアフリー工事または耐震改修工事に対する貸付について、「毎月の返済は利息だけでOK、元金は死亡時に一括して返済すればOKですよ」という制度を設けている。 📖494頁 (4) ①

(4) 正。機構は、貸付けを受けた者が経済事情の著しい変動に伴い、元利金の支払が困難になった場合には、貸付けの条件の**変更**または延滞した元利金の支払方法の**変更**をすることができる。しかし、元利金の支払の免除をすることはできない。 📖494頁 (4) ②

(　正　解　)(1)

> Point!
>
> 次の ① ～ ③ のための貸付けは、譲受けの対象となる（機構による買取りの対象となる）。
> ① 住宅の建設に付随する土地・借地権の取得
> ② 住宅の購入に付随する土地・借地権の取得
> ③ 住宅の購入に**付随する**住宅の**改良**（肢(1)）
> 注意！ 「付随しない土地の取得」「付随しない借地権の取得」「付随しない改良」は、譲受けの対象とならない。だから、「付随しない〜」は譲受けの対象とならない、と覚えておこう。

［問題231］ 公示価格

地価公示法に関する次の記述のうち、正しいものはどれか。

(1) 地価公示の標準地は、国土交通大臣が、自然的及び社会的条件からみて類似の利用価値を有すると認められる地域において、土地の利用状況、環境等が通常と認められる一団の土地について選定する。

(2) 地価公示において判定を行う標準地の正常な価格とは、土地について、自由な取引が行われるとした場合において通常成立すると認められる価格をいい、当該土地に、地上権が存する場合には、地上権が存するものとして通常成立すると認められる価格をいう。

(3) 土地鑑定委員会は、標準地の価格を公示したときは、すみやかに、関係市町村の長に対して、公示した事項のうち当該市町村が属する都道府県に存する標準地に係る部分を記載した書面及び当該標準地の所在を表示する図面を送付しなければならない。

(4) 土地鑑定委員会は、標準地の単位面積当たりの正常な価格を判定したときは、すみやかに、標準地及びその周辺の土地の単位面積当たりの価格を官報で公示しなければならない。

 知事に送付するのではない。

(1)　誤。標準地を選定するのは、**土地鑑定委員会**だ。国土交通大臣が選定
　　するのではない。　　　　　　　　　　　　　　　　　📖497頁①

(2)　誤。正常価格とは、投機目的などない、自由な取引が行われる場合に
　　通常成立するはずの価格のことだ。正常価格は土地に、地上権（借地権）
　　が存在する場合には、それらが**存在しないものと仮定して**（純然たる更
　　地として）算定する。　　　　　　　　　　　　　　　📖498頁②

(3)　正。土地鑑定委員会は、公示事項を記載した書面等を**関係市町村長**に
　　送付しなければならない。　　　　　　　　　　　　　📖498頁(4)

(4)　誤。標準地の単位面積（1㎡）当たりの価格の他、標準地と周辺の土地
　　の**利用現況**等も公示するが、周辺の土地の価格までは公示しない。

　　　　　　　　　　　　　　　　　　　　　　　　　　　📖498頁(3)

（**正　解**）(3)

Point!

土地鑑定委員会は、公示事項に記載した書面等を**関係市町村長**に送付し、
関係市町村長は、これを一般の閲覧に供する（肢(3)）。

第4編　その他の分野

[問題232] 公示価格

地価公示法に関する次の記述のうち、正しいものはどれか。

(1) 標準地は、都市計画区域外や国土利用計画法の規定により指定された規制区域内からは選定されない。

(2) 公示価格は、都道府県知事が、各標準地について2人以上の不動産鑑定士の鑑定評価を求め、その平均価格を公示するものである。

(3) 公示価格は、一般の土地の取引価格に対する指標となるものであり、標準地の鑑定評価を行うに当たっては、近傍類地の地代等から算定される推定の価格、いわゆる収益価格を勘案する必要はない。

(4) 地価公示は、毎年1月1日時点の標準地の単位面積当たりの正常な価格を公示するものであり、この公示価格は官報で公示されるほか、関係市町村の一定の事務所において閲覧できる。

 公示価格は、どう公示されるか?

(1)　誤。標準地は、都市計画区域**外**からも選定されるので、本肢は×だ。なお、「規制区域内からは選定されない」という後半部分は○だ。　　〓 497頁 (1)

(2)　誤。公示価格を公示するのは、**土地鑑定委員会**だ。知事ではない。また、土地鑑定委員会は 2 人以上の不動産鑑定士に鑑定評価を依頼するが、その平均価格を公示価格とするのではなく、鑑定評価を参考にして公示価格を決定することになっている。　　〓 497頁 １

(3)　誤。標準地の鑑定評価を行うにあたっては、①近傍類地の取引価格②**近傍類地の地代**（近傍類地の地代等から算定される推定の価格）③同等の効用を有する土地の造成費用を勘案して行わなければならない。

〓 497頁 １

(4)　正。公示価格とは、基準日（1 月 1 日）における、標準地の単位面積（1㎡）当たりの価格だ。それは、毎年 1 回官報に公示されるが、そのほか、**関係市町村の一定の事務所**でも閲覧できる。　　〓 498頁 (3)、(4)

（正　解）(4)

Point!

――**官報に公示**――

土地鑑定委員会は、毎年 1 回、官報に正常価格（公示価格）を公示する。

公示事項……基準日（1 月 1 日）、標準地の単位面積（1㎡）当たりの価格の他、周辺の土地の**利用現況**等も公示するが、周辺の土地の**価格**までは公示しない（肢(4)）。

↓

――**関係市町村に送付**――

土地鑑定委員会は、公示事項を記載した書面及び図面を関係市町村長に送付し、関係市町村長は、これを一般の閲覧に供する（肢(4)）。

重要度 銀

［問題233］鑑定評価

不動産の鑑定評価に関する次の記述のうち、誤っているものはどれか。

(1)　取引事例比較法は、まず多数の取引事例を収集して適切な事例の選択を行い、これらに係る取引価格に必要に応じて事情補正及び時点修正を行い、かつ、地域要因の比較及び個別的要因の比較を行って求められた価格を比較考量し、これによって対象不動産の試算価格を求める手法である。

(2)　取引事例比較法における取引事例は、原則として近隣地域又は同一需給圏内の類似地域に存する不動産に係るもののうちから選択するものとし、必要やむを得ない場合には近隣地域の周辺の地域に係るもののうちから、選択するものとする。

(3)　市場における土地の取引価格の上昇が著しいときは、その価格と収益価格との乖離が増大するものであるので、先走りがちな取引価格に対する有力な験証手段として、収益還元法を活用すべきである。

(4)　原価法は、対象不動産が建物及びその敷地である場合において、再調達原価の把握及び減価修正を適切に行うことができるときに有効な手法であるが、対象不動産が土地のみである場合には、この手法を適用することはできない。

Hint!　具体例を思い浮かべることができれば勝ち！

(1) 正。取引事例比較法とは、似たような不動産がいくらで取引されたか
を調べ、その取引価格に一定の**補正**（⑱３年前の事例なら３年分の価格
変動を考慮）をして、目的の不動産の価格（**比準価格**）を求める方法だ。
それをもっと正式に表現すると本肢のようになる。

(2) 正。かけ離れた事例では比較の対象とならないから、できるだけよく
似た事例を探しなさいという話。当たり前のことだ。

(3) 正。取引価格が著しく上昇したとき、その取引価格が土地の本当の価
値を反映しているとは限らない。不動産の真価というものは**収益性**（ど
れだけ儲かるか）にかかっているから、地価が高騰したときには収益還
元法を活用しなさい、ということ。

(4) 誤。対象不動産が土地のみである場合においても、**再調達原価を適切
に求めることができるとき**（⑱埋立地・造成地）は、適用できる。なお、
前半部分の記述は正しい。

以上全体につき、📖 500 頁以下

（**正 解**）(4)

間違えても気にしないこと。先へ進め！

［問題234］ 不当景品類及び不当表示防止法

　宅地建物取引業者が行う広告に関する次の記述のうち、不当景品類及び不当表示防止法（不動産の表示に関する公正競争規約を含む。）の規定によれば、正しいものはどれか。

(1)　新築分譲マンションの販売広告において、管理費が住戸により異なる場合、全ての住戸の管理費を示すことが広告スペースの関係で困難なときには、1住戸当たりの月額の最低額及び最高額を表示すれば、不当表示とはならない。

(2)　宅地の販売広告において、その宅地が建築基準法に規定する道路に2m以上接していないときには、その広告に「建築物の建築制限あり」という表示をすれば、不当表示とはならない。

(3)　割賦販売の支払条件についての金利を販売広告に記載する場合において、アドオン方式による利率の記載があれば、実質利率の記載がなくとも、不当表示とはならない。

(4)　徒歩による所要時間について、道路距離100mについて1分間を要するものとして算出した数値を販売広告に記載した場合、不当表示とはならない。

　アイマイな数値なら出さない方がマシ！

(1) 正。住戸により管理費が異なる場合において、その全ての住戸の管理費を示すことが困難であるときは、**最低額及び最高額のみで表示すること**ができる。 📖504頁(3)②注!

(2) 誤。建築基準法上の道路に2m以上接していない土地には建築できない。だから、原則として、「**再建築不可**」または「**建築不可**」と表示しなければならない。 📖503頁(1)③

(3) 誤。アドオン方式の利率のみの表示では、実際より有利と誤認されるおそれがあるので、不当表示となる。だから、**実質利率を表示しなけれ**ばならない。

(4) 誤。徒歩による所要時間は、道路距離**80m**につき**1分間**を要するものとして算出した数値を表示し、1分未満の端数は1分として計算することとされている。 📖503頁(2)①、注!

（ 正 解 ）(1)

Advice

徒歩による所要時間は、直線距離ではなく**道路距離**で算出した数値を表示する。なお、**80m**と**1分間**という数字は覚えておくしかない（肢(4)）。

□□□□□□

［問題235］ 不当景品類及び不当表示防止法

　宅地建物取引業者が行う広告に関する次の記述のうち、不当景品類及び不当表示防止法（不動産の表示に関する公正競争規約を含む。）の規定によれば、正しいものはどれか。

(1)　私道負担部分が含まれている分譲宅地を販売する際、私道負担の面積が全体の面積の10％未満であれば、私道負担部分がある旨及びその面積を表示する必要はない。

(2)　建築基準法第42条第2項の規定により道路とみなされる部分（セットバックを要する部分）を含む土地については、その旨を表示し、セットバックを要する部分の面積がおおむね10％以上である場合は、併せてその面積を明示しなければならない。

(3)　建物の広告を行う場合は、建物が居住の用に供されたことがないときでも、その建物が建築工事完了後6カ月を経過しているときは「新築」と表示することはできない。

(4)　傾斜地を含む土地であって、傾斜地の割合が当該土地面積のおおむね10％以上を占める場合は、傾斜地を含む旨及び傾斜地の割合又は面積を明示しなければならない。

自分で使えないところが、たくさんあるなら……。

(1)　誤。私道負担のある土地の広告では、私道負担部分がある旨と**面積**を表示しないと不当表示となる。たとえ、僅かでも私道負担があるなら表示しなければならないので、本肢は×だ。　　　　　　　📖503頁⑥

(2)　正。セットバックを要する部分の面積がおおむね 10%以上である場合は、その面積についても明示する必要がある。

(3)　誤。建築工事完了後 **1 年未満**で**未使用**の建物ならば、新築と表示できる。だから、6 カ月を経過しているときは「**新築**」と表示することはできない、と言い切っている本肢は×だ。　　　　　　　📖503頁⑵②

(4)　誤。**傾斜地**の割合が土地面積のおおむね 30% 以上を占める場合（マンション及び別荘地等を除く）は、傾斜地を含む旨および傾斜地の割合または面積を明示する必要がある。　　　　　　　📖503頁⑤

（**正 解**）⑵

セットバックを含む土地（肢⑵）
①　**その旨**（セットバックを含む旨）を表示しなければならない。
②　そして、セットバックを要する部分の面積がおおむね 10%以上の場合は、その面積についても明示する必要がある。

［問題236］ 不当景品類及び不当表示防止法

　宅地建物取引業者が行う広告に関する次の記述のうち、不当景品類及び不当表示防止法（不動産の表示に関する公正競争規約を含む。）の規定によれば、正しいものはどれか。

(1)　高圧線下にある土地を販売する際、新聞折込ビラに高圧線下にある旨を表示しなくても、不当表示となるおそれはない。

(2)　実際には存在しない物件について、新聞折込ビラで広告をしても、広告の物件と同程度の物件を準備していれば、不当表示となるおそれはない。

(3)　不動産物件について表示する場合、当該物件の近隣に、現に利用できるデパートやスーパーマーケットやコンビニエンスストア等の商業施設が存在することを表示するときは、当該施設までの徒歩所要時間を明示すれば、道路距離は明示せずに表示しても、不当表示となるおそれはない。

(4)　未使用の建物について、新聞折込ビラで「新築」と表示する場合、建築工事完了後1年6カ月のものであれば不当表示となるおそれはない。

　消去法でいこう！

(1)　誤。土地の全部または一部が**高圧線下**にあるときは、その旨とそのおおむねの面積を表示しないと不当表示となる。　　　　　　　**503頁**(1)①

(2)　誤。実際には存在しない物件を広告しているのだから、**おとり広告**だ。たとえ、同程度の物件を準備していても、存在しない物件を広告したらダメだ（不当表示となる）。　　　　　　　　　　　　　　**504頁**④

(3)　正。デパート・スーパーマーケット・コンビニエンスストア・商店等の商業施設は、現に利用できるものを物件からの道路距離または**徒歩所要時間**を明示して表示しなければならない（「または」であって「及び」ではない。どちらか一方を明示すれば OK だ）。

(4)　誤。新築という文言は、建築工事完了後**1年未満**であって、使用されたことが**ない**ものであるという意味で用いなければならない。建築後1年6カ月を経過している建物について「新築」と表示した場合、不当表示となる。　　　　　　　　　　　　　　　　　　**503頁**(2)②

（**正　解**）(3)

Point!

土地の全部または一部が**高圧線下**にあるとき
➡　その旨とそのおおむねの面積を表示することが必要（肢(1)）。
注意!　建物の建築が禁止されているときは、併せてその旨を明示することが必要。

[問題237] 不当景品類及び不当表示防止法

宅地建物取引業者がインターネット不動産情報サイトにおいて行った広告表示に関する次の記述のうち、不当景品類及び不当表示防止法（不動産の表示に関する公正競争規約を含む。）の規定によれば、正しいものはどれか。

(1) 住宅ローンについて、金融機関の名称並びに借入金の利率及び利息を徴する方式又は返済例を明示して表示したが、融資限度額については表示しなかった。この広告表示が不当表示に問われることがある。

(2) 新築分譲マンションが、公園から直線距離で500m以内に所在していたので、当該新築分譲マンションの名称に、当該公園の名称を使用して掲載した。この広告表示が不当表示に問われることはない。

(3) 新築住宅について、当該新築住宅の近隣に、現に利用できるデパートやスーパーマーケット等の商業施設が存在したので、当該施設が存在することを、当該施設までの徒歩所要時間を明示して表示したが、当該施設までの道路距離は表示しなかった。この広告表示が不当表示に問われることがある。

(4) 分譲宅地（30区画）について、パンフレットには全区画の土地の面積及び私道負担面積を表示したが、インターネット広告には全区画の土地面積及び私道負担面積のうち、最小面積及び最大面積のみを表示した。この広告表示が不当表示に問われることはない。

Hint! パンフレットとインターネットでルールが違う。

講義

(1) 誤。住宅ローンについては ① **金融機関の名称・商号または都市銀行・地方銀行・信用金庫等の種類**、② 借入金の利率及び利息を徴する方法または**返済例**を明示して表示しなければならない。しかし、融資限度額を表示する必要はない。

(2) 誤。物件が公園、庭園、旧跡その他の施設または海（海岸）、湖沼、河川の岸・堤防から直線距離で **300m** 以内に所在している場合は、物件にこれらの施設の名称を用いることができる（たとえば、マンションから 300m 以内にA公園があった場合は、A公園マンションという名称を用いることができる）。

(3) 誤。デパート、スーパーマーケット、コンビニエンスストア、商店等の商業施設は、現に利用できるものを物件からの**道路距離**または**徒歩所要時間**を明示して表示しなければならない。道路距離か徒歩所要時間のどちらか一方で OK なので、本肢が不当表示に問われることはない。

(4) 正。分譲宅地の広告については、**パンフレット等**には、**全区画の土地の面積と私道負担面積**を表示する必要があるが、パンフレット等**以外**（新聞折込みチラシ、新聞・雑誌広告、**インターネット広告**等）には、**最小面積**と**最大面積**のみの表示で OK だ。

以上全体につき、📖 502 頁 以下

（**正 解**）(4)

分譲宅地の広告

① パンフレット等 ➡ **全区画の土地の面積と私道負担面積の表示が必要**（肢(4)）。

② パンフレット等**以外** ➡ **最小面積**と**最大面積**のみの表示で OK。

注意！ パンフレット等以外とは、新聞・雑誌広告、新聞折込みチラシ、**インターネット広告**等のこと（肢(4)）。

［問題238］ 土　　　地

　土地の地形に関する次の記述のうち、最も不適当なものはどれか。

⑴　地形図で見ると、急傾斜地では等高線の間隔は疎になっているのに対し傾斜が緩やかな土地では等高線の間隔は密となっている。

⑵　地すべり地については、上部は急斜面、中部は緩やかな斜面、下部には末端部に相当する急斜面があり、等高線は乱れて表れることが多い。

⑶　軟弱地盤は、盛土をすると隣接する既設構造物に影響を及ぼすことがある。

⑷　段丘は、水はけがよく、地盤が安定していることが多い。

 等高線の間隔は？

(1) 不適当。急傾斜地では、等高線の間隔が密であり、傾斜が緩やかな土地では、等高線の間隔が疎（等高線の間隔が広いということ）だ。

(2) 適　当。地すべり地では、等高線は乱れて表れることが多い。

(3) 適　当。軟弱地盤に盛土をすると、隣接する既設構造物に影響を及ぼすことが多い。

(4) 適　当。段丘は、水はけがよく地盤が安定し、自然災害に対して安全度の高いところだ。

以上全体につき、🗾506頁 以下

（正　解）(1)

土地に関する問題は常識で答えるようにしよう。

[問題239] 土　　　地

　土地に関する次の記述のうち、最も不適当なものはどれか。

(1)　低地は、一般に洪水や地震などに対して強く、防災的見地からは住宅地として好ましい。

(2)　台地は、一般に地盤が安定しており、低地に比べ自然災害に対して安全度が高い。

(3)　山地は、地形がかなり急峻で、大部分が森林となっている。

(4)　旧河道は軟弱で水はけの悪い土が堆積していることが多く、地震による地盤の液状化対策が必要である。

 川が氾濫したら……

(1)　不適当。低地は、一般に洪水や地震などに対して**弱い**（前半は不適当）、だから、防災的見地からは住宅地として**好ましくない**（後半も不適当）。

(2)　適　当。台地は、一般に**地盤**が**安定**している（前半は適当）、だから、低地に比べ自然災害に対して安全度が**高い**（後半も適当）。

(3)　適　当。山地は地形がかなり急峻（傾斜が急でけわしいこと）である（前半は適当）。そして、大部分が**森林**となっている（後半も適当）。

(4)　適　当。旧河道（昔、河川だった所）は、**軟弱**で水はけの悪い土が堆積していることが多い（前半は適当）。だから、地震の際に**液状化**が発生しやすい。したがって、**液状化**対策が必要である（後半も適当）。

以上全体につき、 506 頁 以下

正　解　(1)

第
4
編

その他の分野

Point!

低地について

① 　国土面積の約 13％を占める。

② 　大部分が水田や**宅地**として利用されている。

③ 　**大都市**の大部分は低地に立地している。

④ 　ここ数千年の間に形成され、湿地や旧河道であった若い**軟弱な地盤**の地域がほとんどである。

⑤ 　一般に洪水や**地震**などに対して**弱い**。だから、防災的見地からは住宅地として**好ましくない**（肢(1)）。

［問題240］ 建　　物

建物の構造に関する次の記述のうち、最も不適当なものはどれか。

⑴　集成木材構造は、集成木材で骨組を構成したもので、体育館等の大規模な建物にも使用されている。

⑵　鉄骨構造は、主要構造の構造形式にトラス、ラーメン、アーチ等が用いられ、高層建築の骨組に適している。

⑶　鉄筋コンクリート構造は、耐火性、耐久性があり、耐震性、耐風性にも優れた構造だ。

⑷　組積式構造は、耐震性は優れているものの、熱、音等を遮断する性能は劣っている。

 話が逆になっているのが正解肢。

(1)　適　当。集成木材構造は、集成木材で骨組を構成したものだ（前半は適当）。そして、体育館等の**大規模**な建物にも使用されている（後半も適当）。ちなみに、集成木材とは、単板等を接着剤で張り合わせたもので、伸縮・変形・割れ等の生じにくい強度の高い加工木材だ。

(2)　適　当。鉄骨構造は、主要構造の構造形式にトラス、ラーメン、アーチ等が用いられる（前半は適当）。また、自重が小さく（軽いということ）、靱性（粘り強いということ）が大きいから、**高層建築の骨組に適している**（後半も適当）。

(3)　適　当。鉄筋コンクリート構造は、**耐火性**、耐久性があり、**耐震性**、耐風性にも優れた構造だ。

(4)　不適当。組積式構造は、耐震性は**劣る**（前半は不適当）。しかし、熱、音等を遮断する性能は**優れている**（後半も不適当）。

以上全体につき、📖507頁 以下

（正　解）(4)

Point!

組積式構造（肢(4)）

　①　遮熱性　➡　○

　②　遮音性　➡　○

　③　耐震性　➡　×

[問題241] 建　　物

建物の構造に関する次の記述のうち、最も不適当なものはどれか。

(1) 木造は湿気に弱い構造であり、地盤面からの基礎の立上がりを十分にとる必要がある。

(2) 集成木材構造は、集成木材で骨組を構成したもので、体育館等の大規模な建物にも使用されている。

(3) 鉄筋コンクリート構造は、耐火性、耐久性はあるが、耐震性、耐風性には優れていない構造である。

(4) 鉄骨構造は、不燃構造ではあるが、火熱による耐力の低下が比較的大きいので、耐火構造にするためには、耐火材料で被覆する必要がある。

鉄筋コンクリート構造は、色々な面で優れている。

講義

(1) 適　当。木材は湿気に**弱い**。だから、木造は湿気に弱い構造だ。したがって、地盤面からの基礎の立上がりを十分にとる必要がある。

(2) 適　当。集成木材構造は、集成木材で骨組を構成したもので、**大規模な建物**（⑳　体育館）にも使用されている。

(3) 不適当。鉄筋コンクリート構造は、耐火性、耐久性があり、耐震性、耐風性にも**優れている**。

(4) 適　当。鉄骨構造は、不燃構造だ。ただし、熱に弱いので、耐火構造にするためには、**耐火材料**による被覆が必要だ。

以上全体につき、📖 507 頁 以下

（　**正　解**　）(3)

Point!

鉄骨構造

① **不燃**構造である。

② **耐火**構造ではない。｜注意！｜

｜注意！｜　耐火構造にするためには、**耐火材料**による被覆が必要だ（肢(4)）。

［問題242］ 不動産取得税

不動産取得税に関する次の記述のうち、正しいものはどれか。

(1) 令和6年4月に住宅を取得した場合、不動産取得税の税率は3％であるが、住宅用地を取得した場合、不動産取得税の税率は4％である。

(2) 令和6年4月に宅地を取得した場合、当該取得に係る不動産取得税の課税標準は、当該宅地の価格の3分の1の額とされる。

(3) 不動産取得税は、相続、贈与及び法人の合併により不動産を取得した場合には課されない。

(4) 不動産取得税は、不動産の取得に対して、当該不動産の所在する都道府県において課する税であり、その徴収は普通徴収の方法によらなければならない。

 不動産取得税は、都道府県税だ。

講義

(1)　誤。住宅を取得した場合は、税率は**3％**だ（前半は○）。また、土地を取得した場合は、税率は**3％**だ（後半が×）。ちなみに、住宅以外の家屋（店舗や事務所など）を取得した場合は、税率は**4％**だ。

　　　　　　　　　　　　　　　　　　　　　　🔖510頁 **1** **2** 注!

(2)　誤。宅地を取得した場合は、課税標準が$\frac{1}{2}$になる。　　🔖511頁 (2)

(3)　誤。**相続**と法人の合併の場合は、不動産取得税は課されない。しかし、贈与の場合は、課されるので本肢は×だ。　　🔖513頁 (2) 3 注1

(4)　正。不動産取得税は、不動産が存在する**都道府県**に収める（前半は○）。また、不動産取得税の納付方法は**普通徴収**だ（納税者に納税通知書が送られてくる。そして納税者はそれにしたがって、税金を納める。後半も○）。

　　　　　　　　　　　　　　　　　　　　　🔖512頁 注2、(1)

　　　　　　　　　　　　　　　　　　　　（**正　解**）(4)

Point!

不動産取得税の税率

1　住宅　　　　　　　➡　**3％**（肢(1)）

2　住宅以外の家屋　➡　**4％**

3　土地　　　　　　　➡　**3％**（肢(1)）

[問題243] 不動産取得税

　不動産取得税に関する次の記述のうち、正しいものはどれか。

(1)　家屋が新築された日から一定の期間が経過しても最初の使用又は譲渡が行われないときは、当該期間が経過した日に家屋が取得されたものとみなして、当該不動産の所有者に不動産取得税が課税される。

(2)　不動産取得税は、相続による不動産の取得についても課税される。

(3)　不動産取得税は、不動産の取得に対し、その不動産の所在する市町村が課する税である。

(4)　宅地については、不動産取得税の課税標準の特例はない。

　不動産の「取得」に当たるものは何か？

(1)　正。新築後 **6 カ月**（ただし、業者が新築した場合には、**1 年**）経過しても、新築建物の使用も譲渡{じょうと}も行われない場合には、新築した者に不動産取得税が課される。　　　　　　　　　　　　　　　🔖513頁 注2

(2)　誤。相続の場合には、**相続税**が課されるから、不動産取得税は課されない。　　　　　　　　　　　　　　　　　　　　　　　🔖513頁 注1

(3)　誤。市町村ではなく、**都道府県**だ。　　　　　🔖512頁(1)

(4)　誤。宅地（住宅用地）を取得した場合には、課税標準が $\frac{1}{2}$ になるという特例がある。　　　　　　　　　　　　　　　　　　　🔖511頁(2)

正　解 (1)

肢(1)の補足説明

業者が建売住宅を新築した場合には、業者ではなく買主が不動産取得税を納めるのが自然だ。そこで、新築家屋については、

① **最初に使用された日**、または、

② **譲渡された日**

の所有者に不動産取得税が課されることになっている。

もっとも、売るために新築したのに、いつまでたっても売れない場合、永久に不動産取得税を納めなくてよい、としてはおかしい。そこで、

➡ 新築後 **6 カ月**（ただし、業者が新築した場合には、**1 年**）経過しても、使用も譲渡もない場合には、新築した者に不動産取得税が課される。

[問題244] 不動産取得税

不動産取得税に関する次の記述のうち、誤っているものはどれか。

(1) 不動産取得税は、不動産の取得に対し当該不動産の所在する都道府県において、課税される。

(2) 共有物の分割による不動産の取得については、当該不動産の取得者の分割前の当該共有物に係る持分の割合を超えない部分の取得であれば、課税されない。

(3) 不動産取得税は、相続及び法人の合併により不動産を取得した場合には課税されない。

(4) 不動産取得税の徴収は、申告納付の方法によることとされている。

 不動産取得税に関する基本的な問題。

(1) 正。不動産取得税を課税するのは、当該不動産の所在する**都道府県**である。ちなみに、海外で取得した不動産には、不動産取得税は課税されない。　　　　　　　　　　　　　　　　　　　　　　　　📖512頁(1)

(2) 正。共有物の分割による不動産の取得の場合は、分割前の持分の割合を超える部分の取得の時に、不動産取得税が**課される**。だから、超えない部分の取得のときは、不動産取得税は課されない。

(3) 正。不動産取得税が課されるのは、①売買②交換③贈与④新築増改築の場合だ。**相続**、法人の合併の場合は、不動産取得税は課されない。

　　　　　　　　　　　　　　　　　　　　　　　　📖513頁注1

(4) 誤。不動産取得税の納付方法は**普通徴収**だ（納税者に納税通知書が送られてくる。そして納税者はそれにしたがって、税金を納める）。申告納付ではないので、本肢は×だ。　　　　　　　　　📖512頁注2

（**正　解**）(4)

第4編　その他の分野

Point!

不動産取得税の課税主体　➡　**都道府県**（肢(1)）

［問題245］ 不動産取得税

不動産取得税に関する次の記述のうち、正しいものはどれか。

(1) 包括遺贈による不動産の取得については、不動産取得税が課される。

(2) 家屋を改築したことにより、当該家屋の価格が増加した場合には、当該改築をもって家屋の取得とみなして、不動産取得税が課される。

(3) 不動産取得税の課税標準となるべき額が、土地の取得にあっては10万円、家屋の取得のうち建築に係るものにあっては1戸につき12万円、その他のものにあっては1戸につき23万円に満たない場合においては、不動産取得税が課されない。

(4) 令和6年4月に取得した床面積250㎡である新築住宅に係る不動産取得税の課税標準の算定については、当該新築住宅の価格から1,200万円が控除される。

 価格が増加したら、不動産取得税が課される。

(1)　誤。包括遺贈の場合は、不動産取得税は**課されない**。ちなみに、包括遺贈とは、割合を指定して行う遺贈のことだ（⑳「全財産の 1/3 を A に遺贈する」➡この場合、A には不動産取得税は課されない）。

(2)　正。改築の場合は、価格が**増加**したら、増加した価格を課税標準として、不動産取得税が課される（⑳ 改築によって 500 万円価格が増加したら、500 万円を課税標準として、不動産取得税が課される）。

📚513頁 注3

(3)　誤。あまりに安い不動産を取得した場合にまで、いちいち課税する必要もないだろうということで、土地の場合は **10 万円**、家屋の取得のうち建築に係るもの（新築・増改築のこと）は、1 戸につき **23 万円**、その他の家屋の取得（売買・交換・贈与のこと）は 1 戸につき **12 万円**が免税点となっている（この金額未満の場合は、不動産取得税は課されない）。

📚513頁 (3)

(4)　誤。床面積が 50㎡以上（一戸建て以外の新築の貸家住宅については 40㎡以上）240㎡以下の新築住宅を取得した場合には、課税標準が 1,200 万円引きになる。本肢の新築住宅は 250㎡だから 1,200 万円引きにならない。

📚511頁 (1)

正　解 (2)

第4編　その他の分野

Point!

改築　➡　価格が**増加**したら、増加した価格を課税標準として、不動産取得税が**課される**（肢(2)）。

[問題246] 固定資産税

固定資産税に関する次の記述のうち、地方税法の規定によれば、正しいものはどれか。

(1) 固定資産税の納期は、4月、7月、12月及び2月と定められており、市町村はこれと異なる納期を定めることはできない。

(2) 土地に対して課する固定資産税の納税者が、その納付すべき当該年度の固定資産税に係る土地について土地課税台帳等に登録された価格と当該土地が所在する市町村内の他の土地の価格とを比較することができるよう、当該納税者は、土地価格等縦覧帳簿をいつでも縦覧することができる。

(3) 固定資産税の納税者は、その納付すべき当該年度の固定資産課税に係る固定資産について、固定資産課税台帳に登録された価格について不服があるときは、一定の場合を除いて、文書をもって、固定資産評価審査委員会に審査の申出をすることができる。

(4) 区分所有に係る家屋の敷地の用に供されている土地に対して課される固定資産税は、各区分所有者が連帯して納税義務を負う。

 価格に不満あるときは、固定資産評価審査委員会に泣きつくことができる。

講義

(1)　誤。固定資産税の納期は、４月、７月、12月、２月中において、市町村の条例で定めるのが原則だ。ただし、例外として、**特別の事情がある**場合は、これと異なる納期を定めることができる。だから、「これと異なる納期を定めることはできない」とある本肢は×だ。

(2)　誤。縦覧帳簿（土地価格等縦覧帳簿・家屋価格等縦覧帳簿）を縦覧できるのは（見ることができるのは）、「４月１日」から「**４月20日**または最初の納期限のいずれか遅い日以後の日」までだ。だから、「いつでも縦覧できる」とある、本肢は×だ。

(3)　正。固定資産税の納税者は、固定資産課税台帳に登録された**価格**について不服があるときは、一定の場合を除いて、文書をもって、**固定資産評価審査委員会**に審査の申出をすることができる。

(4)　誤。区分所有に係る家屋（区分所有建物）の敷地に対して課される固定資産税は、各区分所有者が共有持分の割合で独立して（**連帯せずに**）納税義務を負う。

514頁　区分所有建物の敷地

（正　解）(3)

Point!

固定資産課税台帳と縦覧帳簿（土地価格等縦覧帳簿・家屋価格等縦覧帳簿）
[1]　固定資産課税台帳　➡　いつでも閲覧できる。
[2]　縦覧帳簿　　　　　➡　「４月１日」〜「**４月20日**または最初の納期限の日のいずれか遅い日以後の日」までの間、縦覧できる（肢(2)）。

[問題247] 固定資産税

固定資産税に関する次の記述のうち、正しいものはどれか。

(1) 固定資産税の徴収については、特別徴収の方法によらなければならない。

(2) 市町村は、1.7％を超える税率で固定資産税を課することができない。

(3) 住宅用地のうち小規模住宅用地に対して課する固定資産税の課税標準は、当該小規模住宅用地に係る固定資産税の課税標準となるべき価格の6分の1の額である。

(4) 市町村は、財政上その他特別の必要がある場合を除き、同一の者について当該市町村の区域内におけるその者の所有に係る土地又は家屋に対して課する固定資産税の課税標準となるべき額が土地にあって20万円、家屋にあっては30万円に満たない場合においては、固定資産税を課することができない。

小規模住宅用地→200㎡以下の部分のこと。

(1) 誤。固定資産税の徴収方法は、**普通徴収**だ（納税者に納税通知書が送られてくる。そして納税者はそれにしたがって、税金を納める）。

512頁 注2

(2) 誤。固定資産税の標準税率は **1.4%** だ。ただし、市町村は、この税率を超える税率を定めることができる。だから、1.7%を超える税率も OK だ。

515頁 4.

(3) 正。住宅用地の課税標準は、200㎡以下の部分（小規模住宅用地）は、$\frac{1}{6}$ になる。ちなみに、200㎡を超える部分は、$\frac{1}{3}$ になる。

515頁 住宅用地の課税標準の特例

(4) 誤。土地の場合は **30万円**、家屋の場合は **20万円** が免税点となっている（この金額未満の場合は、固定資産税は課されない）。

515頁 3.

（正 解）(3)

第4編 その他の分野

Point!

免税点（この金額未満の場合は、固定資産税は課されない）
同じ市町村内において、同じ者が所有する固定資産の課税標準の合計が、
① 土地 ➡ **30万円**（肢(4)）
② 家屋 ➡ **20万円**（肢(4)）

[問題248] 所 得 税

所得税法に関する次の記述のうち、正しいものはどれか。

(1) 居住用家屋で居住期間が 30 年以上のものを譲渡した場合、その家屋の所有期間が 10 年以下であれば、特定の居住用財産の買換えの場合の課税の特例の適用は受けられない。

(2) 個人からの贈与により取得した土地を譲渡した場合のその譲渡所得の金額の計算上控除される土地に係る取得費は、その贈与を受けたときの時価とされる。

(3) 所有期間が 10 年を超える居住用財産である建物とその敷地の譲渡による譲渡所得については、他の所得と分離して、10％と 20％の 2 段階の税率で、所得税が課税される。

(4) 複数の土地の譲渡につき 2 種類以上の特別控除の適用がある場合の特別控除の総額は、収用等の場合の特別控除の適用の有無にかかわらず、3,000 万円までとされる。

 爺は、いい頃に売って、午後買った。

講　義

(1)　正。特定の居住用財産の買換え特例を受けるためには、譲渡した年の１月１日における所有期間が **10年を超える**ことが必要だ。　　　📖 520頁(2)

(2)　誤。贈与を受けた土地を譲渡した場合には、**贈与者の取得費**を贈与を受けた者の取得費とみなすことになっている。時価ではない。

📖 517頁(3)①

(3)　誤。所有期間が10年を超える居住用の土地建物を譲渡した場合の譲渡所得の税率は、譲渡所得金額のうち、① 6,000万円以下の部分については10％、② 6,000万円を超える部分については、15％とされている。20％ではない。なお、これは、他の所得と分離して課税される。

📖 518頁 3.

(4)　誤。複数の特別控除の適用がある場合、収用等の場合の特別控除の適用の有無にかかわらず、特別控除の総額は **5,000万円**までだ。

📖 521頁 7.

（ 正　解 ）(1)

> **特定の居住用財産の買換え特例を受けるための７つの要件**
>
> ①　**10年超所有**……譲渡した年の１月１日における所有期間が10年を超えていること（肢(1)）。
> ②　**10年以上居住**……譲渡者本人が、そこに10年以上居住していること。
> ③　**対価の額が１億円以下**……譲渡資産の対価の額が１億円以下であること。
> ④　**家族等以外に譲渡**……配偶者、直系血族、同族会社等以外の者に譲渡したこと。
> ⑤　**敷地面積500㎡以下**……買換え資産の敷地の面積が500㎡以下であること。
> ⑥　**床面積50㎡以上**……買換え資産の家屋の床面積が50㎡以上であること。
> ⑦　**築後25年以内**……買換え資産が中古である場合、建築後25年以内であること（ただし、一定の耐震基準に適合している場合は、25年を超えていてもOKだ）。

☐☐☐☐☐

[問題249] 所 得 税

　居住用財産を譲渡した場合における譲渡所得の課税に関する次の記述のうち、誤っているものはどれか。

(1)　譲渡した年の1月1日において所有期間が10年を超える居住用財産を譲渡した場合において、特定の居住用財産の買換えの場合の長期譲渡所得の課税の特例の適用を受けるときは、居住用財産を譲渡した場合の軽減税率の特例の適用を受けることができない。

(2)　譲渡した年の1月1日において所有期間が10年を超える居住用財産を譲渡した場合において、特定の居住用財産の買換えの場合の長期譲渡所得の課税の特例の適用を受けるときは、居住用財産の譲渡所得の特別控除の適用を受けることはできない。

(3)　譲渡した年の1月1日において所有期間が10年を超える居住用財産を譲渡した場合において、居住用財産を譲渡した場合の軽減税率の特例の適用を受けるときは、居住用財産の譲渡所得の特別控除の適用を受けることはできない。

(4)　譲渡した年の1月1日において所有期間が5年を超える居住用財産を譲渡した場合において、居住用財産の譲渡所得の特別控除の適用を受けるときは、優良住宅地の造成等のために土地等を譲渡した場合の長期譲渡所得の課税の特例の適用を受けることはできない。

 優遇し過ぎてはダメ。

(1) 正。特定の居住用財産の買換えの場合の長期譲渡所得の課税の特例（特定の居住用財産の買換え特例のこと）と、居住用財産を譲渡した場合の軽減税率の特例（居住用財産の長期譲渡所得の軽減税率のこと）は重ねて適用を受けることができない。

(2) 正。特定の居住用財産の買換えの場合の長期譲渡所得の課税の特例（特定の居住用財産の買換え特例のこと）と、居住用財産の譲渡所得の特別控除（居住用財産を譲渡した場合の 3,000万円の特別控除のこと）は重ねて適用を受けることができない。

(3) 誤。居住用財産を譲渡した場合の軽減税率の特例（居住用財産の長期譲渡所得の軽減税率のこと）と、居住用財産の譲渡所得の特別控除（居住用財産を譲渡した場合の 3,000万円の特別控除のこと）は重ねて適用を受けることができる。

(4) 正。居住用財産の譲渡所得の特別控除（居住用財産を譲渡した場合の 3,000万円の特別控除のこと）と、優良住宅地の造成等のために土地等を譲渡した場合の長期譲渡所得の課税の特例は重ねて適用を受けることができない。

以上全体につき、📖 522 頁、9.

正 解 (3)

Point!

次の①〜③は、重ねて適用を受けることができるか？
① 居住用財産の長期譲渡所得の軽減税率
② 居住用財産を譲渡した場合の 3,000万円の特別控除
③ 特定の居住用財産の買換え特例

①と② ➡ ○（肢(3)）
①と③ ➡ ×（肢(1)）
②と③ ➡ ×（肢(2)）
○＝受けることができる、×＝受けることができない

［問題250］ 登録免許税

登録免許税に関する次の記述のうち、誤っているものはどれか。

(1) 登録免許税の納税義務者は、登記等を受ける者であり、当該登記等を受ける者が2人以上であるときは、これらの者は連帯して納付する義務を負う。

(2) 土地の所有権の移転登記を受ける場合の登録免許税の納税地は、納税義務者の住所地である。

(3) 土地の所有権の移転登記に係る登録免許税の最低税額は、1,000円である。

(4) 土地の所有権の移転登記に係る登録免許税の納期限は、登記を受ける時である。

---

(1)と(2)は両立しない。

講 義

(1)　正。登録免許税は、登記を受ける者が**連帯**して負担する。たとえば、土地の売買による所有権移転登記を申請する場合には、登記義務者（売主）と登記権利者（買主）が連帯して納税義務を負う。　　　　　　　　　　🐢523頁(2)

(2)　誤。登録免許税の納税地は、土地建物の**所在地**を管轄する登記所の所在地だ。納税義務者の住所地ではない。　　　　　　　　　　🐢523頁(4)

(3)　正。そのとおり。計算の結果出てきた登録免許税の額が、1,000円未満の場合には、税額は**1,000円**となる。　　　　　　　　　　🐢524頁②

(4)　正。登録免許税をいつまでに納付しなければならないかというと、それは、**登記を受ける時**までだ。　　　　　　　　　　🐢523頁(3)

（正　解）(2)

Point!

納税地は　➡　土地建物の**所在地**を管轄する登記所の所在地（肢(2)）。
納税義務者の住所地だとすると、2人以上が連帯して納税義務を負う場合、どこに納税したらいいのかわからなくなる、と考えればヒッカカらない。

第4編　その他の分野

[問題251] 登録免許税

　住宅用家屋の所有権の移転登記に係る登録免許税の税率の軽減措置に関する次の記述のうち、正しいものはどれか。

(1)　この税率の軽減措置は、登記の対象となる住宅用の家屋の取得原因を限定しており、贈与を原因として取得した住宅用の家屋について受ける所有権の移転登記には適用されない。

(2)　この税率の軽減措置の適用を受けるためには、登記の申請書に、その家屋が一定の要件を満たす住宅用の家屋であることについての税務署長の証明書を添付しなければならない。

(3)　この税率の軽減措置の適用を受けるためには、その住宅用家屋の取得後6か月以内に所有権の移転登記をしなければならない。

(4)　この税率の軽減措置の適用対象となる住宅用家屋は、床面積が100㎡以上で、その住宅用家屋を取得した個人の居住の用に供されるものに限られる。

　売買・競落による取得に限る。

(1)　正。この税率の軽減措置の適用を受けることができるのは、**売買・競落**による場合だ。取得の原因が贈与の場合は適用されない。

🔖 525頁 (1) 注!

(2)　誤。この税率の軽減措置の適用を受けるためには、登記の申請書に、その家屋が一定の要件を満たす住宅用の家屋であることについての**市町村長**等の証明書を添付しなければならない。税務署長の証明書ではないので、本肢は×だ。

(3)　誤。この税率の軽減措置の適用を受けるためには、取得後**1年**以内に所有権移転登記をしなければならない。🔖 525頁 ③

(4)　誤。この税率の軽減措置の適用を受けるためには、家屋の床面積が**50㎡**以上であることが必要だ。100㎡以上ではないので、本肢は×だ。なお、個人の居住の用に供されるものに限られる、という後半の記述は○だ。

🔖 525頁 ②、526頁 ②

（正　解）　(1)

第4編　その他の分野

Point!

住宅用家屋の所有権移転登記の場合の税率の軽減措置
① **売買・競落**　　　➡　適用される。
② 贈与・交換　　　➡　適用されない（肢(1)）。
③ 相続・法人の合併　➡　適用されない。

[問題252] 印 紙 税

印紙税に関する次の記述のうち、正しいものはどれか。

(1) 店舗用建物の賃貸借契約書で、「月額家賃 30 万円、保証金 500 万円、契約期間 3 年間とする」旨が記載されたものについては、印紙税が課税され、納付すべき税額は 2,000 円である。

(2) 地上権設定契約書で、契約金額の記載がないものについても、印紙税が課税される。

(3) 宅地建物の売主及び買主が、宅地建物取引業者に売買の仲介を委任する契約書を作成した場合において、その契約書上に業者に対する手数料その他の報酬額を明記したときには、その手数料等の額を課税標準として、印紙税が課税される。

(4) 個人が国に土地を売却した場合において、土地売買契約書（記載金額 3,000万円）を 2 通作成して、双方がそれぞれ 1 通を保存するときには、双方の保存する契約書に、それぞれ印紙税が課税される。

 課税文書と非課税文書の区別が大事。

(1) 誤。建物の賃貸借契約書は、印紙税の**非課税文書**だ。課税されるのは、**土地**の賃貸借契約書だ。もっともらしい数字にまどわされ、ヒッカカってはダメ。　　　　　　　　　　　　　　　　　　　　📚 527頁 2.(1)

(2) 正。土地の賃貸借契約書と同様に**地上権**の**設定契約書**も印紙税の課税文書だ。そして、契約金額の記載のない場合でも、一通につき、200円課税される。

(3) 誤。本肢の契約書は、業者に仲介を依頼する委任契約に関する契約書だ。そして、**委任**に関する契約書には、印紙税は、**課税されない**ことになっている。

(4) 誤。まず、土地の売買契約書が課税文書であることはいいだろう。そして、売主の個人（私人の側）が保存する契約書は、国が作成した文書とみなされるから**非課税**だ。一方、国が保存する契約書は、私人の側が作成した文書とみなされるから課税される。だから、「双方の保存する契約書に、それぞれ印紙税が課税される」とある本肢は誤りだ。

📚 527頁 2.(2)

正 解 (2)

Point!

課税文書 →	**土地**の賃貸借契約書
	地上権の設定契約書（肢(2)）
	個人（私人）と国等が契約した場合の**国**等の側が保存する契約書（肢(4)）
非課税文書 →	**建物**の賃貸借契約書（肢(1)）
	委任に関する契約書（肢(3)）
	個人（私人）と国等が契約した場合の個人（**私人**）の側が保存する契約書（肢(4)）

第4編　その他の分野

[問題253] 印　紙　税

印紙税に関する次の記述のうち、正しいものはどれか。

(1)　印紙税の課税文書である不動産譲渡契約書を作成したが、印紙税を納付せず、その事実が税務調査により判明した場合は、納付しなかった印紙税額と納付しなかった印紙税額と同額に相当する金額の合計額が過怠税として徴収される。

(2)　後日、本契約書を作成することを文書上で明らかにした、土地を5,000万円で譲渡することを証した仮契約書には、印紙税は課されない。

(3)　「建設工事請負契約書の契約金額2,000万円を3,000万円に増額する」旨を記載した変更契約書は、記載金額3,000万円の建設工事の請負に関する契約書として印紙税が課される。

(4)　「Aの所有する土地（価額5,000万円）とBの所有する土地（価額4,000万円）とを交換し、AはBに差額1,000万円支払う」旨を記載した土地交換契約書は、記載金額5,000万円の不動産の譲渡に関する契約書として印紙税が課される。

Hint!　双方が記載されている場合は、高い方。

(1) 誤。印紙税を納付しなかった場合、納付しなかった印紙税額＋その**2倍**（要するに合計で3倍）の額が過怠税として徴収される。例えば、もともとの印紙税が1,000円だとしたら、1,000円＋2,000円（2倍）＝3,000円（3倍）が徴収される。ちなみに、自白の場合（自ら、印紙税を納付していない旨の申出をした場合）は、1.1倍の過怠税で許してもらえる（もともとの印紙税が1,000円だとしたら、1,100円で許してもらえる）。　　　　　　　　　　　　　　　　　　　　　　　　529頁 6.①

(2) 誤。予約契約書や**仮契約書**も契約書に含まれる。だから、土地を譲渡することを証した仮契約書に、印紙税は課される。　　　　　527頁 (4)

(3) 誤。増額変更の場合は、**増加額**が記載金額となる。だから、本肢の場合、記載金額は1,000万円（3,000万円－2,000万円＝1,000万円）だ。

　　　　　　　　　　　　　　　　　　　　　　　　　　　　527頁 (3)

(4) 正。交換の場合は、**高い方**の金額が記載金額となる。だから、本肢の場合、記載金額は5,000万円だ。　　　　　　　　　　　　528頁 5.①

　　　　　　　　　　　　　　　　　　　　　　　　　（ 正 解 ）(4)

Point!

契約金額を変更する契約書
増額変更　➡　**増加額**を記載金額として税額が定まる（肢(3)）。
減額変更　➡　記載金額はないものとされ、税額は一律200円となる。

[問題254] 印 紙 税

印紙税に関する次の記述のうち、正しいものはどれか。

(1) 「建物の建築工事にかかる請負金額は5,500万円（うち消費税額及び地方消費税額が500万円）とする」旨を記載した工事請負契約書について、印紙税の課税標準となる当該契約書の記載金額は、5,500万円である。

(2) 建物譲渡契約書に課税される印紙税を納付するため当該契約書に印紙をはり付けた場合には、課税文書と印紙の彩絞とにかけて判明に消印しなければならないが、契約当事者の従業者の印章又は署名で消印しても、消印をしたことにはならない。

(3) 宅地建物取引業者が、不動産売買の仲介手数料として、現金38,500円（消費税額及び地方消費税額を含む。）を受け取り、それを受領した旨の領収書を作成した場合、印紙税は課されない。

(4) 「Aの所有する甲土地（価額5,000万円）をBに贈与する」旨を記載した契約書は、記載金額5,000万円の不動産の譲渡に関する契約書として、印紙税が課される。

Hint! 5万円が分かれ目。

講義

(1) 誤。① 消費税額が区分記載されている場合、または、② 税込価格と税抜価格が記載されていることにより、消費税額が明らかとなる場合には、**消費税額**は記載金額に**含めない**。だから、本肢の請負契約書の記載金額は、5,000万円（5,500万円－消費税分の 500万円＝ 5,000万円）だ。

528 頁 5. 注1

(2) 誤。契約当事者の代理人や**従業者**が、自分の印章（ハンコのこと）・署名で消印した場合も、消印をしたことになる。　　528 頁 3. 注!

(3) 正。宅建業者などのプロが作成した領収書であっても（営業に関する領収書であっても）、**5万円未満**の場合は非課税文書だ。　　528 頁4. ①

(4) 誤。贈与とはタダでものをあげることだ。タダなのだから、対価の金額は**ない**ことになる。だから、贈与契約書は**記載金額のない**契約書となる（記載金額のない不動産の譲渡に関する契約書として、印紙税が課される）。

528 頁 5. ③

正　解 (3)

Point!

消印したことになるか？
① 代理人の印章・署名　➡　なる。
② **従業者**の印章・署名　➡　なる（肢(2)）。

宅建学院

広大無辺な**宅建士試験の全分野**を「らくらく宅建塾」・「マンガ宅建塾」・「まる覚え宅建塾」・「まるばつ宅建塾」にまとめ上げただけでなく、問題集「過去問宅建塾（3分冊）」・「ズバ予想宅建塾」を出版。**ミリオンセラー**となったこれらの本を縦横無尽に駆使して、宅建の「た」の字も知らない初心者を合格させている。さらに、宅建士受験 BOOK「ズバ予想宅建塾・直前模試編」、宅建塾 DVD「宅建士革命」まで出版。**2年連続で全国最年少合格者を輩出**した宅建学院の通信宅建超完璧講座は、一般教育訓練給付制度厚生労働大臣指定講座とされている。

主 著	「らくらく宅建塾」 「マンガ宅建塾」「まる覚え宅建塾」 「まるばつ宅建塾」「過去問宅建塾」 「ズバ予想宅建塾」	最高傑作	2年連続で全国最年少合格者を生み出した **宅建超完璧講座** 一般教育訓練給付制度厚生労働大臣指定講座 指定番号 1120019-0020012-9
		DVD	「宅建士革命」

本書に関する正誤のお問合せは、お手数ですが文書（郵便、FAX）にて、弊社までご送付ください。また電話でのお問合せ及び本書の記載の範囲を超えるご質問にはお答えしかねます。
なお、追録（法令改正）、正誤表などの情報に関しましては、弊社ホームページをご覧ください。
https://www.takkengakuin.com/

2024年版　らくらく宅建塾［基本問題集］

2018 年 4 月 26 日 初版発行	
2019 年 3 月 1 日 改訂第 2 版発行	©2024
2021 年 1 月 2 日 改訂第 3 版発行	著 者 宅 建 学 院
2022 年 7 月 22 日 改訂第 4 版発行	発行人 小 林 信 行
2023 年 4 月 6 日 改訂第 5 版発行	印刷所 株式会社平河工業社
2023 年 12 月 13 日 改訂第 6 版発行	発行所 **宅 建 学 院**
2024 年 5 月 21 日 改訂第 6 版 第 2 刷発行	〒 359-1111 埼玉県所沢市緑町 2-7-11

アーガスヒルズ 50　5F
☎ 04-2939-0335　FAX04-2924-5940
https://www.takkengakuin.com/

ISBN978-4-909084-74-3

宅建学院 通信講座のご案内

宅建士試験の一発合格を目指すなら、通信講座がおすすめ

宅建士試験は法律に関する知識をはじめ、覚えることが非常に多い。宅建学院の通信講座では豊富な事例を用いて、わかりやすく、丁寧に解説をしています。宅建は知識だけでなく、どの問題を確実に取らなければいけないかなどのテクニックも必要。経験豊富なベテラン講師が知識とテクニックを惜しげなく伝えています。

合格率は全国平均の※1
3.2倍 ※2
（57%）

2年連続
全国最年少合格者を輩出！
難しい言葉を極力使わない、わかりやすい講座の証です。

※1 不動産適正取引機構発表の「令和3年度宅地建物取引士資格試験結果の概要」より抽出。
※2 令和3年度「宅建超完璧講座」受講生のうち、講座修了者に対するアンケート結果より算出。

通信講座の特徴

らくらく宅建塾を使った講義

わかりやすさで好評のテキストを使用します。

ベテラン講師の人気授業
ベテラン講師がわかりやすさにこだわって丁寧に解説。知識とテクニックの両軸で合格をサポートします。

Web・DVDから受講スタイルが選べる

Webならどこでも、いつでも。DVDならTVなどでじっくりと勉強。全てのコースで選べます。

質問回答サービスで気軽に質問できる

電話なら週3日(対応日)、Webなら毎日24時間いつでも、気軽に質問ができるので、わからなくなっても安心です。

■ 学習の流れ

視聴 / 復習 / 問題

基本講義、総まとめ講義といった講義形式の講座では、まず講義動画を視聴してから、演習問題を解いていきます。基本講義については、事前の予習も必要ありません。しっかりと講義を視聴して、問題を解き、理解できるまで復習を行い、1単位ずつ学習していきます。

■ コースの紹介

宅建超完璧講座
- 厚生労働大臣指定講座 -

24年1月開講予定
115,500円（税込）
■質問回答サービス
■模擬試験採点・添削対応
■Web受講/DVD受講
■一般教育訓練制度適用可

基本学習から模擬試験まで、トータルでサポートを受けたい方におすすめ。

基本講義、分野別模擬試験、総まとめ講義、公開模擬試験をセットにしたコース。宅建士試験に関する知識のインプットからアウトプットまで網羅した一番人気の講座です。受講開始時期に合わせて、一人ひとりに適切な学習スケジュールを設定。模擬試験な採点と添削も行いますので、効率よく学習できます。

宅建完璧講座

24年1月開講予定
88,000円（税込）
■質問回答サービス
■Web受講/DVD受講

全範囲の基本学習をしたい方におすすめ。

基本講義、分野別模擬試験をセットにしたコース。宅建士試験に必要な範囲を基礎からしっかり学習できます。基本講義と並行して、分野別模擬試験を受験するので、知識の定着レベルがその都度チェックできます。

宅建総まとめ講座

24年6月開講予定
29,700円（税込）
■質問回答サービス
■Web受講/DVD受講

一通り学習経験のある方におすすめ。

宅建士試験の全範囲から重要ポイントを中心に総復習するコースです。既に学習した内容の確認や、苦手分野の克服などに役立ちます。

宅建公開模擬試験

24年7月開講予定
25,300円（税込）
■Web受講/DVD受講

本番前の力試しをしたい方におすすめ。

本試験と同様、50問の模擬試験を6回受験するコースです。充実の6回分で、模試→復習→次の模試と繰り返して着実にステップアップができます。

※コース名やコースの内容は変更になる場合がございます。各コースとも開講より順次教材をお届けいたします。
　各単位のお届けスケジュールは教材とともに随時お知らせいたします。

■ 通信講座の詳細　宅建学院では1回の講義、模擬試験を1単位と呼んでいます。

■ 基本講義（20単位）

収録コース　★宅建超完璧講座★　宅建完璧講座

収録内容
権利関係前半（5単位）、権利関係後半（5単位）、宅建業法（5単位）、法令上の制限・税法・その他（5単位）

1単位ずつ講義を視聴し、問題演習を行います。1単位は約1時間半〜2時間半程度で構成されています。講義は細かくチャプターで区切られているので学習しやすく、復習の際にも大変便利です。

■ 分野別模擬試験（4単位）

収録コース　★宅建超完璧講座★　宅建完璧講座

収録内容
各分野に対応する模擬試験4回（1. 権利関係前半、2. 権利関係後半、3. 宅建業法、4. 法令上の制限・税法・その他）

基本講義を受講後に、知識の定着具合を確認するために受験する分野別の模擬試験です。丁寧な解説冊子に加え、重要問題の解説講義もあるため、知識だけでなく問題の解き方まで身に着きます。

■ 総まとめ講義（7単位）

収録コース　★宅建超完璧講座★　総まとめ講座

収録内容
権利関係（3単位）、宅建業法（2単位）、法令上の制限・税法・その他（2単位）

1単位ずつ講義を視聴し、問題演習を行います。1単位は約2時間〜4時間半で構成されています。講義は細かくチャプターで区切られているので学習しやすく、復習の際にも大変便利です。

■ 公開模擬試験（6単位）

収録コース　★宅建超完璧講座★　公開模擬試験

収録内容
模擬試験6回

宅建学院独自の予想問題で構成された模擬試験です。ご自宅で受験でき、場所や時間を問わず実力を試せます。丁寧な解説冊子に加え、重要問題の解説講義もあるため、知識だけでなく問題の解き方まで身に着きます。

■ 質問回答サービスについて

質問回答サービスは受講生専用の質問サービスです。
電話、インターネット、FAX と様々な方法で質問いただけます。
わからないところや学習の仕方など何でも質問できるので、
通信講座であっても受け身にならず安心して受講できます。

□ 電話質問

事前予約制で、専属講師に直接質問できます。
希望の日時をご予約いただくと、当日講師よりお電話いたします。
※サービス提供予定日時　毎週月・水・金　20時〜21時
※夏季休暇、祝日を除く

□ オンライン質問

質問専用サイトから、24時間いつでもご質問文を送信いただけます。回答は専属講師が行い、期間内で最大20回（20問）のご質問が可能です。

□ FAX 質問

宅建学院講師室へ24時間いつでもFAXでご質問いただけます。
ご指定の番号へ専属講師がFAXで回答いたします。

※質問解答サービスは2024年10月末までサービス提供予定です。

一般教育訓練給付制度を利用すると、受講料の 20% が支給されます。

宅建超完璧講座は厚生労働大臣指定の一般教育訓練給付金制度の指定講座です。
一定の条件を満たした方であれば、ご利用いただけます。

教育訓練給付制度厚生労働大臣指定講座については、全単位の受講を修了して通信添削の合計得点が全配点の6割以上であった方に限り、ハローワークから受講料の20%（上限10万円）の教育訓練給付金が支給されます。ただし、次の条件を満たすことが必要です。

■ 過去に教育訓練給付金を受給したことがない方は、
　1年を超えるブランクなく通算1年以上雇用保険の一般被保険者であること　（離職後1年以内までは大丈夫です）。

■ 過去に教育訓練給付金を受給したことがある方は、
　その受給対象講座の受講開始日以降に1年を超えるブランクなく通算3年以上雇用保険の一般被保険者であること（離職後1年以内までは大丈夫です）。

● ハローワークから貴方に教育訓練給付金が支給されるのは受講修了後のことです。受講申込時にはまずご自身の負担で受講料全額をお支払い頂きます。

● 貴方に受給資格があるかどうかは、お近くのハローワークにお問い合わせ下さい。受給資格がないのにあると誤解して受講されても、受講料を返金することはできません。

● 教育訓練給付金の支給申請は、受講修了後1カ月以内にしなければ受給できなくなります。

■ よくある質問

Q：通信講座にするか、通学の方が良いか悩んでいます。

A： 通信講座の大きなメリットは、時間や場所に縛られず、受講できることです。宅建学院の通信講座は、スマホや PC などで視聴する Web 受講、テレビなどで視聴する DVD 受講と、学習環境に応じた受講形態も選べます。
通学には「先生へ質問しやすい」といったメリットがありますが、質問回答サービスをご用意しておりますので、授業を受けているように気軽に質問が可能です。

※「公開模擬試験」コースには質問回答サービスはありません。

Q：どのコースを選んだら良いかわかりません。
　　基準などはありますか?

A： 初学者の方や再チャレンジの方で学習に不安のある方は、基礎・復習、模試までセットになった「宅建超完璧講座」をおすすめします。
逆に学習経験のある方で重要ポイントを復習したい方や、質問回答サービスを利用して疑問点を解消したい方などは、「宅建総まとめ講座」をおすすめします。

Q：どのくらいで学習カリュキュラムが終わりますか？

A：「宅建超完璧講座」は、全 37 単位（37 回）の講義
と模擬試験で構成されており、標準学習期間を
8 か月に設定しておりますが、受講生一人ひとり
に合わせたスケジュールを組んでいますので、ど
の時期からでも開始できます。
試験日までの期間が少ない場合などご相談いた
だければ、最適な講座や学習方法をご提案させて
いただきます。

Q：講座の教材以外で必要な教材はありますか？

A：テキストに「2024年版らくらく宅建塾（基本テキス
ト）」を使用しますので、既にお持ちの方はお手
元のテキストを、お持ちでない方は、お申込み時
に同時購入をお願いします。
また、「宅建超完璧講座」であれば、講座内で数
多くの問題や模試を実施しますので、別途問題
集などを購入する必要はありません。

郵送・FAXでお申込みの場合

下記教材のご購入は、前払いが原則です。

①郵便振替・銀行振込みの場合は、まず講座代金をお振込みの上、その払込票のコピーと
この申込書（コピーで可）を必ず一緒にご郵送又は FAX してください。

②クレジットをご希望の方はチェック欄にチェックをし、本申込書をお送りください。

③お申込先　〒359-1111　埼玉県所沢市緑町 2-7-11 アーガスヒルズ 50 5F　宅建学院
　　　　　　TEL. 04-2921-2020　FAX. 04-2924-5940

2024 宅建学院の通信講座申込書

ご注文商品名	税込定価	Web受講	DVD受講
宅建㊙完璧講座 一般教育訓練給付制度指定講座	115,500円		
宅建完璧講座	88,000円		
宅建総まとめ講座	29,700円		
宅建公開模擬試験	25,300円		
テキストらくらく宅建塾（基本テキスト）書籍のみの単独販売はしておりません。	3,300円		

※ **合計金額** をご記入下さい。（送料無料）	十万	万	千	百	十	円

ご注意 教育訓練給付金の支給は受講修了後となります、受給資格がある方も申込時に受講料全額をお支払い下さい。

※お支払い方法	●□に✔をご記入下さい。●商品の発送は全額の入金確認後になります。	□郵便振替	00120-8-662860　宅建学院（タッケン ガクイン）	払込票のコピーと、この申込書を必ずご郵送又は FAX して下さい。
		□銀行振込	三井住友銀行小手指支店（コ テ サシ）普通　6438161　宅建学院（タッケン ガクイン）	
		□クレジット	●宅建学院（04-2921-2020）までご連絡下さい。	

※お名前（フリガナ）	生年月日 西暦　　年　　月　　日	教育訓練給付 希望する □ 希望しない □

※ご住所（〒　　　　　　　　　）

※お電話　　　　　（　　　　　　）

メールアドレス

※ご送金日　20　年　　月　　日

〈個人情報保護について〉利用目的 ― 本申込書による個人情報は、次の目的に使用いたします。 ①お申込み品の発送　②商品開発上の参考
③当社商品のご案内の発送　**第三者への提供** ― 皆様からお寄せ頂きました情報は、当社以外の第三者への提供はいたしません。個人情報の
取扱いの委託 ― 当社は、信頼するに足ると判断した外部業者に、商品発送等の業務の一部を委託することがあります。**個人情報の提供の任意
性** ― 本申込書のご記入は、みなさまの任意です。但し、※印の必須項目について記入されないと、商品等の送付ができない場合がございます。
問い合せ ― 本申込書による個人情報については、**宅建学院**へお問い合せください。
〈掲載講座について〉講座内容は、法改正の反映等のため、予告なく変更することがございます。また、事情により予告なく販売停止・廃止す
る場合がございますので、予めご了承ください。

楽しく合格! らくらく宅建塾シリーズ

[お求めは、全国書店で]

苦労して受かりたい方にはおすすめしません。
ラクに受かりたい方だけどうぞ!

【テキスト】

らくらく宅建塾［基本テキスト］（絶賛発売中）

フルカラー・A5 判・定価本体 3,000 円（＋税）

●まったくの初心者も合格レベルに引き上げる日本一わかりやすい
テキスト！覚えにくい所もゴロ合せや替え歌でらくらく征服。

●随所に「標語」や「キーポイント」を掲載。効率よい学習ができる。

●イラスト・図表も豊富に使用、フルカラーだからわかりやすさ抜群！

これで合格だね！

まる覚え宅建塾 （絶賛発売中）

2 色刷・新書判・定価本体 1,700 円（＋税）

●これだけ覚えれば本試験もOK！

●らくらく宅建塾［基本テキスト］から重要ポイントを厳選収録。

●合格のエキスを持ち運びに便利なサイズ（新書判）に凝縮。

マンガ宅建塾 （絶賛発売中）

2 色刷・A5 判・定価本体 2,400 円（＋税）

●わかりやすさ日本一の「宅建塾」がマンガに！

●全科目の知識がマンガで楽しく身につくテキスト！4コママンガだから結論もすぐ！

●身近な具体例をマンガにし、宅建士試験がまるごと学べる。

●らくらく宅建塾［基本テキスト］と一緒に使えば効果バツグン！

【問題集】

らくらく宅建塾［基本問題集］（絶賛発売中） 2 色刷・A5 判・定価本体 2,500 円（＋税）

●まず取り組むべき1冊！ らくらく宅建塾［基本テキスト］と合わせて学習しやすい項目別問題集。
問題・解説見開き2頁の構成。受験テクニックも満載！

まるばつ宅建塾［一問一答問題集］（絶賛発売中） 2 色刷・新書判・予価本体 1,800 円（＋税）

●全問マンガの解説がついた一問一答問題集！ マンガがあるからスッキリわかる。持ち運びにも便利なサイズ！

過去問宅建塾[1]権利関係編 （絶賛発売中）2色刷・A5 判・定価本体 1,800 円（＋税）
過去問宅建塾[2]宅建業法編 （絶賛発売中）2色刷・A5 判・定価本体 1,800 円（＋税）
過去問宅建塾[3]法令上の制限・その他の分野編 （絶賛発売中）2色刷・A5判・定価本体 1,800 円（＋税）

●選び抜かれた過去問に、宅建学院流のわかりやすい解説で、過去問対策は万全！問題・解説見開き2頁。

ズバ予想宅建塾［直前模試編］（2024年 6 月以降発売予定）B5 判・予価本体 1,600 円（＋税）

●本試験形式の模擬試験問題 3 回分、150問を収録、宅建学院流のわかりやすい解説。その他、合格に
必要な情報が盛りだくさん！

※予価・発売予定時期等は変更になることもあります。予めご了承下さい。

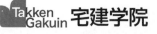

Takken Gakuin 宅建学院　〒359 - 1111　埼玉県所沢市緑町 2-7-11　アーガスヒルズ 50　5F
☎04-2939-0335 FAX04-2924-5940 https://www.takkengakuin.com/

 MEMO

 MEMO

宅建学院が創り、日本が育てた**らくらく宅建塾**シリーズ

宅建学院のホームページをご覧ください。 類似の学校名にご注意ください。
https://www.takkengakuin.com/

★元祖！ 楽勝ゴロ合せ 一覧表★

第1編　権利関係

·本書シリーズ らくらく宅建塾
[基本テキスト]の対応頁です。

事　項	ゴロ合せ　（対応語句は本文参照）	本文頁
法 定 追 認	親は、「生理上」子供の契約の後始末をする	15頁
心 裡 留 保	ゼムユ・アカム	33頁
代理権の消滅	星は半分・ダシは後	43頁
遺留分侵害額請求権	誕 生 石	84頁
単 独 申 請 OK	他の変装が評判	113頁
床面積の算出	仙台ハイツは害虫の巣	125頁
共用部分登記	規約の表に法はない	127頁
区分所有建物の管理の定数	集会に来い！ しみったれの重大な規約違反に報復だ！ しのごの言わずに建替えろ！	129頁
借地と借家の違い	違いは特許、採点は同じ！	252頁

第2編　宅 建 業 法

事　項	ゴロ合せ　（対応語句は本文参照）	本文頁
変 更 の 届 出	明治の薬剤師	283頁
名 簿・帳 簿	納豆五十丁	292頁
営業保証金の取戻し	日本中から取り戻せ	316頁
手 付 金 等保 全 措 置	ミカン5つでカンジュース1000	363頁
重要事項説明書の記載事項	官僚が　徒歩で私道を　上下して　預り金を分けたそうろう	377頁
区分所有建物	専々、共減、敷修繕、ダブル管理に積立金、貸借専管だけでいい	379頁
貸借特有事項	赤痢菌の過去	381頁

第3編　法令上の制限

事　項	ゴロ合せ　（対応語句は本文参照）	本文頁
特定用途制限地域	制限は予知できない	404頁
用途地域外では	特 別 利 口	406頁
準都市計画区域では	ちがいは利口	406頁
開 発 許 可	セミの耳は意味ない	414頁